# このひとすじにつながりて

## 私の日本研究の道

ドナルド・キーン
訳／金関寿夫

朝日文庫

本書は一九九三年十一月、朝日新聞社より刊行されたものです。

# このひとすじにつながりて　私の日本研究の道●目次

# このひとすじにつながりて

## 私の日本研究の道

つゐに無能無芸にして只此一筋に繋る

——芭蕉『笈の小文』

# I

# 太平洋戦争のなかで

•

*Soon afterward, I discovered that I was the only person who planned to take the course. The steadily deteriorating relations between Japan and the United States seemed to have diminished the interest of Columbia students in Japan. I went to see Tsunoda sensei again and offered to drop the course, to spare him the necessity of teaching it for the benefit of only one student. He answered, "One is enough."*

•

## 最初の日本語は「サクランボ」

一般に日本の子供たちは、字が読めるようになった途端に、日本語だけではなく外国語も、いやでも意識せざるを得なくなる。外国の大学名、あるいはなにか刺激的な英語の言葉（間違っていたりもする）、あるいは、そのシャツを作ったことになっている高価な服飾品会社の名などを染め出したTシャツを着せられる場合が多い。野球の試合を観に行けば、選手の胸には大きく書かれた外国語——たいていの場合、野生の動物の名——そして背中には、その選手の名がローマ字で書いてあるのを目にする。ところがこの私は、子供の時ニューヨークで育ったけれど、あたりを見廻して、どこかで日本語の言葉を見たという記憶は、まったくないのだ。そして中国と日本とが別々の国だと初めて分かったのがいったい何時だったか、といったことすら憶えていない。何時か誰かに聞いたことを思い出す、庭に、あくまで深く穴を掘っていくと、最後には中国に着くんだよと。では日本に着くためには、多分それよりもっと深く掘らなきゃならないんだろうな、と私は思った。

一九三〇年代の初め、十一か十二の頃、やっと私が、中国と日本のちがいを意識し出したのは、確かだ。今も私は、一九三三年に付けていたノートブックを持っているが、それには、毎日、新聞から切り抜いた記事が、いちいち丁寧に貼りつけてある。その年は、世界にとって特に運命的な年だった。まずアメリカでは、ルーズベルトが、この年大統領になった。ドイツでは、同じ年にヒットラーが、国の主導権を得ている。そして中国では、日本軍がやはりこの年、上海(シャンハイ)を占領している。多分、私が日本のことを初めて真剣に考えたのは、中国での戦争に関連してではなかっただろうか。日本というのは、すごく恐ろしい国だな、というふうに思えた。その時もし誰かが私のことを、将来この人は日本研究のために生涯を捧げる人だなどと予言したら、私はおそらくびっくり仰天したにちがいない。

それに続く歳月のあいだも、まだ私には、日本のことを考える機会はめったに訪れなかった。一つには、私はフランス語の勉強を始めていて、外国のことを考えると、それはどうしてもフランスになってしまうのだった。少しあと、私が十四歳(一九三六年)の年、父は、家族ごと、居をスペインに移すことに決めた。父の工場があったのだ。そこで私は、今度はスペイン語の勉強を始めた。ところがスペインではその年、例の内戦が勃発して、おかげで私たちのスペイン移住計画は実現できなかった。そこで私はよく思うのだが、もしあの時戦争が起こっていなかったならば、私の人生は完全に今とはちがうものになっていただろうと。要するに、私の人生で一番重要な出来事は、およそ自分で計画した結果起こったことではなくて、私個人ではどうしようもない世界情勢とか、完全な偶発事件の結果だったように思われる。もし一九四一年に、日本とアメリカとの間に戦争が起こっていなかったとしたら、私が自分の一生を、日本研究という仕事に捧げたとは思えない。かりにそうしようと思ったとしても、おそらく雇ってくれる機関を、どこにも見つけることは、出来なかったことだろう。

私の生活に、日本語が初めて入って来たのは、一九四一年、十九歳の年だった。その時私は、コロンビア大学の学生だった。ある中国人の同級生と中国語の勉強を始めたばかりで、私はその中国人と、大学の近くの中華料理店で、毎日のように昼食を食べたものだ。世界史的な見地からいうと、その時代は全くひどい時代だった。私がその年のノートブックに記録しておいたように、一九三三年、ドイツの実権を握ったヒットラーは、今や世界にとって恐るべき存在となっていた。その前年、すなわち一九四〇年には、ヒットラーの軍隊はフランスやベルギーなどの諸国を侵略しており、ドイツの爆撃機は、毎夜のようにイギリスに爆弾を落としていた。私がその時中国語の勉強を志望したのは、そうしたひどい現実からの逃避の気持ちからでもあったのだ。孔子や老子を読む（もちろん英訳で）と、これこそ私が生きているのとは別の、文明化された社会の書き物だということを、痛感させられたのだった。ある日、見たことのない三十歳位の男の人が、図書館の中で近づいて来て、私が近所の中華料理店で毎日食事しているのを知っているという。そして今晩、夕食をいっしょにしませんか、と誘う。私は当時、日々の経費を極度に切り詰めていたので、実のところ、一日に二度も外食をするのは苦しかった。しかし承知した。

その晩彼は、この夏は、ノース・カロライナにある彼の山荘で、日本語の勉強をして過ごす計画だという話をしてくれた。そして前に台湾で英語を教えていた時の学生で、今はカリフォルニアに住んでいる青年を、教師に頼んであるのだという。ところが自分一人だけで勉強するとなると、ついわがままが出て、日本語の勉強よりもきっと山歩きのほうがしたくなるだろう、だから自分といっしょに勉強してくれる気の合う仲間を二、三人誘いたいのだと。そして私に、つき合ってくれる気はないかという。私は正直なところ、気が進まなかった。なぜなら第一、日本は当時、私の中国人の友だちの国を占領していたからだった。しかし私は、暑い夏のニューヨークを、なんとかして逃げ出したい思いに駆られていたのだ。そこで彼の招待を受け入れることにした。その時私は、この計画は、単にその年の夏のことだけだと思っていた。ところが、実はその時、私の全人生を左右する一大決心をしていたのだ。

私が日本語のレッスンを始めた所は、ノース・カロライナ州西部の、山中の一軒家であった。その土地は、都会育ちの私から見ると、それまでに知っていたどんな場所ともちがっていた。六月になると、近隣の山という山が、咲き誇る花に——シャクナゲ、アザレア、カルミアなどに蔽(おお)われたものだった。私の友だちの家は、山小屋風の家だったが、広々としたヴェランダが付いていて、戸外で寝ることも出来た。電気が入っていなかった。つまり夜使える唯一の照明は、石油ランプだったということだ。冷蔵しなければ腐りそうな食物は、家の近くに流れていた小川の冷たい水の中に漬けておけばよかった。それから、持って来ていたクラシック音楽のレコードが聴きたくなると、例の古風な蓄音機のクランクを回さねばならなかった。

日本語の生徒は三人で、それと日系アメリカ人の先生だった。最年長の生徒はポール・ブルームといったが、彼は日本に生まれ、十歳位まで横浜で育てられ、それから高等教育を受けるためにヨーロッパに留学をさせられたのだという。四十代ということだったが、それよりはずっと若く見えた。この家の持ち主のジャック・ケーアは、美術の研究のために日本で数年過ごしたことがあり、まだ日本の統治下にあった台湾で、英語を教えたこともあったという。そして私より少し年下の先生の猪俣忠(いのまたただし)。生まれはカリフォルニアだけれど、子供の時に台湾に連れていかれたが、戦争が起こりそうだという予感があったのだろう、彼はアメリカへ戻ることにしたのだ。そして最後は私だが、私は当年とって十九歳、まだ日本語の「に」の字も知らなかった、といってよかった。

私がその地に着いた日、猪俣君は、桜の木に登って桜の実を摘んでいたところだった。私はそれは日本語でなんというのか、と彼に訊ねた。すると彼は「サクランボ」と答えてくれたが、今思うに、それは私が覚えた最初の日本語ではなかっただろうか。もっともそれまでに、「キモノ」（ケモノと発音されていた！）といった語のように、すでに英語に取り入れられていた言葉も、もちろんいくつかは知っていたけれど。

数年前、当時ホノルルに住んでいたケーアに会いに行ったことがあるが、その時、思い出話に、ケーアの家の庭で習った「サクランボ」という言葉が、私の最初の日本語だったよ、と言うと彼は、彼の庭には桜の木なんか一本もない、と言ったので驚いたものだった。だが私はいまだに、あれほどはっきり頭に残っている記憶が間違いに基づくものとは、どうしても信じられないのだ。しかし人間の記憶には、いわば「混線」現象が起こって、二つの全く無関係な出来事が混じり合ってしまうことがあるらしいから油断出来ない。

それはともかく、グレート・スモーキー・マウンテンズと呼ばれる山中にあるキャンドラーという小さな村が、私が日本語を習い始めた所だった。教科書には、その当時日本で使われていたのと同じ、まず「サイタ、サイタ、サクラガサイタ」で始まる、あの版を用いた。この教科書は、日本語を学ぼうとする大人の外国人にとって決して適切なものとはいえなかった。といってこれに代わるものがなにかあるかといえば、残念ながらあまりなかったのである。当時ヴァッカリという名のイタリア人夫妻が書いたシリーズ物の教科書（たぶんヴァッカリ夫妻が漢字と仮名の代わりにローマ字を使ったからだろう――私はその題名を忘れてしまっている）があったが、私はこの教科書は気に入らなかった。漢字の辞書としては、W・G・アストンが編纂したもの（これはニューヨークで手に入れたロシアの海賊版）、そしてちっぽけな和英辞典を持っていた。それからやはり、アストンの日本語文法書も持っていて、私は毎朝、日本語の動詞の活用を暗記するのに一汗かいたものだった。

　猪俣君は気持ちのよい青年で、日本語を教えるのにもとても一生懸命だった。ところが教師としての訓練を全く受けたことがなかったので、例えば「私は」と「私が」のちがいを説明する段になると、全くお手あげだったのだ。それでもなお中国語に比べると、名詞と動詞の区別がやり易いという点だけとっても、必ずしもその区別が易しいとはいえない中国語よりも、日本語のほうが理解し易い言語だと思えた。それに私には、日本語の持つ敬称という観念、そして同じことを言うのにも、その場に要求される丁寧さのレベルによって、すっかりちがった言い方が出来る、という考え方も気に入った。あの夏、猪俣君の教え方さえもっと体系立ったものだったならば、いかにゆっくりと、たどたどしかったとしても、少しくらいは私も日本語が話せるところまで行けたかもしれない。

## 角田柳作先生

猪俣君から受けた、かなり行き当たりばったりな日本語教育だけを元手にして、私はコロンビア大学の二年生のクラスに入ることが出来た。このことから見ても、当時の日本語教育の大勢がいかにのんびりしたものだったか、うかがえようというものである。そのクラスには、たった四人しか学生がいなかった——一人は日本に住んだことがあるという金持ちの女性、それから日本人の血が混じっているという若い女性、また中国古典に付けられた日本語評釈を読むために日本語を習いたいという男性、そしてこの私だった。先生はアメリカ人。この人は、もとは化学工学で学位を取ったが、なにかの理由で日本に行き、そこで日本美術と詩歌の魅力の囚(とりこ)になったという人物だった。私は戦後に彼をもっとよく知るようになったが、その時彼が大変親切で、ふところの深い人間だということが分かった。この人はまた、俳句の入門書のような本を書き、俳句の優雅な英訳もたくさん作った。ところが先生としては、落第というほかはなかった。

その年の秋から、日本語を学ぶアメリカ人のために、新しい日本語テキストが採用されていた。このテキストは、ハーヴァード大学のセルゲイ・エリセーエフ教授とエドウィン・ライシャワー助教授によって編まれたものだった。明らかにこの教科書の目的は、生徒（できたらすでに漢字が読める生徒）に日本語の読解を教えることにあった。今思い出すに、一つのレッスンに何十もの新しい単語が出て来たけれど、そうした言葉はそれっきりで、後続のレッスンでお目にかかることはまれだった。したがってこのテキストは、それぞれのレッスンに出て来る単語と例文の文法的構造を、すっかり覚えようとする学生には、途方もなくむずかしかった。同時にこの本は、教えるほうにも、ほとんど同じくらい骨の折れるもののようだった。私は先生が、次に読む文章に出て来る言葉の意味を調べるのに、授業中、何度となく辞書をめくっているのを目にしたものである。

こうした日本語のクラスよりも、もっと私に大切だったのは、角田柳作（つのだりゅうさく）担当の「日本思想史」のコースだった。この人は、昔風の意味での私の「先生」という呼称が、私にとって（ほかの誰よりも）これほどぴったり来る人はない、と思われるような人物だった。まだ学部の学生のくせに、大学院の講義を取らせて頂きたい、と私が角田先生の研究室に頼みに行った時にも、先生は即刻許可をくれたものである。だがそのすぐあとで、角田先生の講義を取ろうとしている学生は、私以外に誰もいないことが分かった。日本とアメリカとの間の関係が、徐々に悪化して行きつつあった事実が、コロンビアの学生の日本への関心を減少させるのに一役買っていたようなのである。私は再び角田先生に会いに行って、講義を取るのを辞退することを申し出た。たった一人の学生のために、先生の労をわずらわすのは忍びなかったからである。すると先生は言ったものだ、「一人で十分です」と。

最初の二週間ばかりは、実際にこの私だけがただ一人の学生だった。だが角田先生は、毎時間、私よりも先に教室に来ていて、すでに黒板には漢文の例文がいっぱい書いてあった。ところがそんなものは、東洋学学徒としての私のその時の段階では、むずかしくて、とても読めるようなものではなかったのだ。それから私が万一訊くかもしれない質問に答える時に、出典を確かめる必要が出て来るかもしれないというので、先生の机には、関係原典が山のように積み上げてあった。ところが当時の私の実力では、そんな質問が出来るどころではなく、先生が黒板に書いたたくさんの引用文を、せっせと自分のノートに書き写すのが関の山だったのだ。あとで学生がもう三人、このクラスに入って来た。だから角田先生のあまりにも周到な準備に対して、学生として応える義務が幾分か分散されて、私はホッとしたものだった。

もう二十年以上もアメリカに住んでいたのに、角田先生の英語には、強い日本語訛りがあった。しかし先生の語彙はまことに豊かで、(これは私にとって一番大事なことだったが)今自分が講じている論題に対して、彼が深い関心を持っていることは、疑いようがなかった。そしてすべての学生に自分の熱中をいわば伝染させ、学生たちが彼の退職に反対運動を起こしたくらい、すべての学生に愛されていた。だから第二次大戦後、齢八十になっても、先生はまだコロンビアで教えていたのだ。私は学者として、この先生から受けた多大の恩に十分なお返しが出来ないのではないか、と恐れている。

その学期、角田先生は、日本人の思想形成に影響を及ぼした、主として日本の先史時代、そして古代日本史について講義した。例えば先生は、日本人の宗教生活への地理的要件の影響を重視して、それを「三向性」と呼んでいた。第一の向性は、水に向かう、というのだった。日本列島を取り囲む海、そして国中至る所に流れる清らかな水流は、海は文明の果てであり川はつねに黄濁、しかも恐ろしい存在だと考えられている中国などとは、全く異なる水に対する日本人の態度をつくり出したのだと。第二の向性は、太陽に向かう性質だという。太陽を恐れたインドのような国とはちがって、日本では、常に太陽は崇拝の対象であったと。第三の向性は、山に向かう、と角田先生はいう。山は、日本人にとって、心の故郷だとされた。したがって日本人としての最高の体験は、富士山の頂に登って、大海のかなたから昇って来る太陽を拝むこと——すなわち三向性の一体化——である、というのである。

後年になって、私は、角田先生の日本歴史観の正しさを、時として疑うことがあった。しかしそれらが多くの点で、私に影響を与えてくれたことは確かである。戦後、私は再び角田先生のクラスに舞い戻った。日本語読解力もぐんと上がっていた私は、先生の講義から、昔よりは、はるかに大きな悦び、そして利益を引き出すことが出来た。しかし、日本にも太古から民主主義があったというご自分の信念を立証したいあまりに、先生は古い記録をかなり恣意的に解釈しているな、という印象を受けざるを得なかった。恐らく角田先生から私が受けた一番大きな影響は、日本人の特に独立心のある思想家に注目する、という学風だったと思う。そしてこの学風はどこから来ていたかというと、それはたぶん、伝統的な日本人の知的生活は、決して一枚岩のようなものではなく、それぞれ異なる私見を許したことを立証したいという、先生の欲求からではなかったろうか。例えば私の著書『日本人の西洋発見』は、徳川時代の個性的思想家のひとり本多利明(江戸の経世家。一七四四—一八二一)についての角田先生の講義に影響を受けている。

たぶん一番忘れがたい授業は、角田先生自身が現れなかった時のものであったろう。一九四一年十二月、日米間の戦争が勃発したその翌日、私は角田先生の日本思想史の講義に、いつものように出かけていった。私は当然、戦争が始まったことには、大きな衝撃を受けていた。私は生来、平和主義の信奉者で、理由のいかんを問わず、人を殺すことには反対であった。しかし角田先生にとっては、問題はもっと複雑だったろう、ということは分かっていた。先生は自分の国、日本を愛していたが、アメリカ合衆国も同時に愛していた。だからどちらの国が戦いに負けても、彼にとってそれは忍びがたいことだったのだ。彼は日本の軍国主義者を憎悪していた。だが戦争で一番ひどい目にあうのは、軍国主義者ではなく、一般庶民であることを知っていた。そう思うと、彼はアメリカが勝つことを望むわけにはいかなかった。

先生はその日はついに教室に現れなかった。先生がしばしば犬も連れずに長い散歩をしている！　と誰かが警察に通報したため、アメリカ当局に勾留されたのだ。

私はその前日、日本軍によるパールハーバー攻撃のニュースを聞いていた。その日は、猪俣君と、スタテン・アイランドを歩き廻りに出かけ、夜、早めにマンハッタンへ戻って来た。すると新聞売り子が、日曜日も夕刊を出している唯一の新聞『ニューヨーク・エンクワイアラー』を売っている。そばに寄って一面の見出しを見ると、なんと日本の航空機がアメリカの海軍基地パールハーバーを空爆した、とある。私は思わず笑い出した。『ニューヨーク・エンクワイアラー』というのは、売れゆきを伸ばすためには、しばしば虚報でも平気で印刷する新聞だったのだ。日本軍がアメリカの基地を攻撃？　そんな馬鹿なことが起こり得るはずはない、と私は確信していた。ところが家に帰ってラジオのスイッチをひねった時、この新聞がおそらく初めて嘘ではないニュースを伝えていることを知ったのである。

## 海軍日本語学校

一九四一年の秋、私はまだコロンビア大学の学部生だったが、カリフォルニア大学のバークレー校に海軍日本語学校があるという話を耳にした。平和主義者として、私は戦争に行く気持ちはさらさらなかったが、日本語を学ぶのに自分の全エネルギーを注ぎ込むことの出来る学生が、羨ましかった。日米間の戦争が始まってしばらくしてから、全アメリカ人の中で日本語が出来るのは五十人しかいない、といったようなことを、ラジオが放送しているのをきいた。これは実に馬鹿げた話だった。日本語が出来る日系アメリカ人が、何百、何千といるではないか。しかしその時、私はラジオの放送を信じた。そして私の覚束ない日本語の知識でもって、果たしてその五十人の中に入れて貰えるだろうか、と思った。そこで、早速海軍省に手紙を書いて、海軍日本語学校へ入りたい、と申し出てみた。

明くる一九四二年の一月、ワシントンからの手紙で、私は言語学習計画の係官の面接を受けに行くこととなった。面接の内容については、今なにも憶えていない。だが数週間後に手紙が来て、バークレーの日本語学校に出頭せよという。そこで私は、二月の初めにニューヨークを発って、カリフォルニアに向かったのであった。日本語学校へ行ってから分かったことだが、その時入学した新しい日本語の学生は、総勢三十人位であった。これらの学生は、アメリカ各地の大学からリクルートされた若者たちだったが、中でも全体の成績の上位十パーセントの学生が、海軍の学校に送られて来たのだ（それまで日本になんらの関心も示したことのなかった少なからぬ学生が入学を志願したが、それは泥んこの中で這いずり廻る陸軍の一兵卒より、海軍士官になるほうが楽だと思ったからとのことだった）。学生は大むね二つのグループに分けることが出来た。一は、過去に日本（中国というケースもあった）に住んだことがあり、いくらかは日本語が出来たもの。二は、日本語（ないし中国語）を、アメリカの大学で学んだ学生たちのグループだった。そして私たちは、日本語の能力に応じて、それぞれ別々のクラスに振り分けられた。

授業は週六日、一日四時間。その内訳は、日本語読解が二時間、会話一時間、そして書き取りが一時間であった。教科書は、もともと日本で学習しているアメリカ海軍および外交関係の要員のために作られたものだった。教師は主として、いわゆる「帰米（きべい）」、つまり日本人の先祖を持つアメリカ人で、一度教育のために日本へ派遣されて、再び帰米した人たちであった。けれど日本人の一世も少しはいたし、宣教師も二、三人は混じっていた。一クラスの学生数は、六人を越えることはなかった。教師は、ほとんど例外なく教師としての経験のないものばかりだった。たいていの教師が、学生が間違った発音をしても、遠慮して訂正しないのだった。しかしほんの少しばかりのプロの教師が、他の教師をうまく引っぱっていってくれたので、授業は概して優秀といえた。

私たちの勉強の中で、一番骨が折れたのは、なんといっても書き取りであった。活字としての漢字を目で読んで分かるのと、それと同じ字を書き取りのスピードで素早く書き取るのとでは、雲泥の差があった。それだけではない。当時はまだ当用漢字の時代ではなく、あの字画の多い、昔ながらの正字（旧漢字）の時代で、その苦労はひとしおだった。

私たちの日本語習得のスピードは、割と速かったけれど、その理由のうち、おそらく最も重要なものは、学生同士の競争心ではなかっただろうか。日本にいた時、日本語を学んだ宣教師の子供を除くと、残りの若者は、すべて特別頭のいいものばかりで、それぞれ自分がどれほど日本語に上達したかを誇示することに熱心であった。日本語学習に抜群の成績をあげたからといって、格別得をすることはなかった。けれど他のものに負けまいという、ほとんど本能的な競争心が、私たちをがむしゃらに勉強に向かわせたのであろう。私たちが日本語学校へ入った時、西洋人なんかに日本語が本当に分かるものかとか、西洋人が日本語を分かるようになるまでには、最小限十年はかかるとか、よく言われたものだった。ところが私たちは、ただの十一カ月でコースを修了、なんとか日本語を読み、話し、書くところまで漕ぎつけたのである。それどころか、もっと古典的な日本語や、草書の字体まで、ある程度はものにすることも出来た。いうまでもなく、私たちの日本語は、まだまだ流暢というところにはほど遠かった。けれどもこれで土台だけは、しっかりと築かれたのである。

海軍日本語学校のたいていの学生は、この学校に来てはじめて、日本人に接触したのだった。この私にしても、ここに来るまでに会った日本人の数は、片方の手があれば、楽に勘定できるくらい——もっともその中には、私の人生に大きな影響を与えた角田先生という大きな存在もあったけれど。学校には、だいたい三十人の日本人、あるいは日系アメリカ人の教師がいた。そのうち幾人かの人たちにとっては、押収した日本軍の書類や、捕虜から情報を集めるだけの語学力を持つ要員を養成するためというこの学校の目的と(日系アメリカ人も含めて)彼らが人生の大半を過ごした日本という国に対する愛着心とを、なんとか両立させることは、決して易しくなかったにちがいない。事実、ある教師は「亜細亜は亜細亜人に!」といった、日本の戦争スローガンを私たちに教えていたことがバレて、首になったこともあった。しかしまことにまれな例外を除いて、ほとんどすべての教師が、日本語を話し、読み、書けるアメリカ人を養成しようと、全身全霊をこめて教育に当たったのである。

一クラスが六人以上になることは、絶対になかった。そして教師と学生との間の関係は、ほとんど異常なほど密接であった。学生のほうは、日本語学習というけわしい道を、まことに辛抱強く導いてくれる教師たちに対して、当然親しみを感じていた。時にはその親しみが度を越して、先生の物腰や仕草を無意識に真似る学生が出て来たくらいであった。日本人同士が廊下ですれちがう時、たぶん相手に自分の息を吹きかけては失礼に当たるというのであろう、互いに息を吸いこむのが普通であった。この習慣は、西洋人から見るとちょっと滑稽に見えるので、時として彼らから、日本人が互いに「シュッシュッと言い合っている」(英語で「シュッシュッ」は"hissing")というコメントを招くこともあった。しかし私たちの日本語学校では、学生が先生のこうしたくせを、決して茶化すつもりでなく、自然に身につけて、廊下ですれちがえば、互いに「シュッシュッ」と言い合ったものであった。挨拶の形として、互いに頭を下げ合うのも、みなが自然にやっていた。私たちは知らぬ間に、文法や発音の要点以上のものを、先生たちから学んでいたのだ。

私たちはまた、先生たちの家に時々招待されて、日本食をご馳走になることがあったが、それがまた生まれてはじめて、という学生も少なくはなかった。聞くところによると、今ニューヨークには、日本料理店が少なくとも三百軒あるそうだが、その当時は、ただの一軒しかなかったのだ。そして日本人が特別多いロサンゼルスやハワイは別格として、たいていのアメリカの都市には、日本料理の店は一軒もなかったという(それに反して、中華料理店ならアメリカ中、いたるところにあった)。たいていの学生にとって、初めて味わう刺身の味は、最初のタバコの味と同じで、未知の世界へ一歩踏み出す、終生忘れがたい体験だったはずである。思い切って食べてみて、刺身がいやだと言った人はなかった。しかし生の魚を食べるという観念自体には、一般になんとなく抵抗があったようだ。

先生のお宅に招ばれて夕食をすませたあと、先生はよく五目並べ、将棋、花札などというゲームの基本を教えてくれた。その時こそ気づかなかったが、それが花札であろうと、あるいは童謡あるいは料理の名前であろうと、そうした先生のおかげで、私たちが得た片々たる知識は、すべて日本文化を全体的に理解する上での本質的な要素だったのだ。時としてそのような知識は、思いがけぬ形で、役に立つことがあった。例えば、日本語学校を卒業してから一、二年経った頃、私たちが日本軍の書類を翻訳していたパールハーバーの事務所に、ある男がやって来て、世にも不思議な新種の「暗号」らしきものを私に見せた。しかし私にはひと目で、それが実はカタカナで書かれた尺八の音譜だということが分かった。それが見抜けたのは、日本語学校のある先生が、いつか私たちのために尺八を吹いてくれたことがあったが、その時私は、尺八の音譜を見て、その形を憶えていたからだった。

米国海軍日本語学校に在籍していたあいだじゅう、私たちは海軍の戦闘訓練、その他の軍事事項については、何一つ指導を受けることはなかった。私たちがこの学校に入学する前、すでに海軍当局は、学生の注意力が日本語の学習と、例えば戦艦についての学習とに分裂されるならば、かえって逆効果になるおそれあり、というふうに賢明にも決めていたのだ。したがって私たちは、ついに海軍の制服も着なかったし、身体検査さえ全面的に免除された（私たちのグループに、一人ひどい近視の青年がいた。検査官に眼鏡を外して検眼表を見るように言われたが、眼鏡を外したとたんに彼は訊いたという、「検眼表はどこですか？」と）。それこそ自慢ではないが、どこの国の海軍といえども、これほど軍人らしからぬ海軍士官を見つけることは、不可能だったにちがいない。

　ある時、ある学生から、日本語学校の学生にも海軍に関するなんらかの軍事教育を与えてほしいという要望が正式に出され、私たちも海軍大佐の講義を受ける羽目になった。その時海軍大佐（明らかにユーモアのセンスのある士官だった）は大まじめな顔をして、それを犯すと死刑に価するという、すべての違反行為――例えば自分の軍艦を珊瑚礁の上に、故意に乗り上げ座礁させること――を読みあげてくれたものだ。そして私が海軍に関して知っていることといえば、大体においてこれが全部だったのである。それからあと、私は本当にある戦艦に乗ったことがあったが、その時も、初めどちらが艦首でどちらが艦尾か、ということさえ分からなかった。その上、艦長しかそこへ入れない甲板の一区域を、なにも知らずに散歩したこともあった。しかし幸いにも、なんとか死刑にもならないで生きのびることが出来た。

　語学校卒業式の日、はじめて私たちは軍服を着ることになった。軍服を着た自分の姿を鏡で点検してみたところ、黄金色のボタンと、袖口を一巻きするこれも黄金色の筋が鏡に映えて、ひどく立派に見えたことを憶えている。とはいえ私は、本気で自分が海軍士官だと思うことは、とうてい出来なかった。中学時代、学芸会のお芝居で、闘牛士とか、ルイ十六世とマリー・アントワネットの息子、あのあわれな王太子などの衣装を着けたことはあった。だから海軍士官の軍服は、はじめはこれももう一つの別のエキゾチックな舞台衣装のように思えてならなかった。だがしばらくして、突然私は、いや、これで子供の時からあれほど恐れ、憎んだ戦争に、自分も本式に加担することになるんだぞ、ということに気づき、愕然としたものであった。

卒業式の時、私は卒業生総代で、日本語で告別の辞を述べさせられた。どんな内容だったか、今では皆目憶えていないが、おそらく全クラスを代表して、ご恩になった先生方に謝意を表する、という趣旨以上のものではなかったはずである。しかし私がその告別の辞を、一年前には、たった一つの単文さえ言えなかった言語、すなわち日本語で述べたという事実は、今や私の生涯の（そしてまた日本学者としての自分の経歴の）画期的な事件だったのである。

卒業式のあと、海軍当局の命令で、私たちはそれぞれの任地へ派遣されることになった。あるものは、ワシントンへやられることに決まった。おそらく日本関係の海軍政策の高度の仕事に就くためであろう。しかしたいていのものは、ハワイのパールハーバーがその任地であった。これは、それよりほぼ一年ちょっと前に起こった日本軍の集中攻撃以来、有名になった地名である。私は、ワシントンで、生命の危険を感じることなく戦争をやり過ごせる運命となった連中に対して、これっぽっちも羨ましさを感じなかった。それどころか、ハワイを思っただけでも、私の心は躍った。そうではないか？　ハワイの向こうには日本があるのだ。私は確かに、例えば突撃の先頭に立ったり、自艦もろとも海中に没していく英雄的な軍人として、自分のことを夢見たことはなかった。実際、海軍にいた間に、私は一発の弾丸も撃たなくてもよかったし、(例えば沖縄作戦に参加した折のように)職務上部下に命令を与えなければならない羽目になった時でも、私が彼らに向かって言い得たおそらく最も英雄的な言葉は、「私といっしょに前線まで行きたい者誰かいる？」といったようなものだった。とにかく私は、海軍士官になったり、人に命令を与えたりするようには、出来ていなかったのだ。そして私が戦時中に経験出来るはずの勝利といえば、すべて日本語との、私の戦いの中にこそあったのだ。

## 日本人兵士の日記

一九四三年の一月、私は、日本語学校出の海軍士官グループの一人として、サンフランシスコからパールハーバーに向けて出発した。船は、古ぼけた定期客船だったが、私が海軍生活で遭遇したおそらく最も不潔かつ不快な船だった。天候はいつも時化気味で、最初の二、三日は、(私のような語学士官とはちがう) 本物の水兵のための食事に手を出すものは、私たちのうち誰もいないのだった。だから水平線上に、いよいよハワイが見えた時のうれしさといったら、もう言いようのないものであった。

私たちはまず、日本語資料の翻訳をおこなっているパールハーバーのオフィスに出頭した。迎えてくれたのは、正規の海軍大尉(アナポリスの海軍兵学校卒業)だったが、彼は私たちに課せられる仕事は、極めて高度な軍事機密に属するので、その機密を洩らすような行為は、いやおうなしに死刑につながるという話をした。そして続けて、「そうなれば、貴公たちが首をくくられるところまで、このおれがちゃんと見届けてやるからな」と。この士官は、終始私たちのことを見くびっていた。公式には私たちもまた海軍士官であることすら認めようとはしないで、私たちのことを、いつも「貴公たち語学生」と呼んでいた。めったに笑ったことがなく、たまに笑っても、それはせせら笑いに限られていた。これはあとで思い返して気づいたことだが、所詮この大尉と私とは、一種逆説的な関係にあったのだ。つまり彼と私とは、戦争に関して、公式にはまさしく味方同士だった。しかし私が愛着を感じていた日本人捕虜は、彼にとっては敵でしかなかったのだ。

大尉の挨拶の言葉をまだ耳に残したまま、私たちは、それぞれ適当に置かれた資料の前に座った。はじめのうちこそ、私たちがやっていることは、戦争にとって大変な重要性を持つんだ、という見せかけを続けることは出来た。ところがその実、押収した資料のたいていのものは、誰が見ても興味が持てるような代物ではなかったのだ。それだけではなく、私たちが折角仕上げた翻訳は、大尉の手で引き破られる運命を辿（たど）ることが、少なくなかった。彼は、翻訳でミスを犯した者に恥をかかせるのを、明らかに楽しんでいた。当人を自分の前に起立させ、間違いの箇所を読みあげ、コメントを与えるのだった。例えば、私はいまだに憶えているが、誰かが戦車に関する日本語のマニュアルを翻訳していて、ある日本語の言葉（あいにくその言葉を忘れてしまったが）を、foot pressure device（足踏み装置）という英語に訳してしまった。すると大尉は、まずそれをやった男を呼びつけておいて、次に私たち全員を集合させると、聞くものの心もしぼむような皮肉をこめて、「貴公たちのうちに、pedalという言葉を聞いたことのあるものはおらんのか？」と。もちろん「足踏み装置」はpedalにちがいない。しかしこの簡単な言葉が、戦車をそれまで見たこともない翻訳者の脳裡に、とっさに閃（ひらめ）くのは、どだい無理というものだった。

一つの翻訳作業が終わると、私たちは、その次にやる仕事を要求することになっていた。ある日私は、次の材料を受け取りに行きながら、今度は兵器のマニュアル、病院の備品リスト、あるいは古い貯金通帳なんかより、もう少し位やって面白いものが貰えるといいな、と思っていた。その時資料室へ入っていって、悪臭ぷんぷんたるちっぽけな本がいっぱい詰まっている箱の存在に、初めて気がついた。そこで私は、翻訳者のなかでも一番のベテランに、一体全体このちっぽけな本は何ですか、と訊いてみた。するとこれはみな、戦死した日本兵や水兵の遺体から回収した日記帳だ、と教えられた。その悪臭は、手帳に少なからず付着していた乾いた血から発するものだったのだ。もちろん私は、そうした本に手を触れることすら避けたい気持ちだった。しかしいつもの無味乾燥な資料には、ほとほとうんざりしていたので、なんでもいいから変わった材料がほしかった。だから私は、なるべく血痕の目立たない手帳を一冊、慎重に選んで、それを読み始めた。日誌は当然すべて手書きだったので、活字や謄写版刷りの資料より、はるかに読みにくかった。なるほど私たちは、語学校で、ある程度は草書体の字などを読む訓練は受けていた。ところが今私が手に取って見ているのは、書道の達人の熟練より成る崩し字ではなく、おそらくどこかジャングルのタコツボ、ないしは孤絶した塹壕の中で、目前にあるのは死のみ、という状況で兵士がなぐり書きしたものだったのだ。それゆえ判読はむずかしかったが、それでも私は執念でやりとおした。そしていつの間にか、押収された日記を読む仕事は、私のいわば特殊技能となってしまったのだ（事実、戦争が終わった時、その種の資料を読む私の能力に対して、米国海軍は私に勲章をくれたものだ！）。私が読んだ日記のことごとくが興味深いものではなかったこと、これはいうまでもない。そして一番私を夢中にさせた日記さえ、退屈な部分を少なからず含んでいた。しかしこれらの日記を書いた兵士たちは、いわば私の、最初の日本人の親友だったのである。実際私は、彼らの家族のものよりも、彼らのことをより深く知っていたかもしれないのだ。だが悲しいかな、私はついに彼らに直接会うことはなかった。なぜなら彼らは、もはや生きてはいなかったからである。

私がパールハーバーで翻訳した日本兵の日記は、ガダルカナル島で押収されたものだった。ところでこの島の名は、今四十歳以下の人には、おそらく耳馴れない名にちがいない。実はこの島は、それまではいたるところの戦闘で勝ち続けていた日本軍が、初めてアメリカ軍の逆襲にあって、大敗を喫した（一九四二年八月）戦場だったのだ。ほとんど六カ月間に亘って、この島の占領権をめぐって、太平洋戦史の中でも最も凄絶な戦闘がくりひろげられたのである。私が読んだ日記は、ガダルカナルをめぐる戦闘が、終結を迎えようとする少し前の時期に書かれたものだった。その時日本軍は、アメリカ軍だけではなく、マラリアや飢餓とも戦っていたのだ。日記によっては、ガダルカナルの名に、日本語音の省略で、「餓島(がとう)」という字を当てたものもあったほどだ。

そのような苦難と闘っている男たちが書いた日記を読んでいて、なんらかの感動を受けないわけにはいかなかった。かりにその時私がやっていたこと、すなわち軍事的情報を得るために敵軍から捕獲した記録を読むことが、私が現に読んでいる日記の書き手を殺すための手助けだったとしても、私がそうした日記の書き手に対して持った同情の念は、戦争に勝つという究極的な目的を、少なくとも一時的には忘れさせてくれさえしたのである。

初めのうち私の仕事は、日本語の記録資料を読み、翻訳することに限られていたが、他の士官たち、特に日本で育って日本語が流暢に話せる士官たちは、日本人捕虜を訊問する仕事に当たらされていた。捕虜といっても、その頃はまだ数はきわめて少なかった。いたとしても、それは、一年前のパールハーバー攻撃のあと捕らえられた航空兵、そして乗っていた航空機が落とされ、あるいは船が撃沈されて、投降を余儀なくされた兵士などであった。私はそういう日本人捕虜に、実際に会いたくて仕方がなかった。書いたものだけを通じて知っている彼らが、本当は、どのような人間なのか、知りたかったのだ。

一九四三年の三月、私は当局から、これは極秘だと念を押されて、ある作戦に加わることになった。これはあとで分かったことだが、(同志社大学の教授を長くしていた)オーティス・ケーリが、自分の「パートナー」として、私を選んだのだという。私たち二人は、チームを組んで、ケーリ(彼の日本語は、日本人のしゃべり方と全く区別がつかなかった)が捕虜の訊問に当たり、私が資料を翻訳することになった。とはいえ、時にはケーリが翻訳、私が訊問と、役割が入れ替わり得る、という了解もあった。というわけで私は、日本語をしゃべる練習のために、捕虜が収容されている海軍監禁所へ連れて行かれたのだ。といって私は、日本兵捕虜とのこの最初の出会いのことは、あまりよく憶えていない。しかしずっとあとになって、当時捕虜だった小説家の豊田穣(とよだじょう)が書いた文章を読んで、ずいぶんおかしく思ったものだ。彼によると、私はその時、日本人と自由自在にしゃべり合っているケーリのうしろに隠れて、みなの前に顔を見せるのも恥ずかしいみたいであったと。つまり日本語で自分の言いたいことを言える自信が、その時の私には、まだ十分ではなかったのだ。

ケーリと私とは、どうやら初の太平洋横断飛行の遺物らしい、一台の飛行艇に乗せられて、ハワイからサンフランシスコへと、そしてさらにサンフランシスコからサンディエゴへと飛び、そこで任務につくための申告をした。しかしその時に至っても、私たちは、自分が参加することになっている作戦が、一体どこで戦われるのか、全く分からなかった。しかし時々、どうやら夏服が要りそうだぜ、といったような噂が耳に入った。そこでいよいよ目的地に向かって艦に乗り込む直前、私は夏用軍服を、もう一着買っておいた。ところが艦が出航して、いつまで経っても風は暖かくならず、逆にだんだん冷たくなって来たのだった。そこで当局が、わざと嘘の噂を流して、私たちを騙(だま)したことに気がついた。実は艦は北に向かって身も凍るアリューシャン列島を目指して進んでいたのである。

## アッツ島・キスカ島作戦

私はそれまで、ゆうに一年以上も米国海軍に所属していたことになる。そのくせその時、北太平洋海域に向かうべく、老いぼれ戦艦ペンシルヴェニア号に乗せられるまでは、軍艦というものには、片足かけたこともなかったのだ。すべてが新しい体験だったから、最初の数日間は見ることとすること、みな物珍しくて、面白かった。しかし楽しみは、決して長続きはしなかった。第一することがほとんどなにもなかったし、あてがわれた小さな船室（かつては艦長の食糧貯蔵室だった！）は、八人ないし九人の下級士官ですし詰め。おまけに寝床ときたら、旧式の東海道線三等寝台車さながらで、狭苦しい寝棚が何重にも重なり合っていた。だんだん危険な海域に近づきつつあるという思い、そして子供の時からあれほど恐ろしがっていた戦争を、いよいよこの眼で見るかもしれないという思いは、あまり私の頭には実感として浮かんで来なかった。たいていの若者と同じように、私も自分が死ぬことなぞあるものかと信じ、自分のことを、戦争の当事者というよりは、ただの傍観者として見ていたのだ。

アラスカのコールド・ベイという所で、ケーリと私とは、陸軍の輸送船に乗り換えさせられた。この船は、アッツ島へ第七師団を輸送中だったのだ。乗船前に聞いたことだが、第七師団は、なんと砂漠での戦闘のために特訓された師団だということだった。それが北洋の島へ行くというのだ。軍事作戦によく見られる、調整力欠如の、これは好例である。船には陸軍の通訳団が乗り込んでいた。カリフォルニア州やその他の地区出身の二世だった。海軍日本語学校の教師たちの中にも、二世がたくさんいたが、彼らは軍服を着ていたわけではなかった。そして自分が日本人の末裔（まつえい）だということ（それに彼らは基礎教育を日本で受けたものが多かった）と、自分がアメリカ合衆国の市民として果たすべき義務との間にはさまれて、いわば忠誠心の分裂を感じているふうは、少しも見られなかった。しかしこの輸送船の、陸軍の軍服を着た二世たちを見て、彼らがこれから起こる戦闘で、日本兵を殺さなければならぬ羽目になるかもしれないことを思うと、果たして彼らは、心中なんらかの抵抗を感じないでおられるだろうか、と気にならないではおれなかった。けれども私が観察したところでは、どんな時でも、なんのためらいも感じていないようであった。

だが心の中で、かなりのいきどおりは感じていたかもしれない。米国海軍は、日系アメリカ人には絶対に正式の軍人の階級を与えない方針をとっていた。海軍が莫大な費用を使ってでも、私や他の日本語学生を養成した理由の一つも、そこにあっただろう。なるほど陸軍には、二世の兵隊は少なくなかった。イタリア戦線で勇敢に戦った例の二世部隊、太平洋方面で活躍した通訳や翻訳者たち――。ところが彼らの教育程度がどんなに高くても、士官にはしてもらえなかったのである。そしてこの不当な扱いが彼らを傷つけていたことは、確かであった。差別されているのは自分たちだけではない——事実上、海軍には料理係と付き添い人以外に東洋人や黒人はいなかった——と分かっていても、大した慰めにはならなかったのだ。もっと最近の戦争を体験したことのあるアメリカ人にとっては、かつてそんな差別があったことを想像するのは、むずかしいかもしれない。たいていの人間はそうだが、昔の時代への感傷的なノスタルジーを、私だって感じることはある。つまり自分の子供時代、青年時代に一般的だった、もっと質の高い生き方の理想化された記憶と、現在の苛酷な現実とを対照させるのだ。しかし人種差別の面に関しては、これでも世界の状況は、ずいぶんとよくなったのである。

陸軍に所属した二世の通訳、翻訳者たちは、海軍の通訳、翻訳者はみな能力が劣るというふうに聞かされていたらしい。したがってケーリと私とは、私たち独特のやり方で、そんな噂が根も葉もないことを、なんとか証明しなければならない、と感じた。しかし陸軍の日系アメリカ人とだんだん親しくなるにつれて、私はおそらく生まれて初めて、日本人であること、あるいはアメリカ人であることが、いったいどういうことを意味するのか、深く考え込むことがよくあった。

アリューシャン列島の最西端に位置するアッツ島への上陸は、ほとんど一寸先も見通せないような濃霧を分けて行われた。私たちの舟艇が岸に近づいた時、近くではらわたをえぐるように恐ろしい悲鳴が、いくつも聞こえた。あとで聞いて分かったのだが、真相は、上陸用タラップの降ろし方を間違えたため、舟から海中に転落する兵士たちが出たのだという。つまり北太平洋の海水は猛烈に冷たいので、水中に落ちた人間は、数秒とまではいかずとも、数分間で凍え死んでしまうのだ。これが私が味わった最初の戦争の味であった。

ケーリと私は、まだその時、薄い夏用の軍服を着ていた。それというのも、陸軍と海軍との間の、あのお定まりの馬鹿げた対抗意識のおかげで、私たち士官は（兵隊とちがって）船の中でも、あたたかい軍服を支給されることはなかったのだ。だから私たちは、岸辺を歩いていきながら、ブルブルふるえどおしだった。それから私は、砂の上に横たわっている日本兵の死体を見た。私はその時まで、死体というものを見たことがなかったのだ。子供の時分に、蠟人形館に連れていかれたことがあったが、あの時は、じっと見詰めたままの動かない目や、これも動かない人間の手などが、本物そっくりに作ってあるのを見て、ぞっとするぐらい恐ろしかった。ところが今や、自分のすぐ目の前に、蠟人形なんかではない、本物の人間——おそらく数分前までは海辺を視察していたか、それともアメリカ軍と銃火を交えていたかもしれない人間が、死んでいるではないか。私はこうして、私の二つ目の戦争の味の実態に心奪われ、強い恐怖に駆られながら、ただそれを見詰めるばかりだった。

アッツ島攻略作戦について、私の記憶は、ちょっとややっこしいところがある。私がまっ先に思い出すのは、まず凍土だ。一歩足を踏み入れると冷たい水がじゅっとにじみ出て来て、うわつらを取りのぞくと、下はドロドロの泥水になる。それから鼻水をたらたら垂らしながら、押収した書類を翻訳しようとやっきになっていたことも思い出す。しかしなににもまして私が思い出すのは、日本軍のアッツ島守備隊の運命である。兵員二千名のうち、少なくともその半分は自決している。これこそ日本のジャーナリズムが、日本軍人ならいざという場合どうするかという理想例として、誇らしげに書き立てたあの「玉砕」だったのだ。日露戦争の時には、捕虜になったという一生の汚名をこうむることなしに、日本人は捕虜になったのだ。ところが太平洋戦争を戦った日本兵は、日本の軍人はどんなことがあっても、生きて虜囚の身になってはならないという考えを、頭の中に叩き込まれていたのだ。手許に残された武器が手榴弾一個だけになってしまったある日本兵は、それを敵に向かって投げる代わりに、自分の胸に押しつけたという。捕虜となるより死のほうを選んだのだ。

私にはそのような考えは、どうにも許容できない。しかしアッツの玉砕の話は、多くの人々に深い感動を与えた。それも日本だけではなく、日本軍に占領されていた東南アジアの国々でも同じだった。今世紀におけるおそらく最も傑出したインドネシアの詩人チャイリル・アンワルは、自分の部下の将兵と共に自決したアッツ島守備隊司令官、山崎大佐について、自分の愛する女性イダに宛てた手紙に、次のように書いている、「イダよ。山崎大佐に思いを馳せなさい。あのアッツ守備隊の勇敢な戦士に！ ああ、どうかこの気高い精神と一つになるように。これこそ一つの理想の人格化だ！ 愛する人よ、彼が己の祖国に捧げた献身的な奉仕に目を留めなさい。それは天皇によってさらに熱烈なものとなり、いやが上にも高められた感情となる——そして思うに、そうした感情の大方は、狂熱的な炎となって燃え上がるあの生の活力の中に含まれなければならず、ついには死によって完結するのだ」。

とにかく私は、アッツ島で自決した多くの日本軍人が抱いていたらしい死への魅惑に共感することは到底できなかった。そして日本人を理解しようという私の試みの、まず最初のつまずきとなったのは、おそらくこの気持ちだった。その頃私は、自殺は狂気の一表現だろうと考えていた。だが今はそうは思わない。例えば近松の心中物を読む時、この無常な現世に生きるよりは、いっそ死を選ぶ男女のほうに、私の同情は向かう。しかし自殺は、私の貴重な日本の友人を幾人か奪った。そしていくら同情的に考えてみようとしても、私は本心から死神に魅せられたことは、ないのである。

日本の大本営発表によると、アッツ島の守備隊は、最後の一兵に至るまで戦死（玉砕という言葉が一般的になったのは、この時から）した、ということだった。しかし、本当のところは、軍人及び日本軍に徴用されていた一般人も含めて、ほんの一握りだが、米軍の捕虜になった日本人もいたのである。といってこの人たちは、アッツ島にいた二千人中のわずかな生存者であったという事実以外、格別特筆すべき存在とはいえなかった。それに続く戦闘でも、米軍は各地で、終始同じように激しい日本軍の抵抗に遇った――だから私は時に感じざるを得なかった。つまり戦争が終わった暁には、生き残った日本人は、私たちが捕虜にしたわずかばかりの日本人だけ、という結果になりはしまいかと。

私が参加したアッツに続く作戦は、キスカ島攻撃作戦であった。一九四二年、日本軍に占領された同じくアリューシャン列島中の孤島である。実際の上陸作戦に先立つ数週間は、写真解読者の判断では、この島には何ら敵軍の動きが見られないということだった。ところが偵察機は、地上から何度も何度も対空攻撃を受けたことを報告していた。私たちは、誤報だったとも知らずに、あとのほうを信じた。日本軍の守備隊がまだそこにいるということ、したがってその抵抗もアッツ島同様に激しいだろうという前提のもとに、上陸準備がなされたのだ。

上陸して、私たちはすぐに空軍の報告が間違っていたことを知り、安堵の胸をなで下ろした――島には日本兵はただの一人もいなかったのだ。アメリカの軍艦に周囲を封鎖されながら、いったいどのようにして日本軍が撤退できたのか、まさに謎というしかなかった。そしてこの謎が解けたのは、それから一、二年後に、キスカ島撤退作戦に関係した、ある日本の海軍士官の日記を読んだ時だった。だからこの発見は、アメリカの太平洋戦争作戦に対して、私がなし得た最大の貢献だったと思う。

いうまでもなく日本軍は、この島が後に米軍によって占領されることを予想していた。だから私が地下の司令部の黒板で見つけた、「アメリカ人よ！　お前らはルーズベルトの馬鹿な命令に踊らされてるのだ」といったようなメッセージを残していったのだ。それからまたやはりある看板に書かれた文字のことも、私は思い出す。これは私たちの仲間でも、いちばん日本語が読めない通訳者だったが、彼が一枚の看板を私のところに持って来て、「だいたいの意味は分かるんだが、あんまりはっきりしないんでね」と言う。読んでみると、そこに書かれた日本語は簡単明瞭「ペスト患者収容所」とある。私はいまだに、その時本当に日本人の中にペスト患者がいたのか、それともその看板は、これから上陸して来る米軍のために残して置いたものか、よく分からない。しかしその時はすぐにサンフランシスコへ血清の送付を要請し、そのあと何日間も、私たちは身体の問題の箇所に異常はないか、調べたものだった。

キスカ作戦が正式に終わると、私たちはハワイへ送り返されることになった。乗せられたのは、弾薬輸送船だった。しかも一隻（いっせき）だけ、単独で航行しなければならなかった。というのは、船隊を組んで航行していて、万一爆発を起こしたら、周囲の船全部の爆発を誘発する恐れがあるからだった。私たちは、船倉の十六インチ砲弾の上に腰かけて、毎晩映画を観て日を過ごした。フィルムは二種類しかなかった。一つは『カサブランカ』で、そしてもう一つは題名がどうしても思い出せない。この航海中、私は『カサブランカ』を十五回くらい観ただろうか。今でもいくつかそのセリフを憶えている。航海のハイポイントは、なんといってもハワイ諸島が視界に入って来た時だった。そんなことが起こり得ないとは、よく分かっている。だが船が島に近づくにつれて、ハワイ独特の芳香がただよって来たのを、私は忘れることができない。しかしこれはおそらく、荒涼たるアリューシャン列島を訪れたあと、再びあの美しいハワイ諸島を見た悦び以外の何物でもなかったであろう。

## 日本人の捕虜たち

次の一年半――一九四三年九月から一九四五年三月まで――私はホノルルに配属された。当時は、ホノルルでもかなりさびれた地区、カピオラニ大通りに設置されていた陸海軍共同翻訳局というところが、私の勤務場所だった。この部局の第一の目的は手書き文書の解読・翻訳であった。陸海軍共同にしたのは、むずかしい手書き文書を読むのは、陸軍の日系二世の翻訳官のほうが、海軍の翻訳官よりはうまいだろう、と海軍が考えたからであった。そしてその考えは、間違ってはいなかった。ところが、海軍は、米国陸軍の軍服を着ていても、日系二世がパールハーバーの海軍基地に足を踏み入れるのを許さなかった。そこで陸海共同の部局がホノルルに設置された、というわけだったのだ。そうした差別待遇を、二世がどう感じたかを想像するのは、むずかしくはなかった。しかし私の仲間はみな、どこかの軍事基地ではなく、ホノルルに住み、ホノルルで働くことを喜んだ。

私たちの勤務所は、二階建てのビルで、表には「家庭用家具取扱店」という、ニセの看板が出してあった。通りに面したショーウインドーには、家具のサンプルを申し訳みたいに置いてあったが、かたわらには「当分休業」という掲示も出してあった。だまされた人も少しはいたかもしれない。だが三十人——その中の多くがハワイ出身——もの二世の兵隊、それに四、五人の若い海軍士官が、毎朝入っていくのがいやでも見える近所の人に、秘密を保っておくことは不可能であった。それに私たちのビルの隣は、若い女工さんたちがクッションを作っている工場だったから、彼女らが若い兵士たちと親密な関係に入っていくのに、時間は大してかからなかった。通りを隔てた目の前にはレストランがあって、そこで私たちはよく昼食を食べた。そしてその店のウエートレスたちも、私たちに親しくしてくれた。私たちの仕事は、戦場で捕獲押収した文書の翻訳だったということまでは、知らなかったであろう。しかし私たちが、少なくとも何か軍事情報関係の仕事をしていることを推測するには、別に超能力は要らなかった。

私は他に六人の情報将校といっしょに、ホノルル市内の大きな家に住んでいた。週に一日だけ休暇が取れたが、私はこの一日を午前中の二回に分割して、その両方ともハワイ大学で日本文学を勉強する時間に充てた。他に二、三人、仲間の翻訳将校もこのクラスに入って来た。第一学期には、日本の現代小説を、週に一冊ずつ読んで、その読後感を日本語で書いた。それまで私は、小説一冊分に当たるくらい長いものを、日本語で読んだことはなかった。だからそれが自分にも出来ることが分かって、私はもう有頂天になった。これに自信を得て、今度は『源氏物語』を教えて下さい、と教授にお願いした。いうまでもなく、この本がどれほどむずかしいかということを私たちは全く知らなかったのだ。

私たちほとんど全員にとって、ホノルルでの生活は楽しいものだった。故国に妻子を残して来ている者は、もちろん家族のことを恋しがっていた。しかし私たちみなは、たこつぼのなかの兵隊や駆逐艦に乗り組んだ水兵と比べて、いかに自分のほうが割がいいかを知っていた。しかし私たちの生活には、なにか非現実的なものがあった。というのは、私たちはほとんど毎日、日記や手紙やノートブックその他それに類するものを翻訳していたけれど、自分たちのしていることが誰かの役に立っていることを想像してみるのは、大変むずかしかったからだ。そして私たちみなが嫌がっている指揮官の下で働いていることも、不愉快だった。その予備士官は、私たちの間に厳正な規律を維持しようというつもりか、私たちに対してきわめて冷淡な態度をとった。しかも物の言い方が徹底的に細かく、いちいち句読点まで発音しているのではないか、というふうに聞こえた。しかし時に気が鬱屈(うっくつ)した折など、家庭用家具取扱店の窓から戸外を眺めて、近くの畑をゆっくりした足どりで耕していく水牛や、オアフ島の山脈(やまなみ)にかかる虹などを見て、気を取り直したものであった。

ハワイでの私の生活について、おそらく一番鮮明な記憶は、私が尋問した日本人捕虜たちにかかわるものだろう。幾人か特定の士官(例えばオーティス・ケーリ)が、主として捕虜尋問の任に当たっていた。その他のものは、日本語会話のこつを忘れさせないために、ほんの時たまだけ、捕虜収容所に派遣された。私はそういった機会を、大いに期待したものである。そして私の尋問相手として、なるべくインテリの捕虜が当たるようにと配慮してくれたケーリに、私はずいぶん恩恵を受けている。

しかし初期の頃には、捕虜の大半は日本人ではなく、朝鮮人であった。彼らは「愛国作業団」として、日本陸軍に徴用されていたのである。だが彼らのうちで、日本に対して愛国的心情を抱いていたものは、ほとんど誰もいなかった。日本人とちがって、日本のために戦って死ぬいわれなぞなにもないと考えていたので、出来ることなら捕虜になるほうを選んだのである。軍事に関する情報はほとんどなにも持っていなかったから、彼らの尋問は、自分と彼らの家族や仕事の話題へと流れていった。私と同年配の者が多かったから、彼らと友だちになるのはそれほどむずかしくはなかった。そして彼らに、いわばあまりにも熱中した私は、ホノルルのある神父に頼んで、朝鮮語のレッスンを受け出した位であった。そして収容所を訪れる度に、キムチとかその他の朝鮮食料品を持参したものである。

私はこれらの朝鮮人を、自分の敵だとはどうしても思えなかった。彼らは日本人の犠牲者ではなかったのか？　時に私は、尋問のためではなく、ただ彼らとおしゃべりをする楽しみのために、夜になって収容所へ出かけることがあった。とはいえ、彼らに関してショックを受けたことが一つだけあった。朝鮮人の捕虜たちが、整列して、右向け右とか、廻れ右とか、ふだん通りの軍事教練をしたいと申し出て、許可が出ていた。ある日私は、他の捕虜たちがたまたま軍事教練をしている間、一人の捕虜とおしゃべりをしていた。その時彼は、教練をしている同輩たちを眺めて、「ああいう訓練を見ると、昔読んで感銘を受けた本のことを思い出しますね」といった。そこで私は、それはどういう本だったかと訊くと、彼は「ワガトーソー」というのだった。初めこの日本語の言葉は、私になんの意味か分からなかった。しかし、突然それがドイツ語『マイン・カンプ』の日本語訳『我が闘争』だったことに気がついた。そしてヒットラーの本に感銘を受け、しかもそれを公言するものがいるという事実に、私は驚いてしまったのだ。しかも彼はいうのだった。「だって私たちはみなあの本を読んで、あれを信じていましたからね」と。なるほどそうだったのか、と私は思った。そしておそらくちゃんとした教育を受けられなかったがために、あのようなプロパガンダにまどわされたこの男を、本当に責めることは出来ないと感じた。しかしそれにしても、この友と私とを隔てる遠大な距離のことを思って、私は胸に強い痛みを感じざるを得なかった。

日本人捕虜は、その数がずっと少なかった。そして彼らの大部分は、例えば近くに砲弾が炸裂して茫然（ぼうぜん）としている時とか、あるいは病気で寝ている時とかに、いわば意に反して米軍に捕らわれたものが多かった。中には餓死寸前まで、ジャングルの中に身を隠していたものもあった。同盟通信の記者で、グアムで捕らわれた高橋義樹（たかはしよしき）という人物がいたが、彼に初めて会った時、高橋は文字通り骨と皮になっていた。普通、顔の皮膚は、笑うと上の方に吊り上がるものだが、彼の場合は下の方に垂れ下がったものだった。戦後彼は堀川潭（ほりかわたん）という筆名で、私に何回か尋問された時の記録を発表した。私は高橋やその他の捕虜との会話を楽しんだが、会話といっても、軍の動向についての情報集めはそっちのけで、おおむね文学や音楽に関する彼らの嗜好を訊いて時間を過ごしたものだった。高橋の書いたものによると、アメリカ兵が日本軍に処刑された実例について、果たして彼が知っているかどうかを私に訊かれた際、彼が全然知らないと答えると、本当は彼がそういった例を見たことがあるのを知ってるぞといったような皮肉な笑い方を私がしたことになっている。しかし私の笑い方が「皮肉」だったというのは彼の思い過ごしで、私は彼の返答を信じて、疑ってはいなかった。笑ったのは、捕虜処刑という残虐な行為について、彼が何も知らないことを知ってほっとしたからである。

日本人捕虜とのつき合いで、私の最も忘れ難い経験は、私が収容所へ蓄音機を持っていった夜のことだ。私と特に親しくなった捕虜に、サイパン島で砲弾が炸裂した時、意識不明になり、そのまま捕らえられたある若い海軍士官がいたが、彼は私に、西洋のクラシック音楽が聴けないのがとても淋しいと打ち明けたことがあった。それが彼にとってどんなに辛いかということは、私には容易に想像できた。だから彼に、そしてついでに彼の仲間たちにも、音楽を聴く機会を作ることにした。何が一番好きかと彼に聞くと、ベートーヴェンの「英雄交響曲」だという。そこで私はこの曲を聴かせることにした。

私が持っていった蓄音機は、安物のポータブルで、音もよくなかった。しかし私は、収容所のシャワー室を会場にして、コンサートを開くことにした。シャワー室なら、反響もいいし、音が増幅するからだった。私は捕虜たちを集めて、まず初めは日本の音楽、それからベートーヴェンの交響曲をやります、と告げた。日本音楽のレコードは、果たして彼らにどんな歌が気に入るだろうかという知識はなにもなしに、ホノルルの店で買ったものだった。故国に残した家庭や愛する人たちのことを思い出させるような音楽を聴くのは、彼らにとって楽しいどころか、むしろ辛いことかもしれない、という考えに私が思い至ったのは、それからずっと後のことであった。私にとって大事だったのは、もちろんベートーヴェンのほうで、日本の流行歌を加えたのは、クラシック音楽が嫌いな捕虜に、自分たちが無視されたという疎外感を与えたくなかったからだった。

　私はまず日本の流行歌を四、五枚かけた。それがすむと、次の曲は長いから、もしクラシック音楽が好きでない者がいたら、今のうちに出ていってもいいよ、といっておいた。ところが出て行ったものは、誰もいないのだった。いうまでもなく、当時のレコードはSPレコードで、この交響曲は一曲で五枚に分かれていた。レコードがかかっている間も、私がレコードをかけ替えている間も、誰一人として口を利いたものはいなかった。私はそれまでこの交響曲を聴いて、これほど感動したことはなかった。そして今でも、もし誰かに好きな交響曲は何かと訊かれたならば、ハワイにおけるこの体験のことを思い出しながら、「エロイカ」です、と答えるだろう。初めのうちは、敵国の捕虜といっしょに音楽を鑑賞しているという行為に、私もいささか自意識過剰気味になっていた。しかし音楽を聴いている彼らの顔を見ているうちに、このような状況のもとには、敵だの味方だのという観念自体が、もはや無意味だという事実に気がついたものだった。だからしばらく経つと、私はただ音楽のことしか考えないで、ひたすら耳を傾けた。そしていよいよ交響楽が終わった時に、その日私は、終生忘れることの出来ない、貴重な体験を得たことに気がついた。

　音楽が終わると、数人の捕虜たちが私のまわりに集まって来て、いろいろ質問を浴びせかけた。

「指揮者は誰ですか?」「レコード針はなにを使いましたか?」「あの『オーケストラの少女』に出演したのと同じ交響楽団でしたか?」。「すばらしい音楽が聴けてうれしかった」といったものは、一人もいなかった。けれどもそのことは、言葉にするまでもなく、黙っていても十分わかったのである。

ところでもうこの時には、夜もおそくなってホノルルへ戻るバスがなくなっていた。仕方なく私は、道路のかたわらに立って、ヒッチハイクを試みた。私を拾ってくれたのは、海軍将校だったが、私が蓄音機を抱えているのを見て、なんでそんなものを持っているのか、と訊くのだった。馬鹿正直にも、私は本当のことを彼に告げた。すると彼の腹を立てたこと！「日本人が、わが国の捕虜に音楽会をしてくれると、貴様は思っているのか?」。私は口ごたえを控えて、ホノルルに着くまで、押し黙ったまま、座席に座っていた。

数年後に私の友人の高橋も、同じレコード・コンサートのことについて文章を書いていた。彼もまた、なぜ私が捕虜に音楽を聴かせたのか不思議に思っていたらしいのだ。音楽を聴かせて、油断させようとしたのか? それともベートーヴェンの、特にこの交響楽を聴かせることによって、私がベートーヴェンの理想に捕虜たちを洗脳しようと図ったのか? しかしその文の結びで、彼は私があの晩音楽を聴きながら、おそらく音楽以外のことはなにも考えていなかったようだ、と書いて、私の潔白を保証してくれている。

私が初めて日本人の捕虜を尋問したのは、まだたったの二十一歳の年であった。読書を通じて知っていたことのほか、実世間の経験は事実上なに一つなかった。弾圧的、また狂信的な性質のものは、どんな政治形態でもみな嫌いだったが、といってはっきりした政治体制を支持しているわけでもなかった。まだ日本へ行ったこともなかったし、日本的生活に関して私が持っていた唯一の知識は、日系アメリカ人、とりわけ海軍日本語学校の私の教師たちのあいだに残っているものに限られていた。日本語を話すことは、かなり出来たけれど、微妙な表現となると、まだ私の手には負えなかった。それでもなお、すべての点で私より先輩に当たる連中を、私は度々引っ張り上げたり、励ましたりしなければならないのだった。

インテリの捕虜を尋問して、私たちが同じ文学趣味や、音楽の趣味を分かち持っていることが判明した時、彼らもまた、戦争に導いた日本の軍国主義者たちの行動を嘆かわしく思っているのが、容易に推測できた。そして捕虜の中の何人かは、日本の目指すところは誤解されていて、この戦争において日本が真に目的とするところは、アジアの支配ではなく、むしろアジアの、西洋植民地主義からの解放だ、ということを確信していたらしいのを発見した。時にまた捕虜たちは私が当惑するような質問をしたこともある。例えば日本の新聞にも念入りに報道されていた、デトロイトにおける人種暴動事件、その原因は？　といったような質問である。

こと政治問題になってくると、私はもうお手上げだった。しかしこの際、一つだけはっきりしていることがあった。それは、これらの捕虜たちは、いつかは戦後の日本で、きっと何か重要な役割を演じるようになるだろうということ、そしてそういうことならば、私もなんとかその人たちに、援助の手を差し延べたい、ということだった。例えばある男が、敵の捕虜になることはまことにすぎ難い汚辱だから、自分は二度と生きては日本に戻れない、と言い張ったことがあった。そこで私はハワイ大学図書館を探し廻って、ついに一冊の本を見つけた。その本には、一九〇四～〇五年（明治三七～三八年）の日露戦争で、敵の捕虜になった日本軍人が、ちゃんと日本へ戻って来たことが出ていたのだ（その本には、ある日本人捕虜が、将校にふさわしい敬意をもって取り扱われていないことに抗議をして、ウオッカを飲んだり、スケートをする気晴らしくらい許されるべきだと要求した、という記述さえあった）。またある日本人捕虜が、天皇家の神聖性について絶対的な確信を持っていることを知った時には、これまたハワイ大の図書館から、彼の蒙を啓くためと思って、日本語のプロレタリア文学の作品を借りて来たこともあった。しかし今にして思うと、私が彼らのためにと思ってしたことが、彼らに慰めを与えるどころか、捕虜収容所という、いわば宙ぶらりん状態に適応することを、あるいはもっと困難にしたかもしれない。

当時捕虜だった人たちの幾人かと友だちになって、今でも時々会っている。その中の一人が、割と最近だがこんな話をしてくれたことがある。ようやくアメリカから日本に帰って来た時、「夫、戦死」という公報を受け取っているはずの妻が、あるいは再婚しているかもしれないと思い、その新しい夫がいるかどうかを見きわめようと、家のまわりをぐるぐる歩き廻ってみたのだと。そして男っ気が全然ないことを確かめたのち、やっと家の中へ入っていったのだという。彼以外にも、少なからずの捕虜が、同じような体験をしたのではないかと思う。

戦争中、敵味方の間に、温かい友情関係が発生し得ることを知って、時に驚きを示す人がいる。日本人捕虜にとっては、私と話し合うことは、捕虜の身となった恥辱感からの、あるいは解放だったのかもしれない。そして私にとっては、それは、もしそういう機会がなければ、絶対に受けることがなかったはずの、一種の教育だったのである。

## 特攻機に遭遇

ハワイでの私の任務の中で、おそらくなによりも興味深かったのは、日本人捕虜との話し合いであった。とはいえ私は、たいていの時間を、押収した書類を翻訳することに費やしていた。その間も、日本軍との戦闘は、太平洋上のいろいろな島で戦われ、その前線は、日本へ向けてゆっくりと近づいていたのだった。作戦があるごとに、私の同僚の幾人かが、通訳として送られた。しかし、彼らが間もなく、日焼けした顔をして事務所へ帰って来ると、私たちは、彼らが戦場体験をいろいろ語るのを聞いて、ほとんど羨望のよだれを垂らさんばかりであった。ホノルルにいては、毎日が全く同じように過ぎていく。だがこの連中は、文字通り死に直面して来たのだ。もちろん私には、人を殺したり、あるいは人に殺されたりしたい気持ちはさらさらなかった。しかし軍隊に入った以上は、実戦に参加しなければ、私の人生で重要な事件の真相を、本当に知ったことにはならないではないか、という思いが、常に私の脳裏を離れることがなかった。

というわけで、いよいよある日、命を受けてＣＩＮＣＰＡＣすなわち太平洋艦隊総司令部に出頭した時に私が感じたのは、恐怖というよりは、むしろ心の昂(たかぶ)りだといえた。これは、私もどこかの作戦地域に送られることを意味することくらいは、よく分かっていた。私たち翻訳官ないし通訳のグループは、パールハーバーの近くにあった司令部の建物の一室へ案内されて、ある士官の指示を受けた。それによると、次の目標は沖縄ということだった。これを聞いた瞬間、私たちのグループのあいだに、息を呑む声が起こった。ガダルカナルの戦闘この方、アメリカ軍がずっと「島跳び」をしていたことは事実だ。しかし日本本土は、まだまだ遠い遠い所にあった。それにこの戦争はおそらく永遠に終わらないのではないか、という私の確信は、まだ何物によってもゆるがされていなかった。しかし沖縄といえば、もう日本の一部ではないか――それでは戦争は、本当に終わるのだろうか？

私が現に思ったのは、沖縄の一般市民のことだった。それまでのところ、太平洋上の戦闘は、すべて一般住民がほとんど住んでいない（アッツ島には全くいなかった）島々がその舞台であった。しかし沖縄では、軍人に加えて、無数の一般市民が住んでいるはずだから、そのうちの多くが殺されずにはすまないだろうと思ったのだ。私がハワイで仲良しになった日系アメリカ人には、たまたま沖縄出身の人が多かった。だから私は彼らには特別の親しみを感じていた。そして私が次にどこへ派遣されるかということを、彼らにいってやりたいとは思っても、もちろんこれだけは、どんなことがあっても、人に明かしてはならないことであった。

その日私たちは、沖縄に関する全般的説明も聞かされた。私が特によく憶えているのは、土地の毒蛇のことについての、ある軍医の話だった（ところが沖縄作戦を通じて、ハブに噛まれたアメリカ人は一人だけいたが、なんとそれは、この軍医だったのだ！）。私はその任務指令の会場から、少なからずの興奮、そして白状すると、恐怖を感じながら出た。その作戦は、現地にいる日本軍守備隊からだけではなく、日本から来襲する航空機や軍艦によっても、攻撃される恐れが、当然あったからだ。

沖縄へ行く前に、私がしたただ一つの準備は、ホノルルのある眼科医を訪れて、私の近視を少しでもよくする方法はないものかと、相談することであった。戦闘中に眼鏡をなくしてしまう恐れが、多分にあったからだった。医者は自分でできる訓練をすすめてくれ、私は暇あるごとにそれを続けてみたけれど、なんら目立った効果はあがらなかった。それから私は、押収した日記帳のいくつかを隠した。これらは戦死した日本の陸海軍の兵士が書いた日記で、自分たちの死を予想していた彼らが、拾い主のアメリカ人に、戦争が終わったら、日本の自分の家族に返してくれ、と頼んでいるものであった。軍規には、敵から押収した物品は、すべてワシントンへ送るべし、とあった。しかし私は、日記の筆者が願っていたように、いつかは彼らの家族に返してやろうと、そうした手帳をこっそり隠しておいたのだ。ところが私が沖縄にいるあいだに、私の所持品をさぐった者がいたらしく、隠しておいた日記は、すっかり消え失せていた。今は一体全体、どこのだれの手に渡っていることやら。

一九四五年の三月に、私たち日本語通訳翻訳官のグループは、沖縄攻略のまず皮切りとして、フィリピンに飛んだ。途中、飛行機は数回小さな島に着陸したが、そうした島は、すべて滑走路だけの無人島で、着陸するのは、燃料補給のためだけであった。同じく私たち人間様も、まずい朝食を腹に詰め込まねばならなかった。目的地は、サマル島であったが、これはフィリピン戦役で最も激しい戦闘のあった場所、あのレイテ島に近かった。

サマル島は、私の初めての熱帯体験であった——同じ暑さでも、ハワイの快適な暑さとはちがって、こちらは仮借のない太陽光線の、まさに殺人的な洗礼だった。にわか雨のあとは、村の通りという通りは、どろどろの泥んこ道と化した。どの家も、今にも倒れそうに、あらゆる方角にひどくかしいでいた。そして栄養失調でお腹が異常にふくれ上がった子供たちが、裸で通りをうろついているのだった。この悲惨な状況は、太平洋戦争の激戦がもたらしたものと、初め私は思い込んでいた。しかしこの島では、戦闘などなにもなかったこと、そしてこうした悲惨は、この島の、いわば常態であることを私はあとで知った。濃い緑の草木が、いかにも野生的に、豊かに生い繁っているというのに、熱帯の自然は、まことにけち臭くて、食べられる植物をあまり与えてくれないという皮肉を、私はそれこそちっとも知らなかったのである。

私たちは、わが眼を疑うほど緑の濃い沿岸沿いに、サマル島から、艦載大型ボートでレイテ島に渡った。レイテの激闘が、その時からほんの数カ月前に終わったばかりだというのに、レイテで一番大きな町タクロバンには、士官クラブとして機能しているシュロの葉を編んで作った大きな建物が、すでに出来ていた。しかしこんなところは全く私の興味をひかなかった。そこで私は、日本人捕虜が収容されている場所に行ってみることにした。そこならだれか話し相手として面白い人物に会えるだろう、と思ったのだ。車がないので、ヒッチハイクすることにした。私を拾ってくれたフィリピン人は、誰もがずいぶん古風で丁寧な英語をしゃべったが、それまで兵士たちの汚い言葉ばかり聞いていた私には、ずいぶんありがたかった。日本人の捕虜収容所へ行きたいのだというと、彼らはみな驚いたようだった。フィリピン人は、ジャングルの中で、日本人を見つけたらその場で殺してしまうのが普通だ、というのだ。その時私を乗せてくれていたトラックの運転手は言ったものだ、「そう、収容所に入れられた連中は、運のいい連中だよね」と。

レイテ島の捕虜収容所は、私の予想以上に大きかった。公(おおやけ)には報道されなかったけれど、明らかにたくさんの日本兵が、ここで投降していたのだ。私と話を交わした捕虜たちは、ハワイで会った人たちに比べて、はるかに物悲しそうに見えた。おそらくそれは、生きたままで敵の捕虜の身になるという状態に馴れるには、まだ十分時が経っていないからではなかったろうか。面白いことに、いまだに私は、その時会った捕虜の一人から、手紙を貰うことがある。

その時レイテに、どれくらい滞在したのか、憶えていない。いうまでもなく、私は日記をつけていなかったし、その頃そこでどういうことがあったか、それを思い出すよすがとなるような記録を残したこともない。それはいってみれば、いよいよ沖縄へ向かう船に乗れという命令を、ひたすら待つことのほか、特に何といってすることのない、いわば宙ぶらりんの時期であった。当然私は、たいてい毎日退屈をもて余していた。

ついに命令は下った。私は輸送船隊の旗艦に乗り組むことになっていた。この頃までに、日本の神風（かみかぜ）特攻機の攻撃によって、少なからずのアメリカ艦船が沈められていた。だから私は、前にアリューシャン列島に向かった時より、今度のほうの危険に、より不安を覚えずにはおられなかった。幸いにも、その頃私は、自分の「不滅」をまだ信じていた。だから日本の土を初めて踏むという予想に、こわがるというよりは、むしろ興奮していた。

レイテから沖縄へ、私たちを運んだ船の生活について、今も私が憶えていることは、ただ一つ。それは、終始猛烈に暑かったということだ。その絶え間のない寒さのために、私は、アリューシャン列島が大嫌いになっていた。しかし今では、世の詩人が、地獄を描く時、常に灼熱（しゃくねつ）の業火（ごうか）の絶えない所とするのは、まことに理にかなったことだ、と思うようになったのだ。今や船が危険地域に入っていこうとしているのに、気がついていること（無意識的にも、意識的にも）から来る緊張感とは全く別に、暑さは、私たち乗組員みなを不眠症にしてしまった。

ある日の早朝、私はどうにも眠れないものだから、少しでも涼しい上甲板に出ていった。海を見渡したところ、同じ船団の僚船が、どれも私の船と並んで航行しているのが見えた。そして突然、ずっと遠い空の一点に、なにやらこちらへ近づいて来る黒い点を見つけた。これは神風機にちがいないと思った。点は見る見る大きくなり、間もなくそいつが、船団中で特別大きな私の船に向かって飛んで来ようとしていることに気がついた。私は、なにも考えることが出来ず、ただその近づいて来るものを、夢中で見詰めるだけだった。逃げ込むところはどこにもなかった。完全に退路を断たれた形だった。ずっと私の船を目がけて、そのまま、飛行機は降下して来た。操縦士は、爆弾か魚雷もろとも、機体を私の船にぶっつけて、自爆するつもりだということは、火を見るより明らかだった。体を動かすことも、叫び声をあげることも出来なかった。その次の瞬間、全く信じられないようなことが起こった。その降下して来た特攻機は、まず隣船のマストのてっぺんに衝突、そしてそのまま海に落ちていったのだ。これだけのことが、ほとんど数秒間のうちに起こった。あとで聞いたことだが、この特攻機の操縦士は、救助されたそうである。

これが私が体験したかぎりの、死との最も近い遭遇だった。なるほど私は、もう死ぬか、と思うほどこわい思いをしたことは、一度ならずあった。例えば、乗っていた飛行機が、燃料を全部海に捨てて遠い空港まで引き返した時など。また沖縄上陸作戦の最中、日本軍の次の弾幕射撃による砲弾が、私がもぐり込んでいる防空壕の真上に落ちはしないかと、恐怖におののいたことも、一度ならずあった。そしてもちろん、ニューヨークや東京の通りを、無茶な渡り方をしていて、命の縮む思いをしたことも、再々あった。しかしまるで私の胸を狙う銃殺隊の前に立たされているかのように、はっきりと、死が私に向かって直進して来るのをこの眼で見たのは、この時しかなかった。この体験のおかげで、危険な冒険を満喫するという、少年の日々に遡るロマンティックな夢から、やっと醒めることが出来たというわけだ。

四月一日の沖縄上陸は、期待はずれに感じられたくらいに楽であった。ところが上陸するかしないかという時に、全く予期していなかった状況に、私は遭遇したのだ。赤ん坊を腕に抱えて、もう一人の子供をわきに従えた、年の頃三十位の女性が、浜辺をうろついているのを私は見つけた。走っていって、そんなところをうろついていては危ない、安全なところへ連れていってあげるからついて来なさいといった。しかし彼女は、私のいうことなど全然聞こうとしないで、私にはさっぱり分からない言葉を繰り返すばかりだった。その女性との意思疎通がどうしても出来ないので、私も逆上してしまって、とうとう子供を抱き上げると、米軍野戦病院の救護所めがけて走り出した。女も私を追って走ったが、走りながら、あい変わらず同じ言葉を繰り返していた。なにをいってるのやら、私には全くチンプンカンプンだった。しかしこれはあとで悟ったことだが、多くの沖縄の人たち、とくに女性は、その頃はまだ私のわかるような日本語を話していなかったのだ。

その日もおそくなって、九つか十ばかりの少年を通訳にやとったが、この子は学校へ行っていて、標準語をしゃべることも出来た。私はこの子を連れて、沖縄の一般市民が隠れていそうな洞窟をしらみつぶしに調べていって、いたら出て来るように説得した。

およそ戦争というものは、たとえ戦闘員がすべて軍人であっても、ひどいものだということはいうまでもない。しかし自分の身に何が起こっているかということさえよく分からないものも含めて、老人、女、子供までが砲火にさらされるようになると、それはもう狂気としかいいようがないのである。

## 沖縄本島に上陸

沖縄上陸の第一日、さっそく二人の日本人が捕虜になった。陸軍中尉と海軍少尉だった。取りあえず急ごしらえの収容所、すなわち砂浜に有刺鉄線を廻らせた囲いが作られ、もっと適当な場所が見つかるまで、彼らはそこに入れられた。陸軍士官のほうは陽気で、アメリカ兵に冗談をいったりしていた。しかし海軍士官のほうは、話がちがった。敵の虜囚となるのをわが身に許したことによって、まるで罪でも犯すか、少なくとも赦しがたい誤りを行ってしまったという思いに、彼は明らかにさいなまれていたらしかった。

数日後、沖縄のその地域が、米軍によって確実に占領された時、私はこの海軍士官に会いにいった。彼は私に敵軍の士官としてではなく、どうか一人の同じ「学徒兵」として自分と話をしてくれないか、と頼むのだった。もちろん私は同意した。ハワイでも捕虜から同じようなことを頼まれたことがあった。しかしここは、毎日たくさんの兵士が殺されている第一線とは、まさに目と鼻の先であった。もし死にたいと思えば、これほど死ぬに易しい場所はなかったはずと思われた。ところがこの少尉は捕虜だった。だから彼には、勝手に死ぬことは出来なかったのだ。事実、彼を自殺させないように、あらゆる手段が講じられていたはずである。おそらく彼は、昔からのやり方に従って、舌を噛み切って死ぬことも出来ただろう。それとも、撃ちたがり屋（トリガー・ハッピー）の米海兵を挑発して、自分を撃たせることも出来たはずだ。しかし私は、今や私にはもう母国語のようになってきていた日本語を使って、生き続けるようになんとかがんばりなさい、と彼に説いたものだった。彼が死ななかったのは、ひょっとしたら私の説得に利き目があったからかもしれない。あるいはたんに、自殺のチャンスを見つけることが出来なかったせいかもしれないが。

戦争が終わってから、二、三年後に、私は陸軍士官のほうからは手紙を貰ったが、彼は自分のことを「捕虜第一号（プリズナー・ナンバー・ワン）」と呼んで面白がっていた。なんでも彼は復員後に、名古屋で始めた事業を続けているとのことだった。海軍士官のほうから、沖縄で自殺しなくてよかったという気持ちを少しでも洩らすような手紙が来るのを心待ちにしたが、それはついに来なかった。五、六年前のことだったが、なにか探し物を見つけてほしいという読者からのリクエストのコラムを連載している『週刊新潮』から、なにか本とか、学問的な出典とか、それともその行方を知りたい人物とか、なんでもいいから私の探しているものを公表させてほしいといって来た。そこで私は、沖縄の例の海軍士官のことを思い出して、そのコラムに私のリクエストとして、彼の住所を知りたいというのを出してもらった。バツの悪い思いをさせては気の毒だという顧慮から、彼が沖縄で使っていた仮名を私も用いた。すると返事が来た。しかしその海軍士官本人からではなく、彼の友人と称する人物からだった。それによると、件(くだん)の海軍士官は、いま東京のある高校の先生をしている、ということだった。そしてその友だちという人物は、もし私が海軍士官に会いたければ、自分がその機会を設けてもいいと書いていた。「もし彼が私に会いたいと思われるならば」、と私は返答した。するとそれきり音沙汰はなかった。私は彼のことを、以後再び聞くことはなかったのだ。

戦後日本の社会に起こったさまざまな変化や、日本の現代史の見直しなどにもかかわらず、この旧海軍士官は、敵の捕虜となった自分自身を、どうしても許せなかったのにちがいない。あるいは、今更会っても、おそらく二人の間になんらの共通点もないだろうと、まことに理にかなった割り切り方をしたのかもしれない。なるほど荒涼とした臨時捕虜収容所、あるいは遠雷のような銃声の思い出の中に、私たちの郷愁をそそるものは、なにもなかっただろう。敵国の士官同士ではなく、同学の士として会いたいという彼の要請が、その時私を深く感動させたのは事実である。だがそれも、所詮はすぐに消えてゆく運命にあった一瞬の衝動でしかなかったのか。しかしその時は、私たちが沖縄で初めて会った年から算えてすでに四十五年。私は、自分が当時体験したことの多くを、忘れ去っていた。とはいえ、その時私たちのまわりに荒れ狂う戦火を超えて、同学の士として語り合おうとした私たちの試みのことを、今も私は忘れることが出来ないのである。

沖縄では、私は初め、陸軍兵団の司令部所属ということに決まった。海軍は日本語の通訳をあまり必要としなかったから、海軍の持ち駒が陸軍に貸し出されても、概して文句はいわなかったのだ。兵団司令部は、前線からはるかに遠い比較的平穏な地区にあった。しかしほんの時たまだが、敵の砲撃や空爆に見舞われることは、なくはなかった。私はもう一人の将校と、小型テントを分け合って暮らしたことがあった。ところがこの士官、空爆で命を落とすことを猛烈に恐れていた。彼は恐怖に襲われ、文字通り身体を震撼(しんかん)させていた。これほど激しい恐怖に取り憑(と)かれた人物を、私はそれまで見たことがなかった。彼は自分の妻の名を、それこそ百万遍も口の中で呟(つぶや)いていた。この男に比べると、私は自分が戦場を恐れていないらしいことが分かって、少なからず驚いたものだ。もっとも私が世界中で最も英雄的ではない人間の一人だったこと、これは確かだったけれど。しかしその時も、周囲にそれを裏切るような事件がいろいろ起こっていたのに、私の不滅性に、私はまだ確信を抱いていたのだ。そして戦友が、テントの中で震えているのを眺めながら、いささか面白がっていたものであった。

しかし死は常に、私の眼前に存在していた。かりにある日の砲撃で死んだ者が、司令部に所属していた人員中の、たった一人にすぎなかったとしても、その人物が私の知人だった可能性は多分にあったのだ。例えばある時そうして殺されていった軍曹は、流暢なペルシャ語を話して、私を羨ましがらせていた人だった。もう一人の男は、四六時中冗談ばかりいっていた、強烈なユーモア感覚の持ち主であった。私には、不思議でならなかった。いったいなぜ、ある人間は殺され、別の人間は助かるのか？それは幸運の番号札を持つ者には、「死」という特賞が当たる、なにか不思議な富クジみたいなものか、と私には思われた。

空爆の間は、それをよける最良の場所は、丘の斜面にはめ込むように建てられた、沖縄式の墓だった。こうした堂々たる石の建造物は、日本軍将兵の隠れ家の役をしているのではないか、とアメリカ軍は疑っていた。しかしそこに棲(す)んでいる幽霊たちの邪魔を、あえてしようという日本兵は、どうやらだれもいなかったようであった。墓所の内部(なか)には、派手な色付けをした、大きな陶器の壺があり、その中には、今私たちを毎日恐怖で震え上がらせているような状況ではなく、もっと平穏な状況のもとに死んでいった人々の遺骨がはいっていた。

沖縄本島の丘という丘は、墓だけではなく、いくつもの洞穴(ほらあな)がまるでハチの巣のように山腹をうがっていた。アメリカ兵は、その中に隠れていそうな者を呼び出すのに、ハンドマイクを使っていた。そして「デテコイ！」と叫ぶのだった。それは彼らが知っていた、唯一の日本語だったのだ。もしだれも出て来ない場合は、時として洞穴の入り口で小さな火を焚いた。中にいる日本人をいぶし出すためだった。私が居合わせたある時は、幾人かの非戦闘員の日本人がやはり煙にいぶし出されて出て来たが、すべて老人と子供たちばかりだった。その姿は、これよりも哀れな戦争犠牲者は想像出来ないくらい、ひどいものであった。アメリカ兵たちが次の洞穴へ移動した時、私は彼らに入り口で火を焚くことを止めさせた。そしてまず私自身が中に入って、出て来るようにみなを説得してみるから、と言った。私は自信たっぷりに入っていった。ところが驚いたことに、中には銃をこちらに向けて座っている日本兵がいるではないか。どうしてその時、彼が引き金を引かなかったのか、私には全く分からない。私は彼の鉄砲の弾道から横っ飛びに飛びのいて、難を免れることが出来た。その後は、もうそんなヒロイックな行為を、二度と試みることはなかった。

また別の日、だれかが日本軍の書類を見つけたというので、ある洞穴に私は入っていった。その穴は坑道のように下ってゆく長いたて穴で、明らかに貴重品を貯蔵するための場所だった。一つの箱をあけてみると、勲章類がわんさと詰め込んであって、もう一つの箱には、数束の書類が入っていた。その中の一束を、懐中電灯で照らしてよく見ると、二十年前の日付だと分かった。そこでこれらの書類には、軍事的価値なぞ全くないことは明らかだった。そこで私は、たて穴を上って洞穴の入り口まで戻っていった。するとその入り口には、私の通訳仲間が一人立っているではないか。そして彼はこういうのだった。「きみが下にいたとは知らなかったぞ。これから、洞穴の封鎖をしようとしてたとこだ!」。さっきもし、下で私がもう少し長く書類を調べていたとしたら、私はもう二度と生きて外へ出ることはなかったかもしれないのだ。その時急に、自分が両方の拳固(げんこ)で洞穴の壁を叩いている姿を、私は想い浮かべた。だから振り返っていうならば、私だってあの同じテントで暮らした友だち同様、恐怖におののく理由はちゃんと持っていたわけだ。

## 捕虜・木村中尉の結婚式

沖縄で最もすさまじい戦闘が行われている間でさえ、時としてはユーモアの出番があった。中でも木村中尉と沖縄娘との結婚式は、群を抜いていた。木村と彼の女友だちとは、いっしょに投降して来たが、これは日本軍の将校が女性を連れて投降した、おそらく最初の事例だったのではなかろうか。アメリカ軍の情報関係の専門家たちは、日本軍の軍事機密に関する恰好な情報源になるだろうと判断して、このカップルが留置されている部屋の会話を通訳官に二十四時間盗聴させるように手配したものだった。ベッドを共にしている男女が、軍事機密についておしゃべりする！　なんという馬鹿げた想像力だろう。それでもこの計画は実行に移され、数人の二世通訳官は、何日間か、彼らの部屋から漏れて来る音を、すっかり聞かされる羽目になったのである。

この時、道徳的に大変お堅いアメリカ軍の司令官が、結婚もしないで男と女が同じ部屋に暮らしていることにショックを受ける、ということが起こった。そこですぐさま二人を結婚させなければ、ということになったのだ。私が知るかぎり、木村と彼の女友だちとは、異議を唱えることはなかった。といって二人がアメリカ軍に投降した時には、結婚するというつもりは、彼らの頭にはおそらくなかったのではないだろうか。結婚式は、アメリカの教会でやるのと同じように、プロテスタントの牧師が取りしきったが、なんとか少しでも本物の日本の味を添えるために、急拵え（きゅうごしら）の鳥居（とりい）が建てられた。だれかがアコーディオンでローエングリンの結婚行進曲を奏（ひ）いたところまではよかったが、キリスト教の結婚式の要領を、あらかじめ木村に説明しておくことをだれもしていなかったのだろう。指環を渡された木村は、それを花嫁の薬指にはめてやらないで、さっさと自分のポケットにしまい込んだものだった。おまけに最後に花嫁の唇にキスもしないで、みなを大いにがっかりさせた。のちにこの結婚式の写真が、アメリカのいくつかの雑誌に掲載された時、読者の中には、アメリカ軍が敵軍の捕虜に対してあまりにも親切すぎる、といっていきどおりを表明した者も、少なくなかった。ところでその後、この木村夫妻はどうなったか、私には知るよしもない。

第九六歩兵師団で通訳士官を求めているという通報が入ったのは、ちょうどこの頃であった。さっそく私はそれを志願した。身の安全を保障された司令部付を去って、銃弾飛び交う野戦部隊に入っていく勇気があるかどうか、例によって自分を試してみたいと思ったのだ。第九六師団で過ごしたそもそもの最初の夜から、危険度のちがいを肝に銘じさせられた。大隊本部宿舎は、毎晩のように敵の砲撃目標になっていた。最初私は全く睡眠が取れなかった。一つにはまわりの音がやかましすぎたせい、そしていま一つには恐怖のせいであった。しかし数日後には、どんなことが起こっても、夜通しぐっすり眠れるようになった。ある晩ひとりの士官が、私を起こして、もっと安全な場所へ行こうという。私は彼について行った。そして移動している間じゅう、彼は「君を起こしている間にだって、僕は殺されたかもしれなかったんだぜ」、と呟くのを止めなかった。

戦後何年か経って、私はこの男に偶然再会したことがあった。その時彼は、メトロポリタン・オペラ交響楽団でティンパニーを叩いていた。私はあの晩彼がいったことを憶えているか、彼に訊いてみた。しかしあの言葉は、聞いた私とはちがって、いった当人には明らかに記憶に残るようなものではなかったらしいのである。

沖縄で私たちに一番人気があったのは、普天間（ふてんま）というところだった。そこには大きなコンクリートづくりの養豚場があったが、それを私たちはきれいに掃除して防空壕に改造したのだ。そしてここなら空襲の最中でも、枕を高くして眠ることが出来た。それから二十五年後、沖縄を再訪した際、私はこの養豚場をたずねた。言うまでもなくそれは、普天間という町もろとも消えていた。当時は、そこいらじゅう、アメリカ軍人の宿舎だらけだったのだけれど。

## 「部下」のジロウのこと

第九六師団付の情報士官として任務についていた時、私は生まれて初めて、一握りほどの兵隊だが、私の指揮下に置ける部下というものを持った。その一握りというのは、二世の通訳と翻訳官から成っていた。その頃はまだ二世の言語学士官というものがなかったのである。そして日本語の訓練を受けたことのある陸軍士官は、いるにはいても、その数がまだきわめて少なかった。だから私のような海軍の者でも歓迎されたというわけである。私の指揮下に入った日系アメリカ人のおよそ十人くらいのほとんどがハワイ出身者であった。そしてカリフォルニア州から来たものも二、三人いた。初めは私が本当に日本語が読め、かつ話せることを（例によって）証明して見せなければならなかった。しかしみなと親しくなるためには、そう大して時間はかからなかった。

私のいわゆる「部下」の中で、最も興味深い人物は、ハワイ出身で、みながジロウと呼んでいた若い兵士だった。生まれたのはハワイだけれど、三つの時、彼は両親に連れられて沖縄に行った。そして沖縄で大きくなり、教育も受けた。十八歳の時、ハワイに戻ったが、英語はほとんどしゃべれない。それから間もなく、彼は軍務に就くという書類に署名する。そしてアメリカ兵が最もよく使う、ほんの五、六十くらいの英語の語句――だいたいにおいて品のよくない常套句ばかりだったが――についての知識を身に着けて、それらを実に巧みにぺらぺらとしゃべりまくったのだから、たいていのアメリカ兵は、彼が完全な英語を話せると思い込んでいたのだ。

自分の人生の大部分を過ごした島が、恐ろしい戦火――人々は殺され、家は焼かれ、恐怖におののく捕虜たちの棲み家となって――にさらされているのを見たことは、ジロウにとっては、一生心の痛みとなって付きまとうような体験だったにちがいない、と私は想像した。ところがジロウの態度には、これっぽちもの感傷性、あるいはあわれみの情さえ認めることは出来なかった。彼は今や百パーセント、アメリカの兵士であり、従ってあらゆる点において、他のアメリカ軍人と全く同じように振舞ったのだ。一回転して反対の方向に向いてしまい、今や昔の友だちと相対峙している将棋の駒のようなものだった。もし彼が、戦火の跡を歩いていて、たまたまおかしな恰好をして横たわっている日本兵の戦死体を眼にしたとする。すると彼はそれを見てゲラゲラ笑うか、それともその死体の恰好を真似して見せたものである。これは初めのうち、私にショックを与えた。しかしそのうち私も、これこそ兵士たちの「ノーマル」な態度なんだな、と思えるようになって来たから妙である。これは明らかに私の態度とはちがった。しかしもし戦争というものが、常に私のような攻撃性の欠如した人間によってのみ戦われて来たとするならば、おそらく人類は、もうとっくの昔に他の強い生物によってこの地上から姿を消していたにちがいない。

ある日、ジロウは、彼の叔母さんの家で昼食を食べようではないか、と私を誘ってくれた。すでに彼は叔母のところへ行ったことがあり、叔母の家族は、ジロウと再び会えたことを喜んで、彼がアメリカの軍服を着る身であっても、歓迎してくれたのだ。今そのことをひるがえって思い出してみると、私というアメリカ軍人が、まだ戦争の真最中だというのに、日本人の家に昼食を食べに訪れるというのは、まことに奇妙、かつ危険なことでもあった。ところが私はその時、毛筋ほどの不安も抱いていなかった。ハワイで沖縄人の友人たちの家に招かれたのと、全く同じように私は感じていた。そしてジロウの親族の人が、敵軍の士官である私の食事に、ひょっとしたら毒を盛るかもしれないなどということは、考えすらしなかった。私たちが叔母さんの家に着いた時、私たちは鄭重に迎えられた。いささか過剰と思えるくらいの好意さえ見てとれた。私は初め、眼の前に出された食物に箸を付けるのに躊躇した。毒を恐れたからではない。当時、沖縄の住民が食糧難でいかに苦しんでいたかを、私はよく知っていたからである。私は結局食べた。そして最後の汁までは、すべてが事もなく過ぎていった。その汁の中になにが入っていたのか、私はいまだによく分からない。しかしそれは、私が吸ったことのある汁の中で、おそらく一番まずい汁であった。自分の貧しい食物を分かち与えてくれている親切な人たちの心を傷つけるのを恐れて、私はなんとかそれを目をつむって飲み込んだ。すると矢継ぎばやにもう一杯どうぞ、とお代わりが出て来るのだった。それにしてもあの汁の中には、いったいなにが入っていたのだろうか？

沖縄では、太平洋戦争始まって以来の多くの日本軍将兵が、アメリカ軍の捕虜になった。どこかの収容所へ連行される途中の捕虜の長い列が、私のテントの前を通って行ったのを思い出す。私はサイパンで発行されていたアメリカ陸軍発行の新聞『ヤンク』の、一九四五年七月二十日号を持っているが、それには収容所に入れられた何百人もの日本軍捕虜の写真が一枚、そしてもう一枚は、一人の捕虜を訊問している私の写真が掲載されている。どうやら私は、左足の上にお尻を載せていたのだろう、地上にしゃがんだ形で座っている。そして捕虜のほうが、私よりはずっと栄養状態がよさそうで、ずっと幸せそうに見える。彼のほうは、岩かなにかに腰かけて、質問に対する返答をしきりに書き留めている私を見下ろす形で、座っているのだ。正直言って私は、一体全体いつどこでこの写真を撮られたのか、全く見当がつかないのだ。しかし、それはともかく、この写真が沖縄での私の生活を代表するスナップだったことは間違いない。

太平洋戦争のもっと初期の戦闘では、日本軍捕虜は、自ら進んで捕虜となったものは少なかった。ある兵士は、爆弾が破裂して茫然となった瞬間、他はひどい傷を負って動けなくなった時に捕らわれたか、あるいは海中でサメをふり払おうとしていて、そのまま拾い上げられたかであった。けれども沖縄では、多くの兵士たちは、はっきり投降の白旗を挙げたのだ。例えばある日本兵が説明してくれた話だが、自分には半分アイヌ人の血が混じっている、そのせいで日本の軍当局からは、ずいぶん不公平な取り扱いを受けたのだ、と。そしてその男は、彼の戦友たちがまだ閉じこもって抵抗している、ある洞穴まで私たちを案内しようと申し出た。なんとか彼らを説得して、穴から出て来させるから、というのだった。私は洞穴の入り口まで、彼についていった。彼は中の戦友に呼びかけて、出て投降するように言った。アメリカ軍は絶対きみたちを虐待はしないから、と。そして（それは彼らがすでに気がついていたことだが）、抵抗はもはやむだだ、ということを告げた。しかし洞穴から出るものは、一人もいない。とうとう彼は、カンカンに怒り出して、私たちアメリカ軍に、早く洞穴を封鎖して、中にいるうすのろ兵隊どもをみな殺してしまうように、とせき立てるのだった。私が思うに、実際のところは、彼が投降を申し出に私たちのところへ来ている間に、恐らく一人ずつ、ひそかに穴を抜け出てしまっていて、出て来い、という彼の言葉を聞いたものは、もはやだれもいなかったのではなかろうか。

それからもう一人の捕虜を、私は憶えている。戦闘の最中とはいえ、この人と私は、大変興味深い話を交わすことが出来たからだ。戦後何年も経ってから、私は彼に東京で再会した。彼の話によると、その時彼は、一九七五年の沖縄国際海洋博覧会の仕事をしている、ということだった。一度は戦死を覚悟した沖縄で、彼は第二の人生を得ることが出来たのだ。だからこの第二の人生を、沖縄のために捧げるべきだ、と彼は思ったのである。

他の捕虜たちは、「防衛隊」に召集されていた沖縄の人たちだった。たいていの人が軍事訓練というものを受けたことがなく、あるものは、「内地」の日本人から受けた差別的待遇について腹を立てていた。とにかく作戦当初のころと比べて、今や無数といっていいほどの捕虜がいたので、その一人一人とゆっくり過ごす時間は、到底私にはなかった。

## 原爆投下と終戦

七月中旬、いよいよ沖縄を離れてハワイに向かった時、私の船には、千人ばかりの捕虜が同乗していた。その内訳は、日本の軍人、沖縄人の「防衛隊」、そしてたくさんの朝鮮人の労働者たちであった。

船がサイパン島に寄港した折、だれかが誤って、船艙に浸水させてしまった。おかげで私たちは、修復が済むまで二週間ほどもそこでじっとしていなければならなかった。ある晩サイパンの将校クラブで、一人の航空隊員が、戦争はあと一カ月で終わるというほうに賭けないか、と賭け相手を募っているのを私は耳にした。当然、私には、ひと月で戦争が終わるなどとは、信じられなかった。第一、航空隊員がいうことは、なんであれ信じてはいけないことを、私は思い知らされていたのだ。ところが実際の話、彼の航空基地はサイパンにも近いテニアン島にあって、広島はもとより世界中の人間が、それから数週間後に知ることになる秘密を、彼はもう手に入れていたのである。

私が沖縄からハワイに戻ったのは、一九四五年八月の第一週だった。友だちに再会したり、好きな音楽が聴けるというのは、楽しいことだった。おまけに海外勤務を二年半は勤めた今や、私は国内休暇を貰う資格が十分出来ているはずだと思うと、よけいに心楽しかった。他の五人の将校と共有していた私のホノルルの家は、全く元どおり、少しも前と変わったところはなかった。しかし沖縄から帰って寝た最初の夜、私はまことに奇妙な夢を見た。それは、なにか途轍もない事件が起こったという意味のことを叫んでいる新聞売りの夢だった。しかし戦時中のホノルルに、そんな新聞売りの少年なぞいるはずはなかった。だからそれは夢だったのにちがいない。けれどもその日の早朝、実際になにか変わったことでも起こっていないかと、私はラジオのスイッチを捻(ひね)ってみた。広島に原爆が落とされたことを知ったのは、まさにその時であった。

その朝私は、沖縄から戻ったことを報告するため、パールハーバーの司令部を訪れた。司令官は、私が休暇を取る資格があるといってくれたが、それよりも日本へ行ってみたいとは思わないか、と訊くのだった。原爆のニュースを聞いて、彼は戦争が間もなく終わることを、予感していたのだ。私は即答はしなかった。そして決心が着くまで、しばらく返事を待ってもらうことにした。

同じ日、私は捕虜収容所へ行ってみた。捕虜たちもまた、原爆のことは知っていた。おめでとう、といってくれるものさえ幾人かはいた。私はどう応対していいか分からなかった。なるほど日本国の聖なる使命なぞという幻想には、完全に幻滅していたとしても、彼らにとっても、近くまで迫っている祖国の敗北の予感は、たしかに心痛むものだったにちがいない。多分彼らもまた、こういう時には一人でいるほうがよかったのではなかろうか。一人、そして時には二人連れ立って、彼らは部屋に戻っていった。そしてとうとう、たった一人の捕虜が、私のいる部屋に残った。私は彼を知らなかったが、男は自己紹介をしてくれた。たいていの日本兵は、意識がなかったか病気で動けなかったかで、本意ならず捕らえられたものが多かった。だが自分は進んで捕虜になったのだと彼はいった。

「僕はあえて投降しました。投降したのは、多分僕一人だろうな、って思いながら。しかし少なくともその一人は、絶対に必要なんだとね」。彼は祖国をよりよい国に再建するために、ぜひとも日本へ帰りたい、と心をはやらせていた。そしてこの敗戦のおかげで、かえって再建は可能になるだろう、というのだった。そして私に頼んだ。「ねえ、助けてくれませんか？　あなたは、僕らのことがよくお分かりだ」。

「だめですよ」と私は答えた、「私は故郷（くに）に帰るところです。あなた方を助けるのは、私の役目ではありません。日本はあなたの国でしょう」。

「でもしばらくの間、少なくとも占領期間だけ……」

私はその日のうちに、日本への第一寄港地（だと私は思った）としてグアムに向けて、ハワイを発つことになった。八月十五日の例の昭和天皇の放送を私が聴いたのも、グアム島にいる時であった。私たちは今日は重要な放送があるぞ、とあらかじめ知らされていて、おそらく戦争終結にまつわる告知だろうとは推測していた。私は捕虜数人を連れて司令部のテントに行き、彼らといっしょに放送を聴いた。受信状態が悪くて、いやに高音で、なんだか肉体から切り離されたようなその声が、なにをいっているのかよく理解出来なかった。しかし私のそばにいた日本人の顔に涙が流れるのを見た時、放送の内容がなにかということは容易に推測出来た。それから何年か経って、捕虜の一人で、のちに九州のある大学の教授になった人が、東京に私を訪ねて来たことがある。正直なところ、私は彼を憶えていなかった。彼の失望ぶりときたら大変なものであった。そのように重大な時を共に過ごした人物を、私が忘れてしまったことが信じられなかったのである。しかしあの時、天皇の言葉を理解することにあまりにも意識を集中していて、他のことは一切、私の頭の中に入って来なかったのだ。あの放送を聴くまでは、無意識とはいえ、この戦争は終わることがなく、私は死ぬまで軍服を脱ぐことはなさそうだ、と勝手に決めていた。ところが今や私にも新しい人生が始まろうとしていたのである。

## 中国の青島（チンタオ）へ

天皇の戦争終結宣言放送と、私の中国への出立との間に、いったいどんなことがあったか、私はほとんど憶えていない。しかし私の心を一番痛ませた事件は、ある上官との意見不一致であった。どんなことが問題になったのかは、正確にはもう憶えていない。しかしこの男についての私の思い出は、初めからしまいまで罰点ばかりなのである。彼には、日本人の血が混じっていた。しかし自分が百パーセントのアメリカ人だということを証明するために、なにかにつけて反日的なことをいうのだった。しかもそれが実に不愉快なやり方だったのである。多分それが彼と私との間の緊張感の原因だったと思う。私はなるべく彼の近くには行かないようにしていた。しかし明らかに彼は、私に嫌われていることに感づいていたのだろう。（軍隊生活の常として）上級将校は、下級将校をいじめたり、屈辱的な思いをさせたりしようと思えば、楽に出来たのである。この男は、私が日本へ行きたくてたまらないことをよく知っていた。事実、終戦直後の数週間というもの、通訳官の大部分は、早速日本へ送られていたのだ。しかもしばらくすると、彼らの日本での行動の報告は、着々と入って来ていた。ところが私は、いつまでもグアムに居続け、いつ日本行きの順番が廻って来るかと、首を長くして待つばかりであった。そこへ例の上官からお呼びがあって、貴様は日本ではなくて中国へ行けというのだ。といって中国行きになったことで、必ずしも私が、がっかりしてしまったわけではなかった。なぜなら私は、その時もまだ中国に対する関心を持ち続けていたからである。なにしろ中国は、東アジア研究という私のライフワークともいうべきテーマに、端緒を付けてくれた国だったのだ。しかし日本のことを四年間も考え続けて来た身であれば、本当に行きたかったのは日本、というのは自然の成り行きであった。しかしこの際、例の上官の決定をくつがえすのが不可能なこと、これは明白だった。したがって私は、涙を飲んで、セカンド・ベストで満足することにしたのである。

私が配属されたのは、今度は第六海兵師団であった。私がアリューシャンや沖縄で、陸軍に配属されて任務についていた時、陸軍は私が海軍少尉の軍服を着ていることに格別文句は付けなかった。ところが海兵隊（マリン）は、私に海兵隊の制服と記章を付けろという。

私は別に抵抗はしなかった。しかし私のような背丈も低いし、痩せていて、おまけに近眼鏡をかけた語学将校が、海兵隊員のふりをしているのは、滑稽この上ないことのように思われた。

一九四五年の九月の終わりになって、私はやっと中国へ向けて出発した。私の乗った輸送船は、例のごとく船団を組んで航行した。海の水に映った僚船の灯りが、何年もの間灯火管制に馴れた眼にはとても不思議に思われたことを憶えている。この航海の途中（どの辺りだったかよく憶えていないが）、師団司令部の情報勤務者だけ、駆逐艦に移乗させられた。私たちは、いわば先遣隊として勤務することになったのである。艦が私たちの目的地青島（チンタオ）に着く前の晩、海上はひどく荒れていた。駆逐艦は波に揉（も）まれて大揺れに揺れ、将校たちは一人また一人、青い顔になって、自分の寝棚へと引っ込んで行ったものだ。情報部の主任将校は、激しい風浪にもめげない気丈さを誇示したかったのであろう、いかにもわざとらしい仕草で葉巻に火をつけたが、しばらくして急に葉巻を下に置くと、どこか人に見られず嘔吐（おうと）出来る場所へと走ったのは笑止であった。私もまた、胸が少々おかしくなったが、なんとか無事に自分の寝棚まで帰ることが出来た。

その晩は、波がまるでなにかの金属同士がぶつかり合うような音をたてて船腹を打ち続けた。寝ていても、寝棚の端から放り落とされないように、両側の手摺（てす）りにしっかり摑（つか）まっていなければならなかった。腕時計がやっと朝の七時を指した時、私は起きて軍服を着た。嵐はもう凪(な)いでいた。私は甲板に上がって行った。ずっと向こうのほうに、連なる山影が見えて来た。中国だ！　私は眼をこらして、海岸をじっと見詰めた。私の長年の夢がようやく実現したのが、信じられなかったのだ。

前夜の海上の暴風雨とはうって変わって、翌朝の青島港は静寂そのもの、陽光に輝き、まるで巨大な絵葉書かなにかのように見えた。艦がドックに接近していくと、ドックにいる人たちが私たちに手を振っているのが分かった。その風景は、戦争中のどの上陸風景とも異なっていた。事実、そこに私たちが見た光景すべてが、戦争は本当に終わったのだ、ということ、そしてこれから私たちを待っているものは、「危険」ではなく、初めて訪れる都会の入り口で私たちが感じる、あの普通の興奮だという事実を、納得させてくれるものばかりであった。そしてその都会の市民は、敵ではなく、私たちの友だちになりたがっている人々だったのだ。ところが米国海兵隊は、どこへ行っても米国海兵隊、彼らはその日も、決まった上陸方式を寸分崩さず、艦の舷側に縦隊を組んで、しずしずと、しかも完全武装で上陸をおっ始めたものだ。都会の真ん中に塹壕でも掘るつもりだろうか。彼らの栄養のいい尻の上には、ピカピカのシャベルが踊っていた。しかし私は、兵隊ごっこには、もうあきあきしていた。だから子供の時ヨーロッパを訪れた時と同じように、私の中国大陸への第一歩を、しずかに踏み入れた。

埠頭(ふとう)の端っこに立っていた、中国軍人の集団のところまで、私は幾人かの同僚といっしょに歩いていった。なんとか中国語で質問する時の語法を思い出そうとしたけれど、過去ほとんど四年間も、日本語ばかり勉強していたせいで、役に立つ情報を得るためのちゃんとした訊き方はおろか、最も簡単な文章さえ組み立てられなかった。私は一人の中国人の将校の前に歩み寄った。ところがこの男、私が口を開く前に訊いて来るのだった、「大尉殿、国際クラブへ行く道、教えてくれませんか?」。それより以前にも私は、初めて訪れる外国の町で、着いて十分間も経つか経たないのに、早速道を訊かれたことはあった。けれどもこれほど間髪を入れずに訊かれたのは、初めてであった。

結局その中国士官と私とは、国際クラブを見つけることが出来た。これは私たち先遣部隊の宿舎だったのだ。といっても、私たちがそこに来た最初のアメリカ人ではなかった。連れて行かれた二階の学寮みたいな部屋には、すでに三、四人の航空隊員が泊まっていて、一週間あまり前から青島に来ていたのだという。彼らは、この町にかけては「先輩」だという強みを利用して、中国での立ち廻り方を私に伝授しようというわけだった。まず初めに、彼らが確信するところによると、中国人は本質的にうすのろである。「そうでなきゃあ、なぜ連中、おれたちが入っていく店の前に、四六時中、なんにもしねえでぼんやり立ってられるんだい? この事実をどう説明するかってんだよ」と「先輩」たちの一人がいった。別の一人は、中国人の不正直さについて忠告してくれるのだった。「故国(くに)じゃあね、おれ、汚れ物を紙袋に放り込むだけさ。何枚入れたか数えさえしねえ。ここじゃいけない。おれは連中に、ただのいっ時も気を許しゃしないね。連中の不潔なニヤニヤ笑いには、耐えられんよ」。まだあったけれど、まあこういった調子だった。反論しても無駄だ、と私は知っていた。中国人の性格についての彼らの深遠なる調査研究に照らして、究極的真理を語っていることを、彼らは確信していたからだ。

所持品を簡易ベッドの上に置いてから、私は部屋を出た。他の連中は、次々に新しい証拠をあげて、まだ論争を続けていた。私が階段のところまで来ると、階下で白人が、階上にいる中国人に英語で叫んでいるのが聞こえた、「すぐに降りて来い。さもないと、おれが蹴おろしてやるぞ」。その表現の野蛮さに仰天した私は、中国人の友人から聞いた、公園の看板の話を思い出した。すなわち「犬と中国人は入るべからず」。そんな看板が本当に存在したのかどうか、私は知らない。しかし階下の男の、まことに威圧的な口調を聞いて、私は一世紀に亘る最も残酷な人種差別の事例を、思わず想起してしまったのである。これはあとで知ったことだが、階下で怒鳴っていた男、つまり国際クラブの支配人というのは、最近蔚県の日本軍捕虜収容所から釈放されたばかりの、オーストラリア人だということであった。多分彼にとって召使いを口汚く罵倒することは、自分自身が苦しんだ屈辱感の「お返し」のつもりだったのかもしれない。かといって私は、彼を許す気にはなれないのであった。

昔からの偏見を変えるのに戦争がなんの役にも立たなかったことにひどく嫌な感じを

抱きながら、私は国際クラブを出ていった。クラブの建物自体は、第一次大戦前の、ドイツの青島占領時の名残りで、ドイツの大都市の紋章を描いたステンドグラスの窓がついていた。そして十九世紀末の、どことなく威圧的気分を湛えていた。しかしその時の私は、この建物にも、また他のどんなヨーロッパの遺物にも興味がなかった――私の眼は、ひたすらこの初めて見る国、十六歳の時以来、私の頭にずっと巣喰っていた国にのみ、向けられていた。

といって私は、どこへ行けばいいのか、まったく分からなかった。青島で得た情報は、少なくとも観光向きのものとはいえなかった。通りに出て、ほんの数歩行ったかと思うと、乗れ乗れといって叫びたてる人力車の車夫や、その他の乗り物に私を乗せようとする連中に、私は取り巻かれた。私は、ほとんど衝動的に一台の人力車に飛び乗ると、「真っ直ぐ行って！」という仕草をして見せた。しかし私が抱いていた積年の偏見、そして信念のおかげで、私はその時、人力車の中に静かに腰を下ろして眼の前に展開する景色を眺めて楽しむことは出来なかった。私はなるべくシートの前の方に座ろうとした。そのほうが、車夫が曳き易かろうと思ったのだ（本当は、その反対のほうが正しかった）。そして自分を他の人間に曳かせることに対して、居たたまれない思いを感じながら、私は思わず車の腕掛けに、爪を深く喰い込ませていた。その間私は、群衆の好奇の的になっていた。自転車に乗っていた人たちは、私をもっとよく見ようとして、自転車からころげ落ちそうになっていた。そしてその間ずっと、子供たちは大きな声で叫びながら、人力車について走るのだった。ゆっくりと道を行く旅役者の群れ——あの京劇独特の煙みたいにほっそりした付け髭(ひげ)をした者もいる——は、私が通りを過ぎると、私にお辞儀をする。道路わきで作業をしていた日本兵たちもまた、私に礼をするのだった。すべての経験が、実に非現実的で、私が過去三年間送ってきた生活とは、全く似ても似つかぬものであった。だからそれは、現実というよりは夢だったのだ。そして私は、とても気分がうきうきしてきた。国際クラブで感じた、あのやり切れなさとは、それは全く反対の感情であった。

しばらくしてから私は人力車を降りて、いろいろな通りを、徒歩で徘徊してみた。もちろん皆から、ジロジロ見られた。けれども恐怖も感じなければ、どこかちがう場所にいるという感じさえ抱かなかった。ある程度の英語を話す若い中国人将校が、話しかけて来て、買い物について来てくれるという。私は東京へ送られた一人ならずの同僚から、店という店はガラガラで、生活必需品が極端に欠乏している。だからタバコ一箱で立派な美術品が買える、というような話を聞いていた。ところがここ青島では、通りという通りには、ありとあらゆるものが満ち溢れていた——あらゆる種類の食べ物が、切られ、目方を量られ、売られていった。茶、タバコ、衣類、筆、硯石(すずりいし)、そして陶器等。出来た ての友人の助けを借りて、私はその時、翡翠(ひすい)の指環一個、中国服一着、そして中国靴一足を買ったものだ。彼は笑いながらいった、「ほら、あなた、顔だけ残して皆中国製！」。

次の日、私は初めて日本軍司令部を訪れた。ところでこの時期までの、日本軍に対する私の対応は、はっきりと決定されていた。すなわち、私たちは敵対関係にある。そして次には、彼らは捕虜である。といってもちろんこのことは、私が彼らに親しい感情を抱くことを妨げなかったし、この点については、その逆も正しかった。しかしそうした個人的な感情は、先程いった私たちの基本的関係を、変えるものではなかった。ところが、ここ青島では状況はちがっていた。日本陸軍は、まだ降伏してはいなかったし、まだ武器を持っており、青島市内だけではなく、郊外の建物をもまだ占拠していた。また事実、日本の兵隊は、依然として青島と、海岸線と内陸都市とをつなぐ鉄道を守っていたのだ。

日本軍司令部に足を踏み入れたとたんに、一人の伍長（ごちょう）が、まわりの兵隊に大声で「敬礼！」と号令をかけたのには、びっくりした。そこで私は、彼らに日本語で話しかけてみたが、兵隊たちはただ首を横に振るばかりであった。英語はしゃべれないという身振りなのだ。しばらくしてやっと一人の、私と同年配くらいの日本軍将校をつかまえて、日本語で愉快に話し合うことが出来た。話題は主に、新しい日本の文学についてであった。私が帰ろうとしていると、彼はいうのだった、「どうです、また会って酒でも飲みませんか？　戦争も終わったことだし」。

## 戦犯調査の任務

もちろん私は、青島にまだどれくらいいなければならないのか、まったく見当がつかなかった。戦争が終結した後、米軍は、軍人が召集解除されるまでに、これこれだけの点数をかせがなければならないという、ひどくこみ入った計算法を編み出していた。私は（ハワイを入れて）もうほとんど三年間勤めていたから、もうぼつぼつ海軍の任務を解かれてもいい時期に来ているように思われた。初めの頃は、この可能性のことを、私はあまり本気で考えなかった。中国にいることは結構楽しかったし、中国語の会話も、習い始めていたからだ。青島在住の日本人幾人かとも、友だちになっていた。また現地の日本陸海軍の要員とも、仲良くやっていけた。私は主に彼らと、日本軍戦闘部隊降伏の状況についての資料を集めたり、整理したりしていたのだ。青島というのは、歴史的な意味では、それほど面白い町とはいえなかった。しかし真に外国らしい世界と私が最初にめぐり合った場所として、興奮を感じさせるほどの異国的風趣はあった。正直なところ、時には私も、例えば大学で勉強したいなと思うこともあったし、今の仲間が、軍によってあてがわれた顔ぶれではなく、少なくともこの人なら、と自分で選んだ仲間であれば、どんなにいいだろう、と思うこともあった。しかしこうした不満感は、新しい生活を送る悦びに比べると、まことに取るに足りないものだった。

しかし私の態度も、いったん私が、青島における日本軍の戦争犯罪者調査という任務をあてがわれた時、かなり大きな変化を蒙(こうむ)らざるを得なかった。当時重慶(じゅうけい)にあった中国政府は、そのような調査をする立場にはなかったので、中国人に対して重大な罪を犯した日本人が、罰せられず、うやむやに本国に送還されてしまうのではないか、という恐れがあった。当然私は、そのような調査などには、全く未経験だった。私の同僚も同じこと。先任将校は、私にこの任務を押しつけた。

青島（いや、中国全土に）在住の多くの日本人が、ひたすら金もうけのために来ていたので、その野心達成のためならどんな手段を取るのも辞さなかったということは、調査なぞしなくても、初めから自明なことであった。しかもこれと同じことは、日本人だけではなく、中国や、その他の国に来ているヨーロッパ人、アメリカ人についてもいうことが出来たのだった。ただ一つのちがいは、中国本土に日本陸軍が存在していた事実によって、軍部の援助を確信していたいくらかの日本人にとって——戦争犯罪と呼べるかもしれないさまざまな「赦(ゆる)しがたい罪」を犯すのが容易になった、という点であろう。

この任務を遂行するのに、私は少しも熱心になれなかった。いったん土地の在留日本人社会に、私がこの調査の担当官だということが伝わると、私の将校室に日本人がやって来て、他の日本人の不利な情報を告げ口しはじめたものだ。日によっては、私が朝の九時に出勤した時、将校室の前にもう五、六人の日本人が待っている、というありさまだった。日本へ帰れないかもしれないという恐れが、なによりもこの人たちの頭の中では大きかった。そして抑留を無事まぬがれてこの国を出るためなら、必要とあれば自分の友だちをさえ告発してもいい、と思ったのだ。しかし、彼らが教えてくれたたいていの「犯罪」は、真面目に取り上げるほどのこともないほど些細なものだったし、中には日本人が他の日本人に加えた「犯罪」もあった。例えば、一九三二年に起こった五・一五事件として知られる、海軍将校団による時の首相暗殺事件に加担、しかも積極的に働いたとされる旧海軍士官に私は会ったが、その事件によって彼は中国に追放され、そこで静かな余生を送っていたのである。

私が調査したうち最もセンセーショナルな日本軍の犯罪は、中国人囚人の処刑事件であろう。しかも処刑の原因とされた彼らの「犯罪」は、通常取るに足りないものか、時には起こりさえしなかったものだったのだ。特にひどいのは、その処刑のやり方だった――罪人たちは杭に縛られ、日本海軍水兵が、それを訓練の一環として銃剣で突き殺した、というのである。調べて分かったことだが、時には殺した中国人の肝臓を取り出して、薬用に食べたという。とにかくこれらの犯罪に関するすべてが、私をぞっとさせたものだ。だからその時私の頭の中にあったのは、もう一刻も早く青島をおさらばしたい、という気持ちだけだったのである。

青島での戦争犯罪調査の仕事があまりにもいやだったので、私は初めて、本気で故国（くに）へ帰りたくなった。そこで除隊申請する資格が出来たかどうかを知るために、私の「点」を計算して貰うことを申し出た。その時当局は、もし私がもうひと月程度、青島に残ってくれたら、北京（ペキン）に一週間行って来ていいといってくれた。これは大きな誘惑だった。もう長いこと北京という町は、ちょうどある人にとってヴェネツィア、また他の人にとってパリがそうであるように、世界中の他のどこよりも私を強く惹きつける都市だったのだ。だから北京へ行けるなら戦犯調査以外の仕事なら何をしてもいいから行きたいと思った。ところがまさにそれが条件だったのだ。もし私が戦犯調査の仕事を続けるなら北京へ行かせてもいい、というのである。大いに迷った末、やはり私は出来るだけ早く除隊させて貰うための申請を出すことにした。

　この決断のことを今思い返してみる時、私は残念でならない。一九四五年、晩秋の北京は、最高に美しいとはいえなかったかもしれない。しかし私がほんの六、七年前になってやっと行くことの出来た北京と比べれば、おそらく私が夢に描いていた北京に、もっと近かったのではあるまいか。一九四五年以前のこの町を知っていて、近年もう一度見たことのある私の友人は、口を揃えて、いかに古い町の魅力がこわされてしまったかを言う。もちろんまだ見るに価するものはたくさんある。そして私もとうとう遅ればせながら見ることが出来たことを喜ばしく思う。しかし古い市街を無残にも破壊して貫通する、あの馬鹿でっかい大通りや、残っている家屋の味気なさを見て、私は愕然としたことであった。

どちらにしても、いったん決心したからには、一刻も早く青島を出ていきたいと思った。青島で初め私を喜ばせたものでさえ、アメリカの水兵や海兵隊員たちの押しつけがましい存在によって、色あせてしまったように見えた。そして私が担当した調査は、ほとんど例外なく、人間性の下に横たわる弱点、そしてしばしば邪悪さまで必然的に掘り起こして来た。まだ青二才であったから、なおさらこのことは、私をいたく憂鬱にした。

悪いやつは、私の同僚の中にさえいた。ある士官は、立派な美術品を所蔵しているという評判の日本人の家を定期的に訪れ、品物を日本へ持ち帰る手助けをしてやるという約束の見返りに、どちらにしても日本へは持って帰れない美術品を巻き上げていたという。他の語学将校は、みなショックを受けて、その男とは口も利かないようにしたけれど、このやり方で、彼は自分のすばらしいコレクションを始めたのである。この青島というところの大気中――おそらくその植民地時代の遺物――には、どうやら人間精神の堕落をすすめるなにものかがただよっていたのにちがいない。

軍務解除のため、アメリカへ戻ってもよし、という当局のお墨付を受け取った時、私は青島を去るのが少しも悲しくはなかった。青島から上海へ飛び、そこで乗り換えの飛行機を数日間待つことになった。中国という美しい国の顔に発生したあばたのようなものとして、上海なぞ、見る前から軽蔑してやろうと決めていた。ところがあにはからんや、この信じられないほど面白い都市に、私は全く魅惑されてしまったのだ。なぜならこの町では、あらゆる種類の建築、あらゆる種類の生活を見ることが出来たからである。

すべての海軍士官のように、私はいつも上からの命令で移動していた。だから上海での宿舎その他も、当然面倒を見てくれるものと当てにしていた。ところが命令の表現に曖昧なところがあったらしく、部屋を申し込んだホテルというホテルで、私は全部断られてしまった。そこで、「もしアメリカ人が私の世話をしないというなら、日本人がしてくれるよ」と独り言を呟きながら、私は日本の海軍司令部への道をたどった。着くと早速、部屋をお願いすると頼んだ。もちろん相手はびっくり。そしていろんな所へ電話をかけまくった末、やっとある日本料理店の女将を説得して、私に一夜の宿をあてがってくれることになった。当然彼女は、アメリカの軍人である私に、なにを強要されるかしれないと思い、恐慌を来していた。しかし私は、ベストをつくして安心するように、彼女をなだめた。今から思うと、痛ましい戦争が終わってほんの四カ月、私が必要とする助けを、自分の同胞であるアメリカ人にではなく、ついこの間まで敵であった日本人にこの時求めたとは、ほとんど信じがたい。もともと日本人に対する私の敵意は、それほど深いものではなかったのかもしれない。それともこういったほうがもっと正確ではないだろうか。『源氏物語』で始まった友情は、戦争のために一時中断されたが、今やそれが再開されたのだ――公式に。

## バンザイ・アタック論争

上海滞在中のある夜、私は日本料理店で食事をして、時を過ごすことになった。二人の日本海軍士官が選ばれて、私の相手をしてくれた。年上のほうは山田大尉といって、海軍に入る前は、日本のある財閥系の会社に勤めていた人であった。そして彼は、当時噂されていたアメリカ占領軍の命令による財閥解体には自分は不賛成だ、と歯に衣を着せずにいうのだった。私は以前日本人捕虜と話していて、希望する戦後日本の将来像を訊いてみると、彼らは決まって、私が多分聞きたいだろうと思うような返事しかしないという印象を、しばしば受けていた。もしその観察が正しければ、その気持ちは実によく分かったのである。故国の改革どころか、自分が故国へ帰れるかどうかもはっきりしない状態に、彼らはあったのだから。しかしこの上海の山田には、そのような不安はなかった。厳然たる事実として彼は、戦争の終結を受け入れていた。その彼には、私の意見に同意して、私のご機嫌を取るいわれは全くなかったのだ。

というわけだから、その夜の私たちの対話は、ことのほか忘れがたいものになった。日本の軍国主義に対する私の批判に対して、「そう、おっしゃるとおり」だとか、「それには気がつきませんでした」とか、そういった応答とはちがって、山田は私に正面から不同意をとなえ、時には私の理解が間違っていたのかな、と感じさせることさえ発言した。例えば「バンザイ・アタック」（日本人部隊が死を決して行う最後の突撃に対するアメリカ人の呼称）の話題になった時、日本人のほうがアメリカ人より人間の生命を低く評価しているという理由によって、バンザイ・アタックは本当の勇気を表すものではないのではないか、と私はいってみた。その時までは、日本人捕虜との会話に、これと同じような話題が出て来た時に、彼らはたいてい、一も二もなく私に同意した。ところが山田はそうではなかった。彼はこう答えた、「日本人ほど生命に執着する人間はいませんよ。日本人はどんなひどい環境でも、死なずになんとか生き延びたいと熱烈に希求します。しかし同時に日本人は、動物に対立するものとしての人間という面、その面を育成することも学んだのです。もし人間が、自分のさまざまな渇望をすぐさま満足させたいと思って、飢えや自己保全への欲望、あるいは自分の本能的欲求に即応したとします。そうするとその男は、もう完全に動物なのです。これは他の仏教国の国民にもある程度通じますが、日本人は、自分らがプリミティブで非理性的な衝動から解放されていることを立証するため、この動物的本能を否定することを求めたのです。日本人だって自分の生命を捨てることほど辛いことはありません。しかし日本人はその犠牲をさえ、敢えて払うのです。というのも、自己を超越するものを知らない動物よりも、よりすぐれているからです」。

私は、戦時中の日本人の行動に対する弁明として、この種のものはそれまで聞いたことがなかったから、山田にそういわれて、反論を考えることが出来なかった。それとももっと正確にいうと、私は山田の発言に大変打たれたがために、ある意味ではむしろ彼の意見に同意したかったのかもしれない。しかし日本人にバンザイ突撃をさせた誘因は、やはり一種の狂信——非理性的な本能を否定することの重要さへの仏教的信仰とは、むしろ反対物——だと、私はずっと考えていたのだ。

このあと、山田が帰っていってから、私はそれまであまり発言しなかった桜井少尉と話をした。彼はこう自分からいい出した、「私は山田さんじゃなく、あなたの意見に賛成です。日本の兵隊は、そんな高尚な原理なんか知っちゃいません。集団の一員として行動します。もし指揮官の『突っ込め!』という号令で、集団がその自殺的突撃に向かって走り出せば、その気持ちに陶酔した一人一人の兵隊は皆についてゆくのです。そんな深遠な原理なんか、どこにもありゃしませんよ」。

私は桜井のこの言葉に、喜んでいいのか悲しんでいいのか、どうもよく分からなかった。しかしおかげで、一つの教訓を、私はこの晩学んだのだ。その教訓とは、「一国民全体を代表してものをいっている、と公言する人物の意見は、すべて眉(まゆ)に唾(つば)をつけて聞け」。

その晩私は、桜井少尉と話し合って、数時間を過ごした。私たちの間の共通事項といえば、両方とも学生時代にフランス文学を学んだということだけであった。それにもかかわらず、私たちは、まるで古い友だち同士のように話し合った。多分私たちの年頃が、だいたい同じだったからにちがいない。とくに面白かったのは、その時からほんの六カ月か七カ月前、彼が東京で送った学生生活の描写であった。それはまるで、まるまる一世代前の話を聞いているようであった。

彼は一九四五年の春の学期の話をしてくれた。「本当に不思議でした。僕たちは普通の若者の話題、女の子とか、政治だとかなんとかは、絶対に話しませんでした。話したのはただただ食べ物の話、いつも腹を減らしていないですむためには、どうやって食べ物を集めればいいのか、ということだけでした。今から思うと本当にアホらしいのですが、僕たちは、日本がなんとか戦争に勝つだろうと確信していました。この感情は、理性とは、そして明らかに僕たちの空っぽのお腹とは反対方向に走っていました。けれど日本が負けるなんて、全く考えられないことだったのです。ある晩、かなり激しい焼夷弾による東京空爆がありました。そして炎は、僕たちの学校の方までやって来ました。僕たちは、朝の四時まで、懸命に火と闘いました。寝るには寝たのですが、眠ったのはたったの二、三時間だけ。それから起きて、予定どおり今度は川で、ボートレースをやりました。絶望なんて言葉は、僕たちには全く無縁な言葉だったのです」。

桜井少尉の話には、なにか大変胸に訴えるものがあった。どんなにひどい逆境にあっても、失われることのない若人の自信と活力とを、それは物語っていたのだ。同時に、私たちの手でどうしようもなかった状況の進展——つい数カ月前に戦争は終結していた——さえなかったならば、今、こうしてまるで旧友同士のように親しげにおしゃべりをしているこの青年と私自身とは、敵として殺し合うのに、おそらく少しも躊躇しなかったろうと思うと、なにか薄気味悪いものが感じられた。私は以前にも、これに近い考えを抱いたことがもちろんあった。とくに私と同年配の捕虜と話している時などに。しかし桜井と私が、上海の日本料理店の座敷で話し合っている時、まるで戦争なんて全くの嘘であったかのようであった。そして戦争中、私たちお互いをへだてるものがいかに大きかったかということを、時々思い起こしてみる時、それはまるで、ほとんどリアリティーを失った、色あせた悪夢の中の出来事のように思われるのだった。

翌日、山田が私に会いに舞い戻って来た。私は、前日の夜、命令書には、日本に立ち寄ることなぞ一言も書いてなかったけれど、ハワイへ帰る前に、東京でちょいと一服するつもりだ、と彼にいっておいたのである。彼は東京の母親に渡して貰いたいといって、書類のようなものを一束持って来た。彼は上海に住む日本人の娘さんが好きになっていて、結婚前に彼女のことを母親に知って貰いたかったのだ。私は彼のために、喜んで急使の役を務めることを承諾した。その頃は、日本人が国外に郵便を送ることは、禁止されていたのである。

それから一両日後、私は東京行きの飛行機に乗っていた。私の命令書には、ただ単に「原隊へ復帰を命ず」とだけあって、その場所がどこかということは明らかにしていなかった。だから私は、日本に着いた時、アメリカ軍の係官には、私の「原隊」は、今は横須賀（よこすか）だといってやろう、と心に決めていた。もう戦争も終わったことだから、連中もあまりピリピリしていないだろうと踏んだのである。

飛行機が日本の上空に近づいた時、過去四年間、しょっちゅう私の脳裏にあった日本を、一刻も早く見たいものと眼をこらした。突然私たちは、日本の上空に来ていた。どのあたりかは分からなかったが、私の第一印象は、この国は、とても緑が多いということだった。中国では、事実上、木というものは、日本の神社のぐるりに植樹されたものしかなかった。ところがここでは、山という山は木々で蔽われ、木のないところには、丹念に耕された畑が広がっていた。

飛行機が厚木に着陸した時、私は自分が今日本にいるんだ、という感激で上ずってしまい、命令書を出して、日本に来た目的を説明せよ、と係官にいわれた時、思わずどもってしまったくらいであった。けれども私なぞに構うものは、だれもいるはずもなく、それから数分後には、無事私は東京行きの軍用バスの中に座っていた。ついに日本に来たのだ！

## 焼け野原の東京

バスが厚木から東京に近づいていくにつれて、普通都会に入っていく時に受けるのと、正に反対の印象を私は受けた。建物の数がだんだん増えるのではなくて、逆に減っていくのだ。そしてついには、もはや一軒の家も残されていない地域を、私たちのバスは走っていた。ある地区では、倉一つだけポツンと立っていた。その分厚い土壁が、日本の伝統的な木造家屋より、火に強かったのである。多分この辺が東京の中心だったろうと思われるあたりには、いくつかの煉瓦(れんが)建て、あるいはコンクリート建ての建物が、無疵(むきず)で残っているように見えた。しかしさらに近づいてよく見ると、無疵どころかそれはただの砲弾による燃え殻にすぎないことが分かったりした。

ちゃんとした命令も受けずに日本に来たからには、私が合法的に泊れる施設は、市中どこにもありはしなかった。しかし前に貰った一通の手紙から、いつも日本語の語学士官が泊る場所を、うまい具合に思い出した。確か有楽町の駅に近いところだったので、私はそこへ歩を進めた。どうやらそれは、もともとなにかの会社の建物だったらしいが、今はその一つの階に簡易ベッドを並べて、通訳官の臨時宿泊施設にしてあったのだ。しかも嬉しいことに、幾人かの古い友だちにも会うことが出来た。そしてちょうど一つのベッドの本来の利用者が、目下名古屋へ出掛けていると教えてくれた。私は躊躇せずに、そのベッドを拝借することに決めた。

日本滞在の初めの日々、私はやりたいことはたくさんあった。しかしなによりも私が会った日本人捕虜の家族や、青島で会った日本人の家族に、彼らが無事でいることを、私は知らせてやりたかった。家族によって、その住所が割に詳しく分かっているものと、逆に簡単なメモ程度しか分からないものとがあった。まず私は、青島で友人になった男の、妻の祖父という人を見つけ出した。茶の師匠で、爆撃でこわされた四谷の家の地下室に彼は住んでいた。その次は、初回ほどはうまくいかなかった。私はハワイで特に親しくなった捕虜の家族を探すために、神奈川県の鵠沼(くげぬま)を訪れた。住所は分かっていなかったけれど、なにしろ小さな町のことだから、名前をいえば、きっとだれかが居場所を教えてくれるだろうと、私は高(たか)をくくっていた。ところが彼の名前はあいにく佐藤。そして鵠沼でも、この苗字を持つものは、それこそごまんといたのである。私は交番から交番へと訊ね歩いて、戦争に行った佐藤という人を知らないか、と訊いてみた。けれどもどの交番でも、引いたのは空クジばかりであった。その間、日本語をしゃべる外国人に興味を覚えた町の子供たちが、私の遍歴のあとをついて廻り始めた。そしてしまいには、まるでハーメルンの笛吹き男さながら、私のうしろには、子供たちの長い行列が出来たものである。だがついに私は、求める佐藤を、発見することは出来なかった。

しかし私の一番忘れがたい探索は、見事に成功した。もう一人青島で友だちになった別の日本人に、彼とその家族とが無事でいることを、彼の会社の社長に知らせてくれと頼まれていた。社長の家は鎌倉(かまくら)にあった。私はある日の夕刻、横須賀に駐留していたやはり通訳官の同僚といっしょにそこへ出かけて行った。まだ六時頃だったが、あたりはもう暗くなっていた。玄関のベルを押すと、娘さんが出て来た。そして二人のアメリカ海軍士官の姿をちらと見ただけで、彼女はやにわに大声で叫び出した。家の中にいた家族は、開け放したドアを通して私たちを見ていたが、悲鳴はあげなかった。けれども米軍が家を接収しに来たのかと思った彼らも、悲鳴をあげかねなかったのである。そのあと、私が来訪の目的を説明すると、私たちは彼らに、この上なく鄭重にもてなされ、悲鳴をあげた娘さんは、今度はピアノを奏いてくれたものだった。

私たちは八時頃に、その家を出た。今思い出してみると、通りは全然照明されていなかった。しかし月は明るかった。同僚の提案で、私たちは鉄道線路に沿って大仏まで歩いていった。しばらく行くと、急に大仏が、静かに、月光を浴びて、眼の前に座っていた。その時初めて、私は自分が本当に日本にいることを実感したのである。

私はもう一人、私が海外で知り合った日本人の家族を訪問した。山田大尉に頼まれたように、吉祥寺に住む彼の母親に、彼の上海にいる許婚者(いいなずけ)の書類を届けたのだ。

私が玄関にいるのを見て、山田の母親は、びっくりしたようだった。けれども用件を説明すると、彼女は大変鄭重になった。私はただ書き物を渡すだけのつもりでいたのに、彼女はどうしても上がってお茶を飲むようにというのだった。その当時、砂糖はひどく貴重品で高価だったことは、私も知っていた。しかし山田夫人は、私の紅茶の中へ、砂糖を何匙(なんさじ)も何匙も入れるのだった。もちろん私の好みからいうと、甘すぎて困った。しかし貴重な物資を惜しみなく振る舞ってくれる彼女の気前よさに感謝しながら、私はとにかくそれを飲んだ。その間ずっと私が持って来たいろいろな書類を、彼女は早く見たくて仕方がなかったのにちがいない。けれども私が帰るまでは、横目でチラッと見ることも控えていたのだ。その代わり彼女は、息子のことを私に話してくれた。「私の息子は、とってもアメリカが好きだったんですよ。困った子で、英語ばかり勉強して、その他の学科はどれもこれもほったらかし。あの子が好きだった二つの国の間に戦争が起こるなんて、なんてひどいことでしょう！」。これを聞いて私は驚かざるを得なかった。私たちの上海での会話の中に、山田がとくにアメリカが大好きだったという事実を裏書きするような発言は、全くなかったからである。それどころか、私は、山田こそ戦時中の好戦的イデオロギーを疑わなかった日本人の一人だったろうと思っていた。けれど、もしかしたら、「戦争に負けて幸せだった」と、今になって言って廻っている連中の浅薄さから自分を区別するために、わざとああいうふうなことを言ったのかもしれないのである。

山田の母親は、私の戦争中の体験についても訊いた。「あなたは本当に沖縄にいらしたのですか? こわいところだったでしょう。全員が、女のひとや子供までも、殺されたんですってね。けれど今は新聞は、捕虜もいたっていってますわ。捕虜の人も、もうそろそろ帰還するでしょうね。昔は敵の捕虜になるのは恥でした。でも今は構いません。仕方がなかったんですもの」。

日本にいた一週間の間、私がしたただ一つの観光は、日光見物だった。私が日本語を勉強していた時、テキストに「日光を見ずして、結構というな」という言葉があった。そんなにすごい所なら、見ずばなるまいと私は思った。そこでハワイの事務所以来の同僚数人が日光へ行こうという話をしているのを聞いたので、私も頼んで、いっしょに連れていって貰うことにした。私たちはジープに乗ってでかけた。道路には、車はほとんど走っていなかった。そして道路標識というものがほとんどなかったので、私たちが正しい道を走っているかどうかを確かめるために、何度も車を止めて人に訊かなければならないのだった。日光まであとどれくらいですか、と訊くと、どこでも答えはいつも「あと八里くらいです」というのだった。村を通り抜ける時は、どこでも子供たちが道の片側に並んで、通り過ぎる私たちに手を振り、歓声をあげてくれた。さしずめ武勲に輝く英雄の帰還、というところだった。

日光の旅館は、大変さびれていた。そして主人は、私たちを泊めるのがうれしいように見えた。私たちは、当時食糧難時代の習慣で、東京から自分用の米を持って来ていた。その夜、奇跡が起こった。私たちの純白の米が、食卓に出てきた時には褐色のごはんにかわっていたのだ。まことに不思議なできごとが起こったのだ。その晩は、非常に寒気が厳しくて、明くる朝起きてみると、私の枕許の畳の上に、うっすら雪が積もっていた。私の友人たちは、どういうわけか神社には興味がないので、東照宮行きは辞退するという。そこで私は、一人で行くことにした。中学校の制服を着た男の子が、私の案内役になってくれた。そこいらじゅう見渡しても、観光客は他にだれ一人見当たらなかった。雪が派手な色で彩られた建物の上に積もっていた。私はそれ以後二回、日光を訪れたが、何時来ても、あのあまりにも入念に彫りものを施した柱には、いっこうに感心したことがない。しかし最初の時は、雪のおかげで、東照宮もいつもより見映えがしたのかもしれない。私はその時、東照宮の、すばらしい白と黄金色の門を、ほとんど恍惚となって眺めていた。その時私の若い案内人がいった、「戦前にはね、お金持ちのアメリカ人が、この門を高いお金で買い取りたいといってきました。多分百万ドルくらいで。だけどこれは国宝で売りものではありませんでした。でも、きっと今度は、アメリカへ持って行かれちゃうでしょうね」。

私もようやく、私が日本でいわば「ずる休み」をしていることを、もうぼつぼつ海軍当局に気づかれるのではないか、と少しこわくなってきた。そこである日、横須賀のしかるべき事務所へ出頭して、自分が錯覚していた旨を申し出た。つまり私の「原隊」は、本当は日本ではなく、ハワイでしたと。どうやら、戦争終結後も、自分の原隊が移動してしまって、どこが自分の「原隊」やら、本当に分からなくなったという将校のケースが、時々あったらしいのだ。そして当局は私の作り話を信じてくれた。とにかく疑いをさしはさむものは、だれもいなかった。だから、こんなことなら、もっと遅くまで黙っていればよかったのに、と思ったくらいであった。そうするともっとたっぷり、日本見物が楽しめたのに！

その一週間の間に、私は日本を、まことにわずかしか見ていなかった。京都も奈良も、鎌倉の有名なお寺さえ、見ることが出来なかった。今思い出すと、私が東京で見たただ一つの景色（？）は、日比谷公園に面したマッカーサー元帥総司令部の建物であった。ただ一人の日本人学者にも会わなかったし、そういえば、どの大学にも行ってみなかった。博物館が開いているか閉まっているか、それも訊いた覚えがない。今思い出すに、私が歌舞伎見物に興味を示すと、アメリカの軍人に歌舞伎は立ち入り禁止になっていて、見られない、という答えが戻って来た。しかし戦争中友人になった人たちの家族を、探して廻っていた間に、私は何度となく、人々のとてつもない親切に遭遇した。例えば道を訊くため見知らぬ家に立ち寄るとする。すると私はしばしば家の中に呼び込まれて、お茶をよばれ、菓子の代わりにふかしたサツマイモの一切れを供せられたものだ。ただでさえ乏しい食べ物を、彼らから奪うのは、まことに心苦しかった。しかし彼らの親切心に逆らうのは、もっとむずかしかったのである。私が驚嘆せざるを得なかったのは、日本人のこうした親切心が、一般の市民によって、自分たちの小さな木造の家が、さんざん破壊されてしまったあとで発揮された事実だ。アメリカ軍の空襲は、軍事施設だけではなく、戦争に全く無関係の市民をも捲(ま)き込んでいたのだから。

日本を去る前の日、私は横須賀のある本屋を訪ねた。まだハワイに残されている日本人の捕虜たちに、なにかお土産に持っていきたかったのだ。その店で私は、二人の老婆が立ち話をしているのを聞いた。お婆さんはこういったものだ。「私の娘はね、横須賀にいたのよね。海軍工廠(こうしょう)のすぐそばにさ。だけどアメリカの空襲が始まった頃にさ、娘の旦那は、こりゃ横須賀にいちゃ危なくてしょうがないってんで、家族を連れて、甲府の山ん中に疎開しちゃったのね。あそこには、軍事施設なんてなんにもないだろ。だから私たち、あそこなら娘も大丈夫だろうと思ったのよ。ところがとんでもない。甲府だってしょっちゅう空襲があってさ、ほとんど毎週B‐29が来たんだって。そして娘の家も、とうとう丸焼けにされちゃってさ。横須賀は爆弾一発も喰らわなかったってのにね」。そこで私は、B‐29爆撃機の航空士に訊いてみた。格別重要な軍事施設もない甲府を、なぜあんなにひんぱんに爆撃したのかと。すると彼は笑いながら答えた、「第一に甲府ってのは目標として見つけ易い。東京から真っすぐ西の線上にある。もう一つには、あそこには高射砲が少なくてね」。

その次の朝、まだ夜明け前、私は起こされて、東京湾の反対側にある木更津へ行く船に乗れといわれた。寒くて暗い闇の中を、例によって埠頭までほとんど走らされ、今度はいつ出るやら分からぬ船の出発を待つことになった。とうとう船は、まだ夜の明けやらぬ湾上にすべり出る。夜明けのきざしを求めて、甲板の上に立ちつくしていると、突然富士山の姿が、昇る太陽に照らされ、ピンク色に輝きながら、私の眼前に浮かび上がってきた。日本を去る者にとって、それ以上完璧な別離の形が他にあっただろうか？東京は、見渡すかぎりの焼け野原、途中眼をさえぎる邪魔物とてないので、山の全容がはっきり見えたのだ。山は信じられないほど大きく、十九世紀初期の江戸を描いた版画に出て来る富士山のように近かった。次第にその色を変えていく山を眺めていて、私は感動でほとんど涙をこぼしそうになった。以前私はだれかに聞いたことがあった。日本を去る直前に富士を見る、するとそれは、その人がまた日本へ来ることが出来るというしるしなのだと。私はその時、どれほどこれを信じたいと思ったことか！　そして思った、多分これは正しいはずだと。そして次に私が日本を見ることになるのは、それから約八年も経ってからのことだった。

## 母へのみやげ

私は一九四五年のクリスマスの少し前、ハワイへ帰って来た。私は以前、二年以上にも亘って、日本語の書類を英訳していた事務室にまず行ってみた。しかしそこはもう、ほとんどの人がいなくなって、以前日本語翻訳官が働いていた今や空っぽの空間を取りしきっている事務官も、私の全く知らない人物であった。私は、米国海軍からの召集解除のための必要書類を請求すると、だれかが出て来て、もうしばらく海軍にいたらどうかと、私を説得しようとするのではないか、と恐れていた。しかし戦争が終結してから四カ月の間に、私という人間が軍から忘れ去られていたことは、明らかであった。したがって、私が死ぬまで海軍に残りたかろうが、今日ただいま辞めていこうが、だれも気にするものはいなかったのだ。

私との再会を喜んでくれたのは、おそらく日本人捕虜たちだけであった。もちろん彼らは、新聞も読んでいたし、終戦後の日本についての概略の知識は持っていた。しかし彼らが知りたがっていたのは、もっと詳しいことだったのである。私は知るかぎりのことを彼らに話したし、短い日本滞在期間に、たまたま買った雑誌類も、彼らに進呈した。私は彼らの質問に答えるよう万全を尽した。しかし彼らが一番訊きたい質問に答えることは私の権限の中にはなかった。すなわちそれは、果たして彼らは、日本に戻れるだろうか、ということであった。

私はすぐにニューヨークへ送還して貰えるものと思っていた。しかし(毎度のことながら)書類がどうやらこうやらで、時間がかかった。私はあの年のクリスマスを、どうして過ごしたか、全く憶えていない。戦争が必然的に要求するままに動き、毎日自分に課せられた任務をひたすら遂行するという生活をやって来たあとでは、このなにもすることがなく、なんの責任も果たさずにすむ日々は、私にはこの上なく非現実的なものに思えた。だからもしある朝眼を覚まして、実のところ戦争はまだ続いていて、おそらく永遠に続くだろうと知らされても、私は少しも驚かなかったに相違ない。

ある日とうとう、アメリカ合衆国の西海岸まで私を輸送してくれる予定の、航空母艦サラトガへ出頭せよ、という命令が来た。サラトガは、いずれビキニで、水素爆弾によって吹き飛ばされる運命にあったが、これは私が軍隊生活中に乗った船の中でも、間違いなく一番快適な船であった。だから後年、サラトガの行く末の話を聞いた時には、大いに悲しく思ったことであった。

カリフォルニアから大陸を横切ってニューヨークまで、私はもう一度列車を利用することにした。この旅の記憶は、全く消えている。快適だったかそれとも不快だったか、そういった大ざっぱな印象さえ憶えていないのだ。

ニューヨークに戻った時の私のただ一つの記憶は、自分が地下鉄の中で、どでかい海軍鞄(シーバッグ)（米国海軍で伝統的に使われて来たキャンバス製の大型鞄(かばん)）とスーツケースという大荷物と格闘していたことだ。いよいよ列車が私の下車する駅に着いた時、十二、三歳くらいの男の子を連れた女性が、帰還勇士の苦闘ぶりを見て気の毒に思ったのか、自分の息子に手伝わせようとした。男の子は私のスーツケースを提げてくれようとした。しかしそれがあまりにも重いということが分かって、当然帰還勇士よりはわが息子のほうが大事なその母親は、彼に手を引くようにいったものである。こんな話が、四年間海軍の軍服を着ていて、いよいよこれから市民生活に帰れるという時について私がまだ憶えている、たった一つの思い出だとは、まことに不思議なことだ。今は自分にこう言い聞かせている。それは自分のような人間が、そんなに長い間、軍人のふりをして生きて来られたという不条理、それを説明するうまい解決が見つからないことへの、私の失望を暗示しているのだろうと。

母に再会、彼女の前におみやげ――中国の刺繍、日本でだれかから貰った人形、扇子(せんす)――を拡げた時、私は自分が、異国情緒に満ちた観光旅行から戻って来た旅行者のように感じた。しかし私が、私の宝物、青島で日本軍のある将軍から貰った日本刀を、やおら取り出すと、母は悲鳴をあげて、自分の家にそんな恐ろしい物は絶対置きませんよ、と叫んだものだった。戦地では、いかにアメリカの軍人が、日本刀をほしがったかを思い出しながら、私はその日本刀を母の眼に入らない所に片付けた。

戦争は、今や確実に終わったのだ。

# II

# あこがれの日本

•

*That afternoon I was listening to a broadcast from Germany of a Wagnerian opera when there was a knock on my door. "Come in!" I shouted unceremoniously, and an unknown man entered. "I am Dr. Waley," the man said. In great confusion, I switched off the radio, and stammered something about having been studying. I heard later from a friend with whom Waley subsequently spoke that he had been astonished that anyone could study to the beat of American jazz. I was miserable at the thought that Waley had formed a bad impression of me, and was sure he would never be able to take seriously anyone with such uncouth habits.*

•

## 戦争が与えてくれた贈り物

どうにも不思議な話だけれども、間もなく軍務から解放されるだろうということばかり考えて暮らしていた時期、いったん自分の将来を自由に選べるようになったら、本当のところなにをやりたいかは、あまり真剣に考えなかった。私と同じ時期に日本語を学んだ同僚は、たいていの者が、戦争勃発前にすでに弁護士、政治家、外交官、その他それぞれの針路に従って準備を怠っていなかった。そして社会に戻った時には、それぞれいったん中断していた仕事を再開したものであった。おぼえた日本語を活かしていこうと試みたものもごく少数あったが、一九四六年という時点では、日本語に関する知識など、大した社会的資産とはいえなかった。日本が敗戦の打撃から回復して、戦前の地位に戻るまでに、ゆうに五十年はかかるだろうというのが、一般的な予測だったのだ。

日本語を学んで、東アジアに真剣な興味を抱き出した語学生の幾人かは、関心を中国のほうに転じていった。その主な理由は、中国こそが日本文明の源泉であったし、また、おそらく近いうちに、東アジアにおける強国としての日本の地位を、中国は自分のものにするだろうというのであった。また後年再会した元同僚の数人は、むしろ誇らしげに、昔知っていた日本語は全部忘れてしまったよ、と私に告げたものである。

私の場合は、少しちがっていた。学部学生の時代に、将来生活費をかせぐためにやりたいことなぞ、なにもないという思いに、責めさいなまれていた。そして私の研究は、確かにどんな職業をも目指すものではなかった。ところが中国語、そしてその後の日本語の研究は、稔（みの）りある職業への可能性を開いてくれていた。私は日本語、特にこの言語のもつ特異性についての研究を、大変楽しんでいた。珍しい地名や人名を見つける度に、私は心の中で、小さな凱歌（がいか）をあげた。私は特に戦時中に手がけたある翻訳のことを憶えている。私は、私の前にだれか別人がやった、まことにまずい翻訳を、たまたま翻訳し直していたのだ。その中に「甲標的（こうひょうてき）」という言葉が出て来たけれど、私の前の翻訳者は、だいたい直訳的にそれを“Prime target”（最高の標的）と英訳しているのに気がついた。しかし“Prime target”では、日本軍のパールハーバー攻撃を話題にしている文脈から見て、あまり意味が通らない。だから私は、もっといい訳語を考え出そうと頭をしぼった。突然“midget submarine”（豆潜航艇）という言葉が頭に閃めいた。そしてこの言葉を、資料の中の「甲標的」という言葉が出て来る箇所に、いちいち当てはめてみた。なんと、それは正解だったのだ。私は興奮した。明らかに「甲標的」という言葉は、暗号として使われていたのである。この言葉、ないしこれほど鮮やかではなかったとしても、いくつかの他の言葉で同じような成功をおさめたことによって、これこそ私が一番うまくやれる仕事ではないか、と自分に言い聞かせたのだった。つまり日本語という言語の複雑性と闘っていく道を辿るよう、私は運命づけられているのだと。友だちが将来なにになろうと、私はこの戦争が与えてくれた一つの贈り物、すなわち日本語の知識を捨ててしまうことはすまいと心に決めたのである。

といって特に日本語でなにをすればいいのやら。その当時は、アメリカの大学で、日本文化はいわずもがな、日本語を教える仕事など全くなかった。あとで知ったことだが、ビジネス関係の通訳として私が日本へ行こうとしたとしても、アメリカの会社は、通訳という仕事をどちらかといえば卑しい仕事と考え、給与もそれに見合うものしか出そうとしなかった。つまり会社にしてみれば、私のような人間を日本へ派遣するよりは、現地で日本人を雇うほうが、はるかに安くついたのである。だからもし自分の気に入った別の仕事を考えつくことが出来たならば、それ以上、日本研究を続けるのは思い止まったにちがいない。しかし他にはなにもいい考えが浮かばなかった。だからその時の私には、次の芭蕉の心境がぴったりであった。

――つゐに無能無芸にして只此一筋に繫る……(『笈の小文』)

## コロンビア大学に復学

すでに一九四六年という時点で、それから二十五年後の日本に起こった驚くべき経済の大奇跡を予知したのは、私の恐るべき先見だといって褒めて下さる人が時々ある。もちろん私は、将来経済の大奇跡などというものが起こるとは、その時夢にも思ったことはなかった。戦時中に日本語を習った私の朋輩のうち、ほんの一握りを除いて、ほとんどすべての語学生が、戦争がすんだあとは日本語への興味を失ったというのに、それでもなお日本研究を続けようと、一九四六年、私が決断したのは、主としてどうやら気質的に自分はこの種の勉強に向いているのではないかという、漠然たる気持ちに動かされたからであった。もうずっと前、ニューヨークの日本領事館へヴィザを申請に行った時、ある若い副領事は言ったものである。「日本語をおやりになったのは賢明でしたね。もっと競争の激しい分野だったら、そんなに有名にはなりにくかったかもしれませんよ」。そうはっきり言われて、私が嬉しくなかったのはいうまでもない。しかし多分彼の言葉は正しかったのではなかろうか。おそらく日本の研究は、私にふさわしい唯一の仕事だったのだ。

それにしても、いったいどこで私の研究をやるかは、自分でもいっこうに分かっていなかった。そこでちゃんとした決断をする前に、他人の意見も聞いておくほうがよかろうと思い、ワシントンへ行って、ＡＣＬＳ（米国諸学会評議委員会）のある事務官に相談した。彼はこの分野の消息にも通じていて、辛抱強く話を聞いてくれた。しかし彼の結論は——それを私は、気が進まぬまま受け入れたのだが——他ならぬコロンビア大学であった。

角田先生の許で再び勉強できるという予想は、なかなか魅力的だったけれど、私はそれまでコロンビア以外の大学で学んだことがなかった。だから、どこか未知の大学で勉強できれば、私のアカデミックな生活への復帰も、おそらくもっと心躍るものになるだろうと思った。今では私も、自分のあの時の決断は正しかったと信じている。しかしあの時は、ヨーロッパの由緒ある大学か、あるいはアメリカでもせめてニューヨークの喧騒からはうんと離れた、どこか緑の木立ちに囲まれた大学で学べないのが、少なからず残念に思われた。

戦争に行った他の人たち同様、学費のことで頭を悩ます必要がなかったのは、ありがたかった。つまりＧＩビル（米兵権利章典）という、一九四四年に議会を通過した法案に基づいて、アメリカ政府は、大学に進学する復員軍人に授業料全額プラス書籍代、そして生活費として月額六十五ドル（当時としては馬鹿にはできない金額）を支給してくれたからである。四年も軍隊生活をしたあとで、初めて大学の教室に戻った時のあの興奮は、おそらくこれからも忘れることはないだろう。この頃学校で教えていて、時々学生が授業に出て来ないようなことがあると、私は彼らに、自分が好きなことを勉強できるのは、いかにありがたい特権であり、かつ悦びであるかということを言ってやりたい誘惑に駆られる。しかしこういうことは、やはりみながそれぞれ自分で発見していくべきことなのである。

私もまたその時分、自分自身について、一つの発見をした。それまで私は、常にアーサー・ウエーリのひそみにならって、中国語、日本語、二つながらの学者になることを念願としていた。だからこそ、大学院生としての自分の研究を、二つの言語にきちんと分けてやっていたのだ。しかし中国語及び中国史の権威、ドイヴェダック教授のクラスに出席した時、たった一つの文章を読んで、一つ一つの不変化詞の正確な意味を決めるのに、ゆうに小一時間もかける教授のやり方に、いささかの興味も覚えなかった。私はもっと早く、もっと広範に読みたかったのだ。ドイヴェダック教授は、私が授業をあまり面白がっていないのに気がついたにちがいない。ある日、授業のあとで、私に訊いた。「なにか問題があるのかね?」と。そこで私は正直に、「中国の古典が大切なことはよく分かっています。しかしどうしても自分には日本語を読むほうが、ずっと面白いのです」と答えた。すると教授は答えた。「じゃあ、日本語に集中してみたら？　優秀な日本学者だって必要だからね」。というわけで、これこそ私が、第二のアーサー・ウエーリになる夢を諦めて、せいぜい彼の半分、すなわち日本学者になるのを決意したいきさつだったのである。

海軍士官としての束縛された生活を四年間送ったあとで、大学院生として自分の好きな研究ができるのは、私にとって心も躍るような悦びであった。しかしその自由にも、なんらかの制約があることは分かっていた。例えば宿題があった。論文を書かされ、試験もしょっちゅうあった。そして、今自分がやっていることは、戦争中にやっていたことよりも、その重要性において劣っているという、免れがたい気持ちがあった。戦争中は、私が翻訳した文書が、この戦争をほんの十分の一秒間でも早く終結させるのに役立つことはあり得ないと思い、私はしばしば挫折感を感じていた。しかし時には、特に日本人捕虜と話をしていて、生き長らえていくことの大切さを説いている時なぞ、自分が別の人間を助けているのだ、という思いに大きな悦びを覚えていた。もちろん私は、捕虜に対する私の影響力をかなり過大評価していた。彼らが自分の人生のコースを決定したのは、私など未熟者の言葉より、他のもっと有効な要素に導かれたからにちがいないのだ。同じく私は、その時、大学院の教育指導を過小評価していたことでも、どうやら間違っていた。

例えば、その春私が取ったコースの中に、「アジア美術概論」というのがあった。それに出席していて、私はその講義に不満を覚えた——果てしなく続くスライド映写——しかもその教授が日本語を知らないことは明らかで、例えば、如来のことをナイ・オー・ライと発音したものだった。しかしそのずっと後、イランとインドを旅した時、自分がこうしたアジアの国々の美術に、少しでも触れていたことを、大いに感謝したことであった。

詩人であり評論家、そしてすぐれた教授でもあったマーク・ヴァン・ドーレン。その講義に出席するという悦びから取ったもう一つのコースは、西洋の長詩についての講義だった。四年間、自分の時間をほとんど日本についての本を読んだり、日本のことを考えることに費やしたあとで、ダンテやスペンサー、ミルトンその他の詩人に再会するのは、大変嬉しいことであった。そしてヴァン・ドーレン教授の、てらいがなく、まことに啓発的な解釈に益されることが多かった。しかし私は、英文学科の大学院生から成っているそのクラスの、いわばアウトサイダーだということを意識していた。私の学期末提出論文のテーマは、ダンテの『神曲』と十世紀の僧源信による『往生要集』との比較研究であった。文学作品としては、『神曲』のほうがはるかに上であった。しかしこのクラスの中で、私の他はだれも——ヴァン・ドーレン教授さえ——『往生要集』という書物の名は聞いたこともなかっただろうということに、私は気づいていた。そして西洋では少しも知られていないそのような作品の研究こそ、『神曲』の新解釈よりは、私の才能に、よりふさわしいのではないかと思われた。

　しかし私がその年に取った文句なしに一番大事な科目は、角田柳作先生の科目だった。太平洋戦争勃発前三カ月間先生の「日本思想史」の講義を取った時には、まだ講義内容を、ノートに書き入れるのがせい一杯であった。しかし今では、先生が黒板に書きつけた引用文のいくつかを理解することも出来た。そして角田先生が触れた思想家についての、日本語で書かれた二次資料をも読んでみたい、という欲望に駆られた。海軍時代に軍事書類をたくさん訳したおかげで、私は自分の日本語を読む能力に自信を得ていたのだ。しかし古典に出てくる日本語を読むのは、また別の話であった。私はしばしば、いつになったら、苦労してやっと判読する以上のことが出来るようになるのかと、絶望的な気持ちになることがあった。

　ある日、東アジア図書館の開架庫にいる時だった。私は一種の嗜虐的な感情に突然取り憑かれた。目の前に並べてあるたくさんの本を、暗い表情で見渡しながら、ある実験をやってみた。書棚から一冊の本を、行き当たりばったりに引き抜いて開いてみたのだ。とうてい読めないだろうと覚悟していた。ところが驚いたことに、書いてあることが理解できたではないか。それは十九世紀の神道思想家、平田篤胤全集からの一冊であった。私は悦びの波が、私の嗜虐的感情を洗い流してくれたのを感じた。そして自分に言い聞かせた。どんなことがあっても、いつかは日本語がよく読めるようになってやるぞと。

それにしても私の手が例えば仏教理論家の本なぞではなく、比較的読みやすい、篤胤の本の上に落ちたとは、なんと運がよかったことだろう！

## 日本学者への道

角田先生の講義に出たおかげで知るようになった日本の思想家の中では、徳川時代の知的歴史の主流の外側にいた人たちに、私は最も強く惹かれた。儒者の各派が、それぞれ主張した意見の重要性を認めるのは、私はやぶさかではなかった。しかしそういった意見は、私の心の奥深くまでは、入って来なかったのだ。私はただ、私が今知るものが真実だ、と結論するのみであった。すなわち私の関心は、本質的に哲学的というよりは、むしろ文学的なのだ。だから人間の処世の方法に関して徳川の思想家が説いてくれた意見よりも、彼らの時代の日本の社会に生きたり書いたりした個人としての、彼ら思想家自身に、私はもっと惹かれたのである。

私が特に興味を惹きつけられたのは、私自身とはある意味で、ちょうどあべこべ人間の本多利明（一七四四―一八二一）であった。それから六年後に、私は『日本人の西洋発見』という書物を出すことになったが、その中で私は、いかに日本人のある小さなグループが、十八世紀、鎖国にもかかわらず、そしてまた当時ヨーロッパ語を学ぶことの途方もない困難にもかかわらず、西洋の学習に献身したかを描いたのである。普通、蘭学者と呼ばれたこのグループは、日本が科学的進歩の道程で、ヨーロッパのはるか後方に落伍してしまったことに気がついて、この起死回生の知識を獲得しようと、途方もない努力を重ねたのだ。当時日本に住むことを許されたヨーロッパ人は、ほんの一握りのオランダ人商人で、彼らとても、長崎湾に築かれた埋め立て地、出島の商館から出るのを許されなかった。そして蘭学者たちが、必要な書籍や科学的な器具などを求めたのは、これらのオランダ人たちからだったのである。

　蘭学者たちは、なによりも医学、天文学、数学、その他の自然科学に興味を持っていた。すべて、国に直接的な貢献をする学問である。しかし中にはヨーロッパの絵画や彫刻、その他の芸術を調査したものもあった。本多利明は、日本語の書き物に用いられる漢字と仮名との煩わしい組み合わせよりは、実用的なヨーロッパ語アルファベットの採用に賛成だった。本多はまた、画家の想像力の中のみに存在する、あの茫漠と霧のかかったような風景を描いた日本（あるいは中国）画とちがって、教育的な目的によく使われるオランダ絵画のリアリズムを褒めた。彼の試金石は常に、そのものが国の役に立つかどうかということで、それが伝統に則っているかとか、あるいは儒学者のように論理的に望ましいかということは、全く問題にしなかった。

　本多利明とはちがって、私が日本に目を向けたのは、私の国のためでもなければ、私の同胞を益するかもしれぬ技術的知識を得るためでもなく、それはひたすら新しい知識を獲得する悦びのためであった。日本語を書くときに必要な多くの漢字を学ぶのは、容易でなかったし、また人名を見て、それに対する正しい発音を推測することも、並み大抵ではなかった。しかしそれも日本語の持つ魅力の中に入っていたのだ。もちろん何度も音をあげてしまったことはある。また今読んでいる本の筆者が、索引をつけていない不親切に対して、何度その筆者を呪ったことか? 一度などは、元禄時代の辞書が、なんの役にも立たないことに腹が立って、私が住んでいた学寮の七階の窓から投げ捨てたこともあった(幸いにもだれにも当たらなかった)。私はしばしば、私が日常、日本語との闘いで経験するいろいろなむずかしさを、他のヨーロッパ語をものにする場合の容易さと比較してみることがあった。しかし助けになる辞書もなければ文法書一冊もなかった時代に、本多利明やその他の蘭学者たちが直面した困難と比べてみる時、それでも私のほうがどうやら楽をしているのかな、と思えるのであった。私もまた、本多利明や彼の仲間の蘭学者たち同様、もう一つ別の文明を発見したかったのだ。

いま回想すると不思議に思えるのだが、私が初めて書いたアカデミックなもので少し長い作品、つまり本多利明について書いた修士論文は、文学というより、明らかに知的歴史の分野に属した。当時私が、いかに角田先生の影響下にあったかが、これでも分かろうというものである。角田先生も文学を読んだし、好きでもあった。しかし文学が学問的な研究の対象になるとは考えてはいなかったのだ。コロンビア大学に在任中の二十何年かの間に、先生は日本の宗教、哲学、そして歴史などの大変すばらしい本の収集をされた。ところが先生が集めた本の中には、折角私も今や日本語の書物がかなり楽に読めるようになったというのに、文学に関する書物がきわめて少ないのには、ずいぶんがっかりさせられた。それから何年か後、ケンブリッジ大学にいた時、これと同じようなことを私は発見した——すなわち私のコレッジの学部生は、英文学を研究してはいけないことになっているという。その理由は？　その理由は、英文学はむずかしさが足りないからだそうだ。

とにかく、私は角田先生の影響を、大変喜ばしく思っている。時として私は、自分の学生に、あるいは過度の影響と思われるものを押しつけようとしているのではないか、と反省することがある。しかし、いつかは彼らも、特に私の興味をそそるテーマを、彼らに押しつけたことを感謝する日が来るのではないかと思う。とにかくそうなることを、私は望んでいる。

私は角田先生の影響を、いろいろな面で受けている。そしてこの戦後という時期に、私は先生に、特に近しい思いを抱いたのである。先生は、祖国が戦争に負けたことで、極端に憂鬱になることがしばしばあった。私はそれに気づいていた。しかし逆に、日本が勝っていたとしても、おそらく先生は、同じくらい憂鬱になったのではないだろうか。

先生は日本の軍国主義に対しては、どんな共感も抱いていなかった。そして故国に送還されるよりは、アメリカに残留するほうを選んでいた。先生の悲劇は、二つの国を愛する者の悲劇であった。その二つの国が互いに戦い合うことがないかぎり、二つの文明を愛することが出来るのは、確かに大きな特権であろう。しかしもしその二つの国が、敵同士となった場合、人は必然的に苦しい選択を迫られるのである。

角田先生を元気づける会をまたやろうよ、というわけで、私たち三、四人が寄って、時々先生を面白そうな芝居やバレエに招待したものである。キューバのバレリーナ、アリシア・アロンゾが、『ジゼル』を踊ったすばらしい公演のあと、先生がどんなに幸せそうに見えたか、私はいまだに忘れることが出来ない。多分あのバレエの持つ彼岸的な美が、能(のう)の中の幾場面かを、先生に思い起こさせたのかもしれない。しかし先生を一番元気づけたのは、恐らく先生の国の文学を勉強する、私たち学生の熱意だったのではなかろうか。一九四六年の秋学期、私たちは先生に、平安朝文学、元禄時代の文学、そして仏教文学の講義をしてください、と頼んだ。その上先生は、自分の正規の科目、「日本思想史」も教えていたのである。角田先生ほど働きすぎの教師を、他に見たことがない。しかしこのオーバーワークこそ、その頃の先生には一番の解決策だったのではなかろうか――敗戦の味を嚙みしめて鬱になるには、先生はあまりにも忙しすぎたからである。

平安朝文学の授業では、私たちは『源氏物語』の何節か、そして清少納言の『枕草子』を読んだ。元禄文学の授業では、西鶴の『好色五人女』全篇プラス『おくのほそ道』、そして近松の『国性爺合戦』の一幕を読んだ。そして仏教文学の授業では、『徒然草』と二つの謡曲『卒塔婆小町』と『松風』。今から思うと、よくもまあ一年間でこれだけの作品を読んだものだ、と信じられない気持ちである。当時の読書が後年の私の仕事を予見しているのも面白い。それから二年後には、『国性爺合戦』は私のPh.D.論文のテーマとなるし、一九六七年には、『徒然草』を“*Essays in Idleness*”という題で英訳することにもなった。またその時に読んだ謡曲は、いまだに私の好みの曲であり、また能という芸術への、私の好みを形成してくれた曲でもあった。私は時々思うのだが、日本学者として以後私がやったすべてのことは、コロンビアで角田先生の許にいたあの一年半の間に、すでに予見されていたのである。それにつけても、角田柳作の名が、先生の故国でいかに知られていないかという事実は、まことに悲しいことだと思う。

## ハーヴァード大学へ「遍参」

コロンビアのクラスは楽しかった。それでも私は、勉強のために、本当は日本に行きたかった。だが日本に入れて貰うよう占領軍を説得することは、およそ不可能に思えた。

では中国に行こう、と私は考えた。そして一九四七年の春、夜学に通って、中国語会話の勉強を始めた。私はこのコースを同じ年の夏、イエール大学で続けて、そのうちかなり上手に中国語が話せるようになった。私はよく日本人の知人に、何カ国語が話せますか、と訊かれることがある。どうやら彼らは、いったんある言語を覚えてしまうと、もう金輪際忘れることがないと思い込んでいるらしいのだ。残念ながら、それは私の場合、通用しない。今や私は、中国語をしゃべることは出来ない。そして過去十年の間に行った中国への短い旅の期間も、私は中国語会話の、昔の流暢さを取り戻すことは不可能であった。しかし一九四七年の夏の時点においては、私が中国語をかなりペラペラにしゃべれたのは、まぎれもない事実だったのだ。

私は中国へ行かなかった。ちょうどその頃、共産主義革命があの国には吹き荒れていて、勉強に行くにはおあつらえ向きの時期とはいえなかったからだ。しかし私は、なんとなくそわそわしていて、とにかくどこかへ行きたいと思った。思うに、私の将来の不確かさ——日本文学を教えることが出来るくらい日本語に上達するかどうか、また学者になることに成功しても、果たして都合よく仕事があるかどうか——が、私をどこかへ逃げ出したい気持ちにさせたのである。逃げるといっても、しかしどこへ？　日本へも、中国へも、行けなかった。そしてこの二つの国こそ、私が一番行きたかった国だったのだ。しかし私は、結局行くところを見つけることが出来た。その当時、大学に在籍したたいていの学生のように、私もハーヴァード大学のことを、一種畏敬の念をもって考えていた。ハーヴァードは、アメリカで一番古く、一番金持ちの大学で、その教授陣は、きわめて優秀だとされていた。海軍日本語学校時代に親しくなった友人の中に、ハーヴァードの大学院を出たものが幾人かいたが、この連中といっしょに未知の環境の中で勉強するのも、決して悪くないと私は思った。

　しかし他の学校へ行って、他の教授の下で勉強したいということを、いったいどう角田先生に切り出せばいいのか？　そういえば先生はきっと傷つくだろう、と私は思ったのだ。しかし私は先生を見損っていた。やっと勇気を奮い起こして私の計画を話した時、それはまさしく仏教の修行僧がやったことで、彼らが一つの修行場から他の修行場へ移って行くのは、ごく当たり前のことなのだ、気にしないように、と言われるのだった。そしてこの修行法は、日本語で「遍参（へんざん）」と言うことも教えてくれた。

　角田先生のはげましを受けて、私は一九四七年の秋、ハーヴァードに行った。当時日本文学の教授は、ハーヴァード大学の学生たちに慕われた伝説的な学者、セルゲイ・エリセーエフであった。彼は初めセント・ペテルスブルグとベルリンで勉強して、次に（日露戦争の後）東京帝国大学に入り、ここで博士号を取っている。彼は夏目漱石（なつめそうせき）と知己があったらしく、漱石はこの若いロシア人の学者について俳句を作っている。ハーヴァードへ行く前には、パリで教えたこともある。とにかくエリセーエフは、当時のアメリカで一番有名な日本学者だったこと、それは疑う余地がなかった。

ハーヴァードにいた間に、私は近松の戯曲『国性爺合戦』の英訳をやり始めた。エリセーエフ教授は、親切にも私に、彼の下でいわゆる「ダブル・コース」を取るのを許してくれた。つまり一週間に二時間、彼の個人教授を受ける権利である。同時に私は、エリセーエフ教授の日本文学史の講義にも出席した。彼は私に対して常に親切で、文学的逸話のレパートリーも、大変豊富であった。しかし正直なところ、教え方には大いに失望させられた。彼の文学史の講義は、すべて予めノートに筆記されていて、彼はそれを一本調子な口調で読むだけだったのだ。少なくとも四カ国語に通じているといわれたが、彼の英語はかなりひどいもので、無作法な学生は、「この書物の作者はだれかということ、私たちはそれを知っとるところではありません……」などと彼の口真似をしたものだ。学生の眼の前で考えながら講義する角田先生のやり方に馴れていた私には、エリセーエフ教授の講義は、まことに無味乾燥、そして退屈きわまるものであった。

エリセーエフ教授への私の失望は、単に彼の日本文学史だけのことではなかった。私たちがいっしょに読んでいるテキスト中の難解な箇所を読み解いて貰うため、彼のすぐれた日本語読解力に期待していたのに、私が翻訳していた近松劇のために設けてくれた二時間の個人教授に、彼は滅多に予習して現れたことがなかった。この十八世紀初頭に書かれた人形浄瑠璃(じょうるり)は、いろいろ特別の語彙(ごい)を持っていて、その表現には、予めよく調べないでは説明できないところが、多々あったのだ。時々テキストの中で、彼にも手に負えない箇所が出て来ると、近松のほうは投げ出して、代わりに昔の帝政ロシアについての逸話を、いろいろ話してくれたものだった。時にはまた、彼の長い日本生活に基づく、他所(よそ)ではとても聞けないような情報の断片も、私に授けてくれた。例えば、今も憶えているが、日本の女性とヨーロッパの女性とでは、布を縫う縫い方がちがう（どうちがうと説明されたかは忘れた）ことを、詳しく説明してくれたことがある。

しかしエリセーエフ教授に対する私の大きな失望は、全く別の理由に基づいていた。ある日、なにかの関係で私が角田先生の名を口にした時、エリセーエフ教授は、「大学ともあろうものが、なんであんな男を雇っておくんだろう？」と言った。その口調は、いかにも軽蔑に耐えないという感じであった。私はすぐさま反論したかった、「あの先生は、自分のおやりになっていることが、あなたの十倍もよく分かっていらっしゃいます」と。しかし私は学生、彼は大教授。仕方なく、私は黙っていた。エリセーエフ教授は、その時、角田先生に対する彼の意見を、さらに突っ込んで説明することはなかった。しかしその時、そしてそれ以後、この件に関して私が受けた印象は、こうだ。日本人は楽しい友ではあり得る、しかし学問となると別の問題だ。それは、ヨーロッパにのみ（そしてアメリカ。ただしヨーロッパ人が大西洋を渡って光明をもたらした、ということは忘れてはいけない）存在し得るものだ、とエリセーエフ教授は信じていたのである。

私はエリセーエフ教授の態度を、少し誇張しているかもしれない。しかし以上のことは、その当時受けた、私の決定的な印象であり、私はこの態度を、不快に思った。私がさらに驚いてしまったのは、ある日、彼が同僚のウィリアム・洪（ハン）博士を攻撃した時だった。

私はその学期、洪教授の杜甫（とほ）の講義を取っていて、教授の授業ぶりはよく知っていた。なぜエリセーエフ教授が、洪博士のことを悪く言ったのか、今はよく憶えていない。しかしこの中傷もまた、私を憤慨させるのに十分であった。杜甫の講義は、私が大学の教室で経験した、最も記憶すべき体験の一つであった。洪博士の下調べは完璧の域に達していた。それまでに杜甫について書かれたすべての文献、中国語はいわずもがな、英語、ドイツ語、日本語と、あらゆる言葉で書かれたものを読んでいた。たいていの語は、そらでいえた。ある日彼は、杜甫の長い詩を、標準語ではなく、彼自身の言葉でもあった福建語で、暗唱してくれたことがあった。私は今でも、彼が黒板に凭（もた）れ、眼は閉じたま ま、すでに彼の肉になり魂の一部になり切っている、杜甫の詩を吟じる姿を、眼に浮かべることが出来る。福建方言で吟じる時、行末（ぎょうまつ）の子音でカチッと脚韻が決まる、標準語ではすでに聞くことの出来ないリズムが聞こえるのだった。朗唱し終わった時、彼の眼に涙が浮かんだのが見えた。これこそ、私もまた実践してみたい学問だった。その学期の終わり、洪博士の講義の最終試験、おそらく私の人生で最後の筆記試験となるものを私は受けた。その時私は、この試験、試験というものを楽しめた唯一の試験であり、学生としての私の生活を終結させる、まことにふさわしい記念になるものだと思い、感無量なものがあった。

思うに私は、ある意味では、エリセーエフ教授にも大きな影響を受けている。後に私がコロンビアで、日本文学史の講義を初めて担当した時、私はすべてにおいてエリセーエフ教授がやったと全く反対のことをやってやろうと心に決めていた。私はまず手ぶらで教室へ行った。そしてその時問題になっている作品の、どこが私を感動させたかを話した。もちろん、ある作品の初版木版本が何年に出たか、あるいは、異本の種類などを、いちいち憶えているはずはなかった。しかしそういう情報はどこを探せばいいか、私は知っていた。そしてそれを知りたい学生には、ちゃんと教えてあげた。私が今まで教師として成功したとすれば、反面教師としてのエリセーエフ教授に、多くの影響を受けているのだ。

## ライシャワー教授のこと

私が最も永続的な関係を持ったある人物、その人物について語ることなしには、私がハーヴァードで過ごしたあの一年間の記述を、私はここで締めくくることは出来ない。

そしてその人物とは、他ならぬエドウィン・ライシャワー教授である。それは彼が大変有名になる、まだ数年前であった。私が知っていた彼の出版物は、一九四一年に、エリセーエフ教授と共著で出した日本語の教科書にすぎなかった。そしてそれは、アメリカで出版された最初の、そして大人向きの、日本語の教科書だった、と私は信じている。これは私が日本語の勉強を始めた教科書――日本人の六歳児用――よりは、はるかにすぐれていたが、ある特別の目的を持っていて、それが使い方をむずかしくしていた。つまり日本語を読む知識を得たい人たち向きに作られていて、話し言葉としての日本語の、語法パターンの紹介を怠っていた。当時、中国語の学者は、日本人の中国学研究にはあなどり難いものがあることに気づき始めていて、そういうものを調べるには、この種の日本語のテキストは、ぴったりだったのである。しかしそれぞれのレッスンに、六十ないし七十くらいの新しい単語、また同じくたくさんの新しい漢字が出ていて、前のレッスンに用いられた文法的な要点を繰り返すという親切さに欠けていた。

私が海軍の日本語学校へ入る直前の学期に使って勉強したこの教科書から判断して、ライシャワー教授というのは、これから日本語のようなむずかしい言語を勉強しようという学生のお相手するのなんかごめんだよという老文法学者だろうぐらいに想像していた。とんでもない、私は教授をすっかり見損っていた。

彼は、単に若かっただけではない。身体から発散するほとんどボーイッシュな若さをあたりに撒きちらしていたのだ。私は彼がエリセーエフ教授と共同で教えていた、古典文学演習というクラスに出席した。思い出してみるに、ライシャワー教授が教えた二つのテキストは、たしか『今昔物語』と『保元物語』だった。クラスでの彼は、今自分が教えていることすべてをすでにわがものとしている、いかにも学者らしい権威を漂わせていた。そのくせその自信は、決して威圧的なものではなかった。事実例えば、ある学生が（そんなことは滅多に起こりはしなかったが）教授の解釈に異議をさしはさむとする。するとライシャワー教授は、その学生の意見をこの上なく真剣に検討して、時によってはそれを受け入れることさえあった。しかも決してしぶしぶではなくそうしたのだ。真の学者ならば、それがだれの手柄であろうと、学問的発見というものに対して持つはずの、あの悦びを示しながら、受け入れたのである。

ライシャワー教授の元学生の一人が、たまたま私の親友だったので、私たち三人は、時々いっしょに昼食を食べに行ったものだ。教授の興味は、日本文明のあらゆる面に及んでいて、表現は遠慮がちだが、日本についての彼の疑いようなく深い理解を示す発言を聞いて、私は何度となく驚かされたものであった。私がこれまでにした多くの「発見」も、ライシャワー教授と交わしたこの昼食時の会話に、明らかにその源を発しているのである。

一九五五年、ライシャワー教授は、九世紀の僧円仁に関する二巻に及ぶ研究を上梓した。上巻は、八三八年から八四七年まで唐代の中国に滞在した間に付けた日記の英訳を入れている。*Ennin's Diary*（『円仁日記』）は、非常にすぐれた学問的業績と言わざるを得ない。原作では古典中国語と口語とが混ぜこぜに使われていて難解を極める。しかもこの翻訳が進められていた頃、参考になる注釈書とてなにもなく、日記の内容自体を研究した書物も、ほとんど存在しなかったのである。翻訳を助けるために千六百項目に近い脚注が付けられているが、一項目を準備するのに数時間はかかっただろうというくらい丁寧なものである。ライシャワー教授は、下巻 *Ennin's Travels in Tang China*（『入唐求法巡礼行記』）を執筆中に、重大な決断を行っている。彼は「序文」にこう書いている、「私がこの書物を書いたのは、極東に特に関心を持つ読者のためだけではない。それは人間の歴史の広範な記録に対する、もっと普遍的な関心を持つ読者のためでもあったのだ」。

ライシャワー教授の決断、自分の書物を専門家だけではなく、教養ある一般読者のためにも書きたいというそれは、そう易々と出来たものではなかったのにちがいない。一九五一年、彼（そしてジョゼフ・ヤマギワ）は、日本の古典文学の英訳一巻を、すでに出版していた。これらの翻訳は、非の打ち所のない正確さでもって編集されていて、例えば『十六夜日記』、あるいはなになに、といった作品を、ただ読んで楽しもうとする読者に対して少しも妥協をしたところがない。この傾向は、当時のアカデミックな世界では、大変強かったのだ。極端な場合には、学者によっては、"the" や "is" という言葉をブラケット〔 〕に入れて、原文にはない言葉を補ったことを示したものだ。しかしライシャワー教授は、なるほど喜んで読んではくれるが、ほんの一握りの読者のために学問的な書物を出版するだけでは十分ではないことに気づいたのだろう。といって学問的厳密さを捨てたわけではなく、ただこの頃から、出来るだけ広い範囲の読者に対して日本についての彼の考えを伝えることに、ますます強い関心を持ち出したのである。

ライシャワー教授は、キリスト教宣教師の子供として生まれている。そして彼自身、本当の宣教師としての性質を、幾分かまだ失わずに持っていた。しかし彼の主なる目的は、アメリカで「改宗者」を得ることであり、日本においてではなかった。アメリカにおける、そして他の西欧諸国における、日本に対する各国民の驚くべき無知ぶりを、それこそ痛いほど意識しながら、学ぶための努力をあえてしようという人々に光明をもたらそうと望んで、正確であるとともに読み易い書物を、書き始めたのである。光明を与えるための彼の仕事は、書物を書くことだけに限定されなかった。日本映画を特集したテレビシリーズの実現にも、彼は力を貸している。これはアメリカのパブリック・テレビ始まって以来の人気番組であった。その上、日本文化に関する映画シリーズを積極的に促進したことも注目していい。アメリカ中の大学、とりわけ日本語の教師のいない学校やその他の機関で、いつでも上映出来るシリーズである。彼自身がテレビに出演して、現代の日本について語ったのを、私も見たことがある。ある若い日本人の女性が、バッハのヴァイオリン・ソナタの一部を奏いたあと、ライシャワー教授は、彼独特のユーモアをこめて次のように言ったものだ、「日本人がバッハなんていうアメリカの作曲家の曲を奏くなんておかしいと思うアメリカ人の方々も、多分いらっしゃるでしょうね」。

ライシャワー教授のこうした言動は、少なからず私に影響を与えた。私はある時期、どうせならいわば「純粋」学者、一つのテーマを何ヵ月も費やして徹底的に調査し、そのあとで、まるで純金のようなほんの二、三頁の論文を、学術雑誌に発表するような学者以外の何者にもなりたくはないと考えていた。ところがいつの間にか、私の中にも一種宣教師的な性格があることに気がついてきたのだ。そしてもし私の仕事が、将来いささかでも記憶されることがあるとするなら、それは恐らく、私の「純粋」学問への挑戦ではなく、もっと広い読者に向けて書いたものによるはずであった。

ライシャワー教授が、駐日アメリカ大使として過ごした年月は、疑いもなく彼の経歴のクライマックスであった。これは決して易しい仕事ではなかった。彼が着任したのは、まさにあの大々的な安保闘争のデモが終わった次の年であった。デモに参加した者すべてが、必ずしも反米主義者とはいえなかったが、しかし彼らのスローガンや声明書には、確かに反米的な旋律が流れていた。そしてこの旋律は、ライシャワー大使が任地に着いた後も、いわゆる「ケネディー―ライシャワー路線」に対する弾劾を繰り返しながら、知識人向けの雑誌記事の間に、鳴り響き続けた。そして私が、米国大使館での、「うち解けた」夕食に招待されたのは、私の日本滞在の間でこの時だけであった。そして数回だが、私は大使が、日本の世論について演説するのを聴いたことがある。彼は決して落胆したこともなく、悲観主義者にもならなかった。彼が愛した二つの国の間の友情と相互理解とは、いかに深刻な意見の衝突によっても影響されてはならない、という考えは彼にとってあまりにも大切なものだったのである。ライシャワー教授は学問的理想の顕現として、二つの国に帰属した、私が知るまことに最良の模範であった。

## ヨーロッパへの旅

ハーヴァード大学での滞在期間が半分くらい過ぎた頃、復員軍人に、大学での勉学を援助する政府の奨学金、通称GIビルの私への支給が、間もなく期限切れになるという面白くもない発見をした。私はどこかで教職に就きたいと思い、口を探した。しかしその時、私の耳に入って来たただ一つの仕事は（メイン州のあるコレッジで）、「全文明の歴史」を教えるというもので、とうてい私の手に負えそうな仕事ではなかった。そこでいつも私の進路のことを気にかけてくれていたコロンビアのある教授のところへ行って、意見を訊いてみた。すると私の学部生時代の成績を丹念に見て、ギリシャ語を教える仕事を探してみては？　というのだった。これはありがたい意見とは、決して言えなかった。もう七年間も、私はギリシャ語のテキストは見たこともなかったし、第一、折角の日本語をここで捨ててしまう気には、到底なれなかったのだ。しかし、日本語、あるいは日本研究の仕事は、どこを探しても見つけることは、絶対に出来なかった。さあ、どうすればいいだろう？

その時、ハーヴァードにいただれだったかが、ヘンリー友奨基金のことを、私に教えてくれた。これはイギリスで研究をしたいアメリカ人、あるいは逆に、アメリカで研究したいイギリス人に与える奨学金であった。そして自分の国では、ホストの国ほどはよく教えられていないような研究対象に挑む学生を優先する、という一項が入っていた。私は当時のイギリスにおける日本語教育の状況については、全く無知だったけれど、この際イギリスで日本語をやりたいというのは、どうも正解ではなさそうだ、という気がした。

そこで私は、思い切ってアラビア語とペルシャ語をやりたいと書いてみた。といって、こういった言語の状況についても、私はなにも知らなかったが、イギリスと中東諸国との長い関係から見ても、イギリスにおけるこうした言語の教育のほうが、アメリカよりははるかに優秀だろう、と私は推測したのだ。そこで、私は、日本語、アジアの端から端までカバーするような知識を持った学者がいないことを指摘し、日本語、中国語に加えて、さらに二つの難解な言語を学ぶ能力を、自分が十分具（そな）えていることをほのめかして、研究計画書を書いてみた。

ところで私はあの時、本気であの計画書を書いたのだろうか？　今思い出して、自分があの場合、果たして本気だったのか、それともご都合主義的だったのか、決めることは出来ない。しかし私は、いよいよイギリスに着いて、もしアラビア語とペルシャ語をやることに、みなが賛成してくれたならば、私は本当にそれをやらなければならなかったのだ。結局のところは、幸いにも、それはやらずにすんだ。しかしそんなことは、私自身を初め、私の面接をした審査委員会のメンバーも、予期しなかったことだったのである。結局通知が来て、私は奨学金を貰うことになった。私の経済的危機は、少なくとも一年間は解消されたのだ。私はこれから、ケンブリッジ大学で勉強出来るという期待に狂喜した。ただ一つの気がかりは、自分の学問的関心を、極東語から、アラビア語、ペルシャ語に変えたことが、果たして本当に望ましいことだったかどうか、ということであった。

この奨学金を受けることが決まったすぐあと、「ケンブリッジのアメリカ学生会」とかいう機関から手紙が来て、ケンブリッジに来るものは、どういうものを持って来るといいかという点について、親切な助言をしてくれていた。イギリスの食糧配給制による貧弱な食事の補助としては、ピーナッツバターが最高だ、と強調していたのを、私は憶えている。残念ながらピーナッツバターは、子供の時でも、格別私の好物ではなかった。

そして以後も好きになったためしはなかった。しかしおずおずながらその助言に従って、以後私に栄養物を提供しようという家族及び友人諸氏は、すべからくピーナッツバター以外のものに的を絞るように、とお願いした。したがってイギリスまで私のあとを追って来た大量のピーナッツバターをたいらげるのに、非常に長い時間がかかったこと、それはお察しがつくであろう。

「ケンブリッジのアメリカ人学生会」とはそれっきりになった。

一九四八年の九月、私は船でヨーロッパに渡った。船といっても、ついこの間までは、兵員輸送船として就航していたものである。母が船まで見送りに来て、私が入ることになっているお粗末な船室を見た時、彼女はとたんにワッと泣き出した。父がヨーロッパに行く時に利用していたような部屋とは、似ても似つかぬ代物だったからである。しかし私はあまりにも興奮していて、そんな肉体的な安楽のことなんかどうでもよかった。とうとう、ヨーロッパに行くんだ！

私は一九四八年の秋に、ケンブリッジ大学での研究を開始することになっていた。しかしイギリスに行く前に、フランス、ベルギー、そしてオランダにしばらく滞在した。私は子供の時から、フランスが大好きだったのだ。一九三一年、ちょうど私が九歳の年、父が仕事でヨーロッパを訪れた時、私を一緒に連れていってくれ、おもにフランスで時を過ごした。そしてその折の体験が、私の心に、一生消し難い印象を残したのだ。私の学友たちは、世界中で英語を話す人がこれほど多いというのに、なにも苦労して外国語を習うことはないじゃないか、というのが本音だった。ところが私は、彼らとはちがって、私と同年配のフランス人の子供たちと意思の疎通が出来なかったという体験から、英語だけでは不十分だということを痛感していた。そこでアメリカに帰った時、私は父にフランス語を教えてくれる先生を雇ってほしいと頼んだ。ところがこれは、選りに選って、ちょうどその頃家族に襲いかかった、経済的な破綻の時期と重なってしまったのだ。そこで当然、フランス語の家庭教師の話は、はかない夢となってしまった。そして私のフランス語の学習は、中学に入る時まで、待たねばならなかったのだ。だがそれ以後は、中国語と日本語を習いだすまでずっと、私はフランス語とフランス文学の勉強は続けたのである。

一九四八年秋のフランスは、戦争の影響から、まだいやされていなかった。内閣はほとんど数カ月毎に交替していたが、国民はそれを、半分冗談めかして受け入れていた。私は今でも憶えているが、ニュース映画を見ていて、アンリ・クエイユが首相に就任するところで、解説者が、クエイユが安定した政府を確立するのに成功したというと、そのとたんに、観衆から大爆笑が起こったものだった。彼のすぐ前の内閣は、ちょうど一週間しか続かなかったのだ。また同じ頃、パリの地下鉄構内には、大きなポスターがはり出されていて、それには、第一、第二、第三、第四共和国を代表する、それぞれ四人のマリアンヌ像（フランス共和国の擬人化）が、一列になって行進している図が描いてあったが、通りの廻り角のところでは、お呼びがかかるのを待ち兼ねている様子の、五番目のマリアンヌ像が、顔をのぞかせていたものだ。

ニューヨークのある友だちが、パリで宿を取るならプラース・モンジュの近くに、値のはらないいいホテルがあるといってくれたので、私は早速そこへ行くことにした。このホテルの客は、その頃になっても、パリにはまだたくさんいた白系ロシア人の客が多かった。ホテルの生活環境は、私にさえあまり上等とは思えなかった。しかし雰囲気は気安かったし、第一、私は寝る以外に、めったに自室にいることがなかったのだ。

毎日私は、街歩きに出かけた。時には、はっきりした目的があって出かけたこともあるが、たいていはパリの市井（しせい）の生活を見る悦びにひたるために、足の向くまま、ただ歩き廻るだけであった。私が町というものに惚れ込んでしまったのは、まさにこの時が初めてであった。その後の人生で、こんな形でパリで時を過ごすという経験は、そう何度も訪れたことはなかった。もしちがう状況だったならば、知る人とてほとんどない町で日を過ごすのは、あるいは淋しいことだったかもしれない。しかしこの町の魅力（一九四八年には、その最良の姿とは決して言えなかったにせよ）のとりこになってしまって、パリの街を歩き廻ったその数週間、淋しいという気持ちを味わう恐れは、これっぽっちもなかった。

私はほとんど毎晩、オペラか芝居を観に出かけた。その頃、そうした催し物の入場料は安かったし、切符を手に入れるのもむずかしくはなかった。古典芸術の鑑賞よりも、さらにさし迫った関心によって市民の頭が支配されていたからにちがいない。

私は自分がフランス語を割に上手に話せ、理解できることをその時まで、ずっと得意に思っていた。だからコメディ・フランセーズ劇場を訪れた時、役者がコルネーユやラシーヌのせりふを惚れぼれするほど美しくしゃべるのを聴いても、余程注意を集中してやっと半分くらいしか理解できないことが分かり、ずいぶん得意の鼻がへし折られる思いをさせられた。また現代の芝居を観に行った時には、聞いたこともないスラングや、その国の人でないと分からない現代生活への細々（こまごま）した言及やで、すっかり面食らってしまったものだった。そして一つの言語を学ぶということとは、単に言葉自体を上手に使えるようになることだけではなく、それ以上に、どれほど多くのものが要求されるかということを、つくづく思い知らされたことであった。それは、私がようやく日本に辿り着いた時、さらに何度も繰り返し学ばなければならなかった教訓だった。

一週間か二週間（私の体験自体ははっきり思い出せるのに、滞在した期間がいま正確に思い出せないとは！）、パリに滞在したあと、私はベルギーを訪ねた。イギリス留学の前にハーヴァード大学で学んだ際、私に起こった一番大事な出来事の一つは、エルヴィン・パノフスキー教授による初期フランドル派絵画の講義を受けたことだった。私は、特にこの時代の絵画に、もともと関心があったわけではなかった。だが、パノフスキー教授の講義がすばらしかったおかげで、フランドル美術への興味がかき立てられたのである。そしてその後も、その興味を失ったことはない。パノフスキー教授がそれについて、実に啓発的な話をしてくれたヤン・ファン・アイク作のあの偉大な祭壇画を見るために、ヘントに行きたくて、私はもう気もそぞろだったのだ。ベルギーに行くについては、こういう主目的が決まっていたので、私の訪問を、とりわけ記憶すべきものにしてくれた。

ベルギーから、今度はオランダへ足を伸ばした。今ならヨーロッパを鉄道で旅行する者は、自分がどこの国とどこの国との国境をいつ越えたか、いっこうに気づくことがない。ところがその頃は、旅客は一度列車から降ろされて、まずいま出国しようとしている国の税関で荷物検査を受け、次にはこれから入国しようとする国の税関の検査を受けることを要求されたものだ。これは旅を、今よりはなんとなくより冒険的なものにした。私の古いパスポート（今のとはちがって）には、入国したいろいろな国の査証やその他のスタンプがいっぱい捺してある。つまり私がいつどこで国境を越えたかがそれで分かるというわけだ。

私がオランダに特別の興味を持ったのは、格別私が、オランダ絵画に傾倒していたからというのではなかった。もっとも今なら、世界で最も偉大な画家は誰かと問われたならば、間違いなくレンブラントか、フェルメールの名を挙げるだろうが。その時オランダに私の心が向いたのは、十八世紀と十九世紀の初め頃、日本で盛んだった「蘭学」、すなわちオランダ学に対する私の関心だったのである。

私はアメリカにいた時、ある友だちとオランダ語の勉強をしていたことがあり、彼との間で、私は簡単な言葉のやり取りくらいは出来たが、それより高度なレベルでの会話になると、どうしても無理だった。ところが幸いにも、私がオランダで会った人たちは誰でも、例外なく、少なくとも三つの外国語は話せた。英語、フランス語、ドイツ語である。ひき続いて数年間、再三私はオランダを訪れる機会があった。そして私の著書『日本人の西洋発見』を書いている間、ひと夏の大半はライデンで過ごした。この本は、私がコロンビア大学の大学院生の時、本多利明について書いた修士論文を改訂したものだった。

私はオランダのフックで、イギリス行きの船に乗った。フランスに到着する前に感じたと同じ危惧だけではなく、ほんの四、五日行くのとはわけがちがって、今度はイギリスに一年間（結局は五年間になってしまったが）滞在するのだという思いのせいか、一種の強い緊張感を持たざるを得なかった。第一、イギリス中で私が知っている人間とて一人もいなかったし、（私が予定していた）アラビア語やペルシャ語の学習とは、一体全体どういうものなのか、全く見当もつかなかったからだ。戦後の経済危機を切り抜けるために、イギリス人がきびしい「耐乏」生活に耐えていることについて、私はそれまでいやというほど読まされていたので、それでは私も空腹の覚悟までしなければならないのかと心配した。そして戦後のイギリスについて書いたものは、ほとんど何を読んでも、戦前においては大英帝国の上に陽がささないことがなかったのとは全く裏腹に、今や年がら年中うっとうしい雨天続きだ、ということを報じていた。

いよいよケンブリッジに到着した時、まず私の抱いていた最悪の恐怖が本物になった。私はコオパス・クリスティー・コレッジの学寮に受け入れられることになっていたが、私がそこへ出頭すると、コレッジの「ジップ」(学生の世話をする用務員)が部屋に案内してくれ、「あなたの部屋は、ケンブリッジじゅうで一番寒い部屋ですよ」とさり気なくいうのだった。私の部屋というのは、大きな居間と、それと同じくらい大きな寝室とからなっていた。ところが部屋の窓は、すべて閉じようとしても、閉じられないのだった。午後私のジップが、その日のミルクの配給を持って来てくれたが、そのミルクの量たるや、コップの底に二センチくらい。その晩の夕食の献立は、まずホワイトソースのかかった白い魚、それから白い皿に盛りつけた白いジャガイモと白いキャベツだけ。食べ物に色彩というものがいかに大事かということが、私にとって初めて分かったのは、この時だった。そしてこれから一年間、この耐乏生活が続くのかという思いが、恐るべき予感となって、その時私の心を満たしたのである。

## ケンブリッジでの暮らし

イギリス人の性格は、伝統的に控え目で、よそよそしいとされている。だから私は、友だちもそう簡単には出来ないのではないか、と初め危惧していた。ところがもう二、三日も経つと、同じコレッジの中で、すれちがえば少なくともうなずき合うくらいの間柄なら数人出来たし、そしてその人たちの中には、あとで私の友だちになったものも幾人かはいたのである。その時私は、すでに修士号を持っていて、年齢も二十六歳になっていた。それなのにコレッジでは、他所（よそ）の大学で取得した学位を認めたがらず、私をまだ学部学生扱いにしたものであった。といってそれまで私が忿懣（ふんまん）やる方なかったというのではない。ただ私は、気がついてみると、この時はじめて、どのグループに入っても、最年長者になっていたのである。

ケンブリッジに着いてしばらくあと、東洋語学部のある教授のところへ、アラビア語とペルシャ語の、私の研究プランについて相談に行かせられた。彼はまず訊いた、「ここには何年間いるつもりかね？」。私は自分の研究員としての年限は一年かぎりです、と答えた。すると彼は笑いながら、「きみはアラビア語が一年間でものになると思ってるの？」と訊いた。「それにペルシャ語もです」と私は、きわめて元気よく答えた。これらの言語を幾分かでも知っているものなら誰にでもそうだろうが、この私の答えは、その教授にはあまりにも常識外れに思われたらしい。彼は即座に、そのような厚かましい計画でもって、アラビア語の教授をわずらわすのは論外だと明言したものだ。

さあ、どうしたものか？　困った事態が起きると、いつもそうするのが習慣になっていたけれど、この時も私は日本研究のほうに助けを求めた。すなわちその時には、具体的には、エリック・キーデルという日本語の教授に会いに行ったのだ。すると彼は、中国古典の権威グスターヴ・ハラウン教授のもとで勉強してはどうか、と言ってくれた。そして日本語を教えるほうも手伝ってくれるとありがたいのだが、ということであった。キーデルの提案はどちらも承認され、私は大いにそれを感謝したものだった。

戦争体験の直後にコロンビアで習った中国古典のクラスは、私には耐えがたいほど悠長に思われたけれど、私もそれから少しは大人になったのであろう。今度は午後おそくハラウン教授の指導のもとに、四、五人の学生とともに『荘子(そうし)』を読む授業が、とても楽しみになった。教室は避けて、教授の居間に集まり、私たちの気をそらすものとては、プルトーという名の猫と、長く引っぱるようなぜいぜい声を立ててから、やっと時を打つ喘息(ぜんそく)病みの箱時計(グランドファザー・クロック)だけという雰囲気の中で勉強するのも悪くはなかった。

私はその秋、ケンブリッジ大学で、初めて人に物を教えることを経験した。週に一回、三人の学部生相手に、日本語の会話を教えた。私はその時、ほとんど三年間も日本語を話していなかったので、私の日本語はかなりさびついていたはずだった。しかし練習しようにも、その当時のケンブリッジには、本物の日本人は、ただの一人もいなかったのだ。その三人の学生の中で、たった一人だけ、どんなレベルの日本語でも、実際にしゃべることが出来る者がいた。あとの二人は、その当時のケンブリッジ方式に従って（もっとも以後はもう長いこと行われていないが）、日本語の勉強を、十世紀に出来た『古今集』の「序」を読むことから始めた学生だった。イギリスで行われて来た古典の伝統的な勉強では、例えばラテン語やギリシャ語を学ぶために、しゃべる訓練はしないのが常套的なやり方だった。したがって現代の日本語ではなく、『古今集』の「序」を教材にして日本語の授業を始めるのは、完全にその伝統に適ったやり方だったのである。「序」の語彙はきわめて限られたものであり、漢字もあまり用いられていない。そして文法も、文句なしに規則的である。だから古典日本語をしっかりわがものにしてから、初めて学生は（二年目に）、現代の日本語に引き合わされる、という仕組みであった。

このやり方は、教授法という点からいうと、理に適っていた。しかし会話の授業としては、いうまでもなく、実に変てこなものとなった。時として学生は、平安時代の語句と、私、ないし誰か他の人からならった現代口語をまぜこぜに使ったからだ。まるで日本の学生が、英会話を、『ベーオウルフ』（八世紀末の英叙事詩）とヘミングウェイの言葉を、いっしょくたにして学んだようなものだった。その年、日本語の先生としては、私は大成功とはいえなかった。しかしそれにも拘らず、私の三人の学生のうち二人は、以後すぐれた業績をあげて、それぞれ「学問への道」を進んでいったのである。しかもその年も終わる頃、私は、ハラウン教授にケンブリッジの教員スタッフとして大学に残ってくれる気はないか、と訊かれたのである。

ケンブリッジに教師として残ってくれと頼まれた日がまさしくどんな日だったかを、私ははっきり憶えている。二月のイギリスでは、そうめったにおがめない、珍しく陽光に輝く日だった。トリカブトや待雪草(まつゆきそう)があちこちで花を咲かせ、春の到来を告げていた。私は頭をはっきりさせるために、散歩に出ていった。その時私は、あるアメリカの大学の、助教授の口を受諾していた。それは、かりにケンブリッジの職を受けるとしても、せいぜい期待出来る補助講師という地位よりも、はるかに高いものだった。おまけにアメリカの大学が出すという給料にしても、ケンブリッジの補助講師のそれのおよそ五倍。と物質的な点から見ると、その二つの職は、全く比べものにもならないくらいだった。といって私は、ケンブリッジを離れる気には、とてもなれなかった。

ケンブリッジとは、そもそも生きた伝統というものを、私に初めて知らせてくれたところだったのである。例えば、大昔の学生のやり方に従って、例のガウンを着るのが、初めのうちはどうにも奇妙でならなかった。そしてガウンを着ていないからというので、大学図書館に入るのを拒否され、腹が立ったことを憶えている。だが今やアメリカでは卒業式の時だけしか着用しないこの衣服も、そのうちに私の生活の一部分になって来たのだ。そして学部生たちがガウン（中にはボロボロに破れたのもある）を着て、チャペルや食堂に急ぐのを見たり、私の学寮の窓外に、そうした学生たちが砂利道を歩いていく靴音を聞くのが、好きになってきた。また夜になると、学内警官が、ガウンを着ていない学生はいないかと、通りを巡視しているのを目にするにつけて、私は依然として続いている伝統の感覚を、感じずにはおれなかった。これらの警官たちは、その権威のいわば拠り所として、およそ百年前に表装した、大学規程の写しを持ち歩いていた。といって、ガウンを着用していないところをつかまったところで、その学生に格別恐ろしい罰が待っているわけではなかった。ガウンを着用するというのは、義務というより、実は特権であって、だからそれを着用していないというのは、むしろ楽しい冒険だったのだ。したがって、「夜間登攀者（ナイト・クライマー）」についての、いろいろな伝説が出来上がっていた。つまり平気で学則を破って、夜遅く、ガウンも着ず、許可もなしに、壁や忍び返しのついた塀をよじ登って、学寮の自室に戻って来る連中のことである。

ホールと呼ばれていた学寮の食堂で食事をするのが、また楽しかった。しかし食事は、ひどいものだった。なかでもひどかったのは鯨肉だったと思うが、他の料理もそれに負けず劣らず不味（まず）かった。ところがそれが全部メニューには、優雅なフランス語で印刷してあったから面白い。第一、料理の種類というものが、きわめて少なかった。ある時私は、一週間のうち、ホールで食べた二十一回の食事のうち、十四回が、ニシンを主体にした料理だったことに気がついた(それから何年も経って、京都にいる時は、京都名物ニシンソバを初めて人にご馳走になった時、それがニシンと分かって鼻白んだのを憶えている)。しかしホール自体はすばらしい建物で、壁面には、コレッジ代々の学長の肖像が飾ってあった。それに私は、ハイテーブルに座ったコレッジの学監(ドン)たちが、毎夜食事前に称えるラテン語のお祈りを聴くのも、気に入っていた。

要するに、そうしたきびしい時代にあってさえ、私はケンブリッジに対する強い愛着心を、抱くようになっていたのだ。だからカリフォルニアの明るい陽光といえども、私をそれほど惹きつけることは出来なかった。私は二月のその日、散歩していて、さまざまなコレッジの建物が、これほどすばらしく見えたことはなかったように思えた。トリニティー・コレッジの図書館に入っていって、そこに展示してあるイギリスが生んだ偉人の半分もあろうかと思われる人たちの遺品を、私はつぶさに観察した。そして思った、「ここを去るわけにはいかない」と。そしてこの考えは、自分の学寮へと歩いて帰る途中、一つの動かしがたい信念となっていった。だからその晩、私を雇うことになっているアメリカの大学に手紙を書いて、そこで教えるという約束を解消してほしいと頼んだ。その時私は、それに続く私の人生を直接左右する、大決心をしていたのだ。すなわちケンブリッジで過ごした五年間である。

ケンブリッジでの一年目の記憶は、おもに建築や、雰囲気にかかわるものであった。黄色い霧が私の眼を刺す十一月の夜さえ、私には楽しかった。というのもそれが、ロンドンの霧について私が読んだ文学作品の描写を思い出させたからに他ならない。イギリスは、いかにも故郷へ帰って来た、という気持ちを私に味わわせてくれた。祖先がいた故郷という意味ではない。昔読んだなつかしいイギリス文学、という意味の故郷である。カッコーの声を初めて聞くこと、ナイチンゲールで有名な場所を訪れることなどは、ただ単に楽しいだけではなく、私自身とそうした鳥のことを歌った詩とのつながりを、創り出してくれたのである。

私はまた、私の新しい友だちが発音する、英語の響きも楽しんだ。最近では、地方訛りも受け入れられるようになったと聞いている。しかし私のいた時分には、自分の特権的地位にふさわしい言葉を話すことの出来ない学生は、その英語を直してくれる特別のスピーチ訓練学校へ通うようにすすめられたという。私自身も、出来るだけイギリス人のように話そうと努めた。これはそれほどむずかしいことではなかった。そしていかにも自身が、ケンブリッジに属しているかのように感じるようになった。しかし時としては、知り合いから次のような意地の悪い皮肉なコメントを聞かされるのが落ちであった、「きみみたいなアメリカ人が、英語をしゃべるって、どんな気持ちだね？」。

私が会った全部とはいわないが、幾人かのイギリス人は、寄ると触ると普通の会話の中に、アメリカ人についての不愉快なコメントをさしはさむのが常だった。初めのうちこそ、次のような馬鹿げた質問をされるのは腹立たしかった。「アメリカの大学では、皿洗いの研究にも博士号をくれるって?」。しかし次第に私も、こういう質問の中には、一般に親しみを表す感情以上のなにものも含まれていないことが分かった。映画でいやというほど見せられる、アメリカ生活の贅沢と英国人の生活の質素さとの対照は、「英国よ統治せよ(ルール・ブリタニア)」の旋律を聞いて育ったイギリス人には、さぞかししゃくの種であっただろう。また学者たちのアメリカへの「頭脳流出」現象も、明らかに二国間の経済的関係の変化を、改めて思い出させるきっかけとなったのにちがいない。頭に来ないはずはないのである。しかし、そうした一時的ないらだちよりも、イギリス人の親切さのほうが、はるかに長く、私の記憶には残っている。

一九四八年の冬休み中、コレッジの中の私の部屋がすべて試験のために使われるというので、ヨーロッパへ来る時の船で知り合った幾人かの友だちを頼って、ローマを訪れることにした。私はケンブリッジにいる時に、『国性爺合戦』についての博士論文を書き上げていたので、それを休み中に、ローマに行ったらタイプで打ち直すことに決めていたのだ。しかし初めに、私はパリへ行った。それから今度は、ミラノ行きの夜行列車に乗った。列車の客室は人いきれでムッとしていた。そこで私は、ミラノ駅に停車中の時間を利用して、新鮮な空気を吸ってやろうと思った。客室の相客に、私が席を外している間、悪いけれど私のスーツケースとタイプライターを見ていてくれるように頼んだ。そしてプラットフォームを、多分五分くらい、パッパッと元気よく歩いた。客室に帰ってみると、男もいなければタイプライターもなかった。「信じられない！」と私は思った。これはきっと悪夢で、しばらくすると目が醒めるんだと思った。私は警察へ行って、拙(つたな)いイタリア語で、起こったことについて説明した。まだ駅の構内にいるはずだから、一刻も早くその男を探してくれとせき立てた。しかし警官は私のお人好しを笑うだけで、調書記入を完了しなさい、の一点ばり。父の名前、母の名前、祖父、祖母の名前、父の職業、等々。この時私は、もう狂乱状態だったが、といってこの際私に出来ることは、全くなにもなかったのだ。

私はもう二度と再び、博士論文の原稿を見ることがなかった。私はイタリアで買った少しばかりの衣類の他、なにも持たずにケンブリッジに戻って行った。この災難で、私はすっかり動転していた。ところがこの災難のおかげで、イギリスで最も大切な友を作ることが出来たのである。

## ディキンズ夫人

私がケンブリッジへ戻った時、クリスマス休暇はまだ終わっていなかった。したがってコレッジの中は、閑古鳥が鳴いていた。私は会う人ごとに、ミラノで私を襲った大災難のことを話した。そしてそれは、私の挫折感を幾分なりとも軽減するための、ただ一つの方法のように思われた。みなの反応には、心温まるものがあった。ある人は、休み中は空室になっていた暖かくて気持ちのいい部屋を、私が泊まれるように手配してくれ、またある人は、どこからかタイプライターを見つけて来て、これで盗まれた博士論文を書き直したら？ と言ってくれた。その時ケンブリッジにいたごく少数の友人のうちのウィリアム・ディキンズは、コオパス・クリスティー・コレッジの学監(ドン)の息子だった。そして彼の母親が、私への同情の表現として、ある日私を昼食に招待してくれた。ところがこの招待は、次の日も、またその次もというふうに、休み明け、コレッジの食堂がいよいよ機能し出す日まで続いたのだった。

食糧配給制度下にあった時代に、客を食事に招ぶことは、並大抵の好意ではなかった。私は感謝の気持ちでいっぱいであった。それだけではない。ディキンズ夫人は、以後私の親友の一人になり、その関係は彼女の死まで続いた。彼女は、大英文学者ハーバート・グリアスン卿の五人娘の長女であった。そして彼女の妹たちは、いずれも格別に興味深い女性で、それぞれ（年齢順にいくと）オックスフォード、ハーグ、ニューヨーク、そしてパリに住んでいた。なにしろ彼女らは、一種の速記術式の伝達手段として、いろいろな詩の断片が用いられるような家庭に育っていたのだ。つまりだれかが引用した詩句が、目下進行中の状況に妥当なことが、すぐパッと分かることが前提だった。正直いって、私は、時々彼女らの使う引用の出典が分からないことがあった。しかしそんなことは、実はどうでもよかった。なにしろ考えがあまりにも次々と湧き出てくるので、それを表現するのにありきたりの散文では間に合わないというような人たちと話し合うこと自体が、まことに心躍ることだったからだ。

ディキンズ夫人のいわば「偉業」の一つに、料理の達人ということがあった。料理の仕方をだれも知らないからという理由で、配給食糧の中には入っていないような材料（例えば羊の頭）を用いた、実においしい料理の作り方を、彼女は知っていたのだ。ずっと後年になって、彼女が自活することを決心した時、料理人としての彼女の腕前は、次第により上のレベルの雇い主から認められて、最後にはバルモラル城の王室付き料理人にまでなったというから驚いてしまう。

互いに話し合ったいろいろな話題の中で、彼女が自分に一番近しく感じていた分野は、どうやら絵画のようであった。時々私たちは、いっしょに画廊に出かけたことがあった。一度にただの一作か二作だけを見て、他の作品を無視するのが、彼女のやり方だった。その代わり、それぞれの作品の前に立ち止まって、これで納得出来たという時まで、そこを離れなかった。単に装飾的な絵には、興味を払わなかった。その作品が彼女に直接話しかけてこない限り、彼女はすぐ次の作品に移っていった。いつだったかニューヨークのフリック・コレクションをいっしょに観に行ったことがあった。そこで彼女は、エル・グレコの、あの偉大な聖ヒエロニムス像に、熱心に見入っていた。そしてその時初めて、彼女は、グレコがあの肖像の中でなにを表現したかったのか、ということについての、自分の観察の結果を、私に語ってくれたのであった。またメトロポリタン美術館では、ゴヤのある絵の前で立ち止まったことがあった。その絵の中では、バルコニーに二人の女性が腰かけて、なにやら下の光景を見て、笑いかけていた。そして三番目の人物、黒っぽい服を着た男が、わきを向いていた。ディキンズ夫人は、本能的にこれは女たちが、下で行われている処刑を見物している所だ、と感じたという。果たしてゴヤが、本当にそのような意図をもって描いたのかどうか、私にはよく分からない。しかしこの解釈は、大変納得がいくのである。

「友だち」を定義する一つの基準は、その人とならいつも話すことがあるような人物だと、私は思う。このことはディキンズ夫人には、ぴったりと当てはまった。一年目はコレッジで寝起きしたが、そのあと二年間は、彼女の家を宿にさせて貰った。そして食事の時には毎日顔を突き合わせているのに、まだ時間が足りないと思えたほど、私たちは、しゃべりたいことで頭がいっぱいであった。

ケンブリッジの友人たちのおかげで、その春、私はなんとか博士論文をもう一度書くことが出来た。私が失くした古いのと、今度の新しいのを、二つとも読んでくれたある友だちは、新しい方がずっといいと言ってくれた。きっと彼は、ただ私を慰めようという親切心からそう言ったのだろう。しかしこの賛辞よりも論文を盗まれたために生まれたディキンズ夫人との友情のほうが、私にとっては、はるかに大切なものであった。ということになると、私はミラノの泥棒には、本当はお礼を言わねばならなかったのかもしれない。

## バートランド・ラッセル卿

ケンブリッジで過ごした一年目、その間に他にもいろいろ知己が出来たが、中にバートランド・ラッセル卿がいた。この年は、彼がケンブリッジで教えた最後の年であった。彼の近代哲学の講義には、大変な数の聴衆が詰めかけた。みな将来いつの日か、自分の子供たちに、ラッセルという偉大な人の講義を実際に聴いたんだよ、と語るつもりだったにちがいない。私は、その学期の最初の講義のあと、数年前に出版されていた彼の『西洋哲学の歴史』という書物にサインをして貰おうと、彼のところへ行った。それぞれサインして貰いたい本を抱えて並んでいる、かなり長い行列が出来たが、どういうわけか、私がその列の先頭らしかった。というのでラッセル卿は、私のペンを使って、ついでに全部の人のサインをしてしまうことになった。最後の人が行ってしまうと、ラッセル卿は、私を待たせていたことに気づいて詫びをいうと、これからいっしょにビールでもどうだね？ と私を誘うのだった。

私がその誘いを大喜びで受けたことは、いうまでもない。そこで私たちは、近くの店に入って、彼がトリニティー・コレッジの夕食会に行くまでの一時間ばかり、いっしょにビールを飲んだ。その時私たちがどんな話をしたのか、残念ながら憶えてはいない。しかし、ビールを飲み終えたあと、ラッセル卿が、私に向かって、正確ではないが、なにか次のようなことを言った時、私はもう天にも舞い上がらんばかりであった。「きみ、きみといっしょにいるのは楽しいよ。どう、今学期中、講義のあと、いつもいっしょにビールを飲まないか」。そしてそれはその通りになったのである。講義室から、そこで飲むことになっているホテルまで私が歩いていくのを見た友人たちは、口を揃えていったものだ、「こんなに嬉しそうな顔をした人間、見たことないよ」と。

では、それほど私を有頂天にさせたものはなんだったのだろう？ もちろん、あの偉大な学者が、たくさんの聴衆の中から、飲み相手としてこの私を選んでくれたこと自体、私の自尊心を大いにくすぐったものである。しかし実は、もっとそれ以上のものがあったのだ。バートランド・ラッセルは、十八世紀の英文学を私に想い起こさせるような発音と、精密きわまる言葉の選択をしながら、英語をしゃべった。また彼は、私に対して本当に関心を持っているかのように、いろいろ詳しく私のことを訊いたものだった。そしてなにかについて私が質問すると、まるでそれが真に考察に価する質問であるかのように、真剣に考えてくれた。それから、私のことに幻滅して貰いたくない一心で、私があることについて知っているかのようなふりをしていると、彼はすぐにそれを見破った。例えば、ある時彼はこう訊いて来た。「きみ、『ヘンリー五世』の出だしの言葉、憶えてるね？」「もちろん」と私は答えたが、私の頭の中にはなにもない。この戯曲は数回読んだことがあったし、ローレンス・オリヴィエによる映画化は、私が大好きな映画の一つだ。しかし私はこの芝居が、カンタベリー大司教が、ヘンリー五世のフランス侵攻を援（たす）けることによって、教会領地を救おうと企んでいるところから始まること、これがどうしても思い出せないのだった。ラッセル卿は、ちょっと微笑しながら言ったものだ、「どうやら『ヘンリー五世』の出だしのところ、知らないらしいね」。

　どうしてあの頃日記を付けなかったのか、どうしてせめてメモみたいなものにでも、私たちの会話の大略を、書き留めて置かなかったか！　本当に残念でならない。しかし私は、自分の記憶力に、常に絶大の自信を持っていたので、こんなに深い悦びを与えてくれた会話の内容を、将来忘れてしまうことがあるなぞ、その時は、全く思ってもみなかったのである。しかし偶然、ラッセル卿との会話を一つだけメモした記録がどこかに残っている。ある時彼は、許（シュー）というある中国人の学生の話をしてくれたが、その学生の中国での先生は、中国古典についてのその非凡な知識と、いまだかつて風呂というものに入ったことがないという二つの点で、大変な偉物（えらぶつ）とされていた。その先生がとうとう死んだ時、家族のものは、葬式の前に風呂に入れてきれいにしたほうがよかろうと思った。だが、許がそれに反対した。「だめ、だめ、まるごと埋めるんだ！」。

もう一つ、まだいきいきと、私の念頭に残っている会話がある。ラッセル卿が思うところによると、世界の永続的平和にとって、最大の危険はスターリンの存在だ。だからまだ原爆を独占できるアメリカが、そのスターリンを吹っ飛ばすために、ソ連に対してそれを使うべきだと。この会話を人にすると、たいていの人が、そんな話は信じられないという。ラッセル卿は、ソ連との平和共存の、情熱的主唱者として有名だ。そしてあの有名なスローガン「死（デッド）ぬより赤（レッド）のほうがまし！」の作者だとさえ目されている。だから彼がそのような言い方をするなど、到底あり得ないことは、私自身よく分かっている。しかし彼が言ったことは、明らかにその通りだったのである。

## 作家フォースターとオペラ

ケンブリッジでの第一年目に会った、もう一人の有名作家は、E・M・フォースターだった。私は彼が書いたたいていの作品は、アメリカを出る前に読んでいた。そして私の旧師で、フォースターの研究でも知られている評論家のライオネル・トリリングに、紹介状を書いて下さい、と頼んだ。そしてフォースター氏に、その紹介状を同封して、手紙を送っておいた。ある夕方、同僚とお茶を喫んでいたところへ、ドアをノックするものがあり、フォースターが入って来た。私は彼に私の友だちを紹介したが、彼はキングズ・コレッジのメンバーだった。その時フォースターは、確か「同じ穴のムジナだね」というような意味のことを言ったと思う。そしていつ、どこで会うかを決めてから、彼は立ち去った。「あれはだれ？」と私の友だちは訊いた。どちらかというとおずおずと、私の部屋に入って来た、とてもやさしそうな男が、あの世界的に名の聞こえた小説家だったとは、彼は夢にも思わなかったのだ。

私はその年と、その次の年、フォースターとは時々会った。彼は、日本語の教師とでは会話の種が尽きると困ると思ったのか、いつもいろいろな国籍のアジア人を、私の相手に招いてあった。だが偶然、私たちは、それこそ情熱を傾けて話し合えるという、ある共通の話題を、ついに見つけることが出来た。私たちが共に愛していたオペラだ。

コロンビア大学の学部生の頃、私はメトロポリタン・オペラの入場券を買うために、一生懸命お金を貯めたものだった。私の席は、最上階バルコニーの一番後列で、オペラ・グラスの助けを借りても、舞台の歌手は、虫くらいにしか見えないのだった。だがなんというすごい歌手たちだったことだろう！　その頃は、メトロポリタン劇場におけるワグナー公演の黄金時代。私は、キルステン・フラグスタート、ラウリッツ・メルヒオール、ロッテ・レーマン、ケルスティン・トールボリ、ヘルベルト・ヤンセン、アレクサンダー・キプニスなどによる、まさに忘れがたい公演を、いくつも聴いたことがある。こういうことをいうと、私のことをノスタルジーのかたまりだといって笑うものがある。そういう人は、こうした伝説的歌手の歌を収めたCDが今や入手出来るから、どうか実際に聴いて貰いたい。

しかしフォースター氏は、ワグナーよりは、ヴェルディーのほうに、もっと興味を持っていた。その頃ロンドンで公演されていた『運命の力』のことを、彼は熱狂的に語った。戦争終結直後の数年は、おもに英語の歌詞(六月の国際シーズン特別番組の時以外)で歌われたが、ロンドンでオペラを聴くには最高の時だった。私はエリザベート・シュワルツコフが(英語で)『ラ・トラヴィアタ』を、ヴィクトリア・デ・ロス・アンヘレスが『マノン』を歌うのを聴いたことがある。そしてもう一つ思い出すのは、『ボリス・ゴドノフ』のすばらしい公演。ボリス・クリストフがロシア語で歌い、他の歌手はすべて英語で歌ったから、なんとも妙な対話になったけれども。それからサルヴァドル・ダリの衣装及び舞台装置による、あの批評が賛否両論に分かれた――『サロメ』のリューバ・ヴェリッチ。聴いたものは死ぬまで忘れないだろうという歌いぶりだったが、舞台の歌手はみな鳥のコスチュームを着け、最後にはセット全体が巨大な孔雀に変身したものだった。私を夢中にさせた音楽は、必ずしもオペラだけではなかった。私はとくにロイヤル・アルバート・ホールで行われたコンサートを憶えている。あの時は、キルスティン・フラグスタートが歌って、リヒアルト・シュトラウスの『四つの最後の歌』の、世界初演を飾ったものであった。

私は時々、あなたの趣味（ホビー）はなんですか？　と訊かれる。もし私が、日本文学を愛しながら、同時に、例えば水上スキーとか、蝶の採集とかをしていたなら、それはもっと面白かったかもしれない。ところがおあいにくさま、ホビーに一番近いものといえば、私の場合、それは音楽への愛、とくにオペラ音楽への愛であろう。一日に一度でも音楽を聴かない日は、私にとっては、まことに荒涼の一日なのである。その半面、若者にあれほど大きな悦びを与えているロック音楽とか（それに類する音楽）は、全く好きになれない。時々、ひょっとしたら自分はスノッブではないかと疑うこともある。そしてわざと嫌いな音楽を、無理に聴いてみようとしたこともあった。けれども事態はいっこうに変わらない。どうやら人は、自分の趣味で打ち樹てた規則に違反するのに比べると、社会が私たちの上に課した規則を破るほうが、はるかに易しいのである。

## お手本アーサー・ウエーリ

まだアメリカを出る前から、イギリスへ行ったら、どうしても会いたい、と思っていた人物、それは他ならぬアーサー・ウエーリだった。彼の日本文学や中国文学の翻訳は、私自身が日本語、中国語を習う過程において、長い間私の霊感として、常に私を刺激してくれた。私は今でも、彼の *More Translations from the Chinese*（『続中国詩選』）を、中国語の原文ごと、私が自分で骨折りながら（しかしぎこちなく）筆写したものを、どこかに持っているはずだ。ちょうどその頃、私は暗闇の中を、光明、すなわちウエーリに向かって、手探りで進んでいたのだ。私はかなりの期間、（自分の限界を悟るまでは）中国と日本と、両方の学者としてのウエーリを、自分のお手本にしようと思っていた。しかし彼の中国語の翻訳には、感心のしっぱなしで、ものによっては暗記してしまったくらいだったけれども、例えば、彼の仕事の中で一番面白いという人もある中国の有名な物語『西遊記』（ウエーリ訳は *Monkey*）を、私はどうしても最後まで読み通すことが出来なかった。これでは自分は、ウエーリの半分にしかなれないように出来ているんだな、と思い知らされたことであった。

私は、ウエーリが日本語から訳したものの方が好きだった。彼自身、中国のものより、日本文学のほうが気に入っているはずだ、ということを、私は自分に思い込ませようとしたこともあった。彼はいつか私にいってくれたことがある。*The Pillow-Book Of Sei Shōnagon*（『清少納言の枕草子』）は、抄訳ではあるが、彼の訳したものでは、会心の作であったと。特に私は、彼の『源氏物語』の英訳 *The Tale of Genji* には、深い感動を受けた。

千年も昔のテキストをすばらしい英語で再現した、翻訳文学の、これは傑作である。私は原作のほうを、戦争中にハワイ大学で読もうとしたことがあった。そして難解きわまる原文に取り組んだ、この苦しい体験のおかげで、私はウエーリの仕事を、新しい感嘆、いや畏怖の念さえこめて、見るようになったのである。

アメリカを発つ前、ウエーリは大英博物館で働いている、とだれかに教えられていた。しかしこの仕事は、もう何年も前から辞めていたので、そこへ会いに行っても仕方がなかった。どうしたら会えようか、と迷っている矢先に、一九四九年の一月に彼がケンブリッジに来て講演をするということを耳にした。そこで私は、すぐ手紙を書いて、彼をお茶に招待した。私はだれの紹介状も持っていなかった。だからあえてこの招待状を彼に出す勇気が出たのは、ひたすら彼に会いたいという、巌をも貫く矢のような一心からであった。ウエーリは、葉書で返事をくれたが、メッセージは上の方に、手書きの小さな字で、講演が終わったら自分で名乗り出てくれ、と書かれていた。

その日の午後、私は部屋で、ワグナーの歌劇の、ドイツからの放送を聴いていた。するとだれかが、入り口のドアをノックした。「どうぞ！」と私は、ぞんざいな声で怒鳴った。すると、ある見知らぬ人物が入って来て、「ウエーリ博士です」というではないか！　私は大あわてでラジオのスイッチを切ると、吃りながら、今、ちょっと勉強していましたので、とかなんとか、言い訳をしたものだ。そのあとでウエーリと話した人物から聞いたのだが、ウエーリは、アメリカのジャズががんがん鳴ってる中で勉強出来る男がいるなんて、本当に驚いた、と言ったそうである。そこで私は、彼が私に悪い印象を持っただろうと思って、しょげてしまったものだ。そんな不粋な習慣を持った人間なぞ、きっと真面目に相手にしてくれないだろう、と思ったのである。しかしこれはあとで気がついたことだったが、ひょっとしたら奇人収集家として聞こえているこの偉大な人物に、一人の知己として私が受け入れられたのは、ジャズががんがん鳴る中でしか勉強できないおかしなアメリカ人としてではなかったろうか。

この夜の講演の演題は、アイヌの叙事詩『クツネ・シルカ』(『虎杖丸(いたどりまる)の曲』)だった。アイヌについては、私は全くの無知であった。しかしウエーリが訳した詩は、繊細で、きわめて美しかった。彼は、時々その詩についてのコメントをさしはさみながら、ちょっと調子の高い声で朗読した。そして明らかに彼はこの叙事詩に首ったけであった。彼にとって新しい言語を学ぶことは、もはや易しくはない年齢に達していたのに、もう一つの詩的世界を発見しようとして、彼はアイヌの言葉に挑戦したのである。

続く数年間、私はロンドンで、ウエーリをしばしばたずねた。ウエーリに会っても、ちっとも口を利いてくれない、といってこぼす人も少なくない。しかし私は、彼と話すのに、その不満は少しも持ったことがない。時として私たちは、彼の部屋に座って、日暮れが訪れ、もうお互いの顔も見えなくなるまで、話し合ったものである。

## 日本語と朝鮮語の教師に

ケンブリッジでの私の教職も、いよいよ軌道に乗って来たが、間もなく、ポンドの価値が三分の一に下がってしまった。ドルに換算してもささやかな私のサラリーは、私の生命を維持して行くにも足りない、ということになり、アメリカにいる私の家族や友人を、驚かせ、あわてさせたものだった。しかし実際問題として、その頃私が、経済的不如意のために、格別辛い思いをしたという記憶はない。食べ物は、どんなものであれ、すべてファージング、すなわち一ペニーの四分の一に算定された値段で、配給されていた。レストランで食べる食事でも、贅沢な所なら、テーブルの上の花といった、余計な物に金を取ったかもしれない。だが普通、五シリングを超えることはなかった。芝居や音楽会の切符は、まだ安かったから、しょっちゅう行くことが出来た。ケンブリッジにいる間に、闇市の存在について、私は耳にしたこともなかった。もっともこの学問の府は、イギリスでも一種の別天地だったのかもしれないけれど。これは切り詰めなければいけないぞ、と痛感させられたのは、休暇中、外国を訪れた時だった。外貨所持の上限は、一人につき年に二十五ポンド。私が一番行きたいと思っていたフランス、スペイン、イタリアなどへは、とうてい行ける金ではなかった。それにしても、休暇の時はたいてい、私は法律を破ることなく、なんとか外国へ行ったものである。

私の授業は、二、三人の学生と、主として日本の古典文学を読むことから成り立っていた。読んだテキストで憶えているのは二つだけ――『方丈記』（これは以後コロンビアの学生と三十年間読むことになる）、そして『古事記』（これはそれ以来読んだことがない）であった。教師としての私の危機は、ケンブリッジで教え出して二年目にやってきた。もし私が準講師から正講師に昇進したいと思えば、日本語の他に、もう一つ東洋の言語を（日本語と抱き合わせで）教えなければならない、と当局が言い出したのだ。そこで私は、中国語ならば、日本語と同じくらい長く勉強している、だから中国語ではどうだろう、と答えた。すると当局が言うには、中国語を教えても、それは（ヘブライ語がそのモデルなのだが）、伝統的に他のどんな言語とも「抱き合わせる」ことが出来ないのだと。だから、他になにかきみが教えることの出来る東洋語はないだろうか？　しばらく考えてから私は答えた。戦争中に少しばかり朝鮮語を習いました。おもに捕虜からですけれど、と。「それはすばらしい！」というのがむこうの答えだった。「朝鮮語だけ勉強しようという人間はいないだろう。朝鮮語なら日本語とよく合う。アラビア語とペルシャ語がよく合うようにね」。というわけで、私は日本語と朝鮮語の講師になったのだ。その次の夏、朝鮮戦争が勃発した。そして秋に開講した時、私の朝鮮語の授業には、七人の学生が登録していた。だがたいていの学生が、私よりも年上であった。

私は朝鮮語というものを、事実上なにも知らないということを認めることが、なかなか出来なかった。そこで、役に立ちそうな一冊の本、あるフィンランド人の学者が書いた朝鮮語文法の教科書を熟読した。さらに私は戦争中に手に入れた朝鮮語—日本語辞典を持っていた。私たちが読んだテキストは、あるアメリカの大学で編まれたものだが、それには、いわゆる教授の手引というものがなにも付いていなかった。私の学生がした質問には、なかなか鋭いものがあり、それぞれが、まるで私の貧弱な自信の屋台骨を揺るがせるために、考え出されたかのように思えた。またある動詞の語尾、あるいは助詞の意味といった私には全く分からないことを訊かれた時、私はしばしば、もうやけくそで「それはただの意味のない音だよ」という、はなはだ便利な答えに助けを求めた。その年をどうやって切り抜けたのか、私は本当に分からない。それでも私の学生の中の一人は、そのまま立派な朝鮮語の学者に成長したのだという。したがって今、私は、私こそ大英帝国における朝鮮研究の父なのだが、と（時々）思うのである。

その他には、私の博士論文『国性爺合戦』の出版準備で多忙だった。明くる年は、私の修士論文を大幅にふくらませた版、これは『日本人の西洋発見』というタイトルで出版した。私はまさにその時、そこで、毎年一冊の本を出版することに決めたのだ。ところがその決心も、年ごとに、実現困難になってきた。

私の最初の本『国性爺合戦』は、一九五一年に出版された。私はちょうどその時、東洋学者会議出席のためにイスタンブールにいた。そしてケンブリッジの町の書店のショーウインドーに、私の本が並んでいることを空想して、心はもうイギリスに飛んでいた。ところが私の本は、ケンブリッジはおろか、ついにどこの町のどの書店のウインドーにも、飾られたことはなかったのだ。しかも書店で売られている私の本を、一冊も目にしたおぼえがない。本はいくつかの専門家の研究誌で、書評には取り上げられた。けれど、そのあとは、あの「人目に触れぬ書物」という、深淵の中へと落ち込んでゆくに任されたのである。いうまでもなくたくさんの若い学者が、今までも同じ経験をして来ている。しかし（折角途方もない努力と時間を費やして）作ったのに、その本を読みたい人がだれもいないというショックに対して、それではどうしろということも出来なければ、慰めてくれることも出来ないのである。この経験のあと、もう本なんか金輪際書かないぞ、となぜ決断しなかったのか、今思うとむしろ不思議である。しかしおそらく、（今は忘れてしまったが）「不屈の精神」が私を駆りたてて、今度こそ本当に広く読まれて、尊敬を受けるような本を書こうとさせたのにちがいない。

私の二番目の本『日本人の西洋発見』は、十八世紀の日本人がヨーロッパに対して表した関心についての研究であった。その当時、彼らに許された西洋への通路は、長崎・出島のオランダ商館に限られていた。ところで日本人がオランダ語（に限らずどんなヨーロッパ語でも）を、本が読める程度にまで学ぶのは、きわめてむずかしいことであった。

文法書はおろか、通詞が作った粗雑な単語表の他には、辞書もなかった時代である。とはいえ、蘭学者たちの旺盛な知的好奇心は、ヨーロッパ文明の成果を手に入れるためになによりも必要な言語、それを学ぶためにはどんなに大きな努力でも払うよう、彼らを駆りたてたのである。

　こうした蘭学者への私の最初の関心は、初めは恩師角田柳作の講義を聴いて起こったものだった。だがさらに、自分自身の文化には見出し得ない何物かを手に入れるため、むずかしい言語を学んで、私もまさに彼らと同じことをやっているのだ、という感情に、それは養われていたのだ。しかし蘭学者に比べると、私のほうがはるかにやり易かったことはいうまでもない。私には優秀な教師を持っている、という利点があった。辞書も多かったし、短いけれども日本に滞在することさえ出来たのだ。ところがオランダ及びその他のヨーロッパに関する蘭学者の知識は、たまたま日本まで将来されていた書物からか、あるいは年に一度、江戸城を訪れる長崎オランダ商館員との接触から、少しずつ拾い集めなければならなかった。

　まだ私がニューヨークにいた時、インドネシアがオランダ領だった当時、オランダ語をものにしたインドネシア人の友人といっしょに、オランダ語の勉強を始めたことがあった。また後年になって、出島の「商館（ファクトリー）」の記録が保管されているという、ハーグの公文書館を調べることも出来た。いまでは、オランダ語（昔読むことが出来たいくつかの他の外国語と同様）を、ほとんど忘れてしまったけれど、私より前に、他の学者の眼に触れたことなどなかろうと思われるハーグの資料を、いろいろ調べてみるのは、まことに楽しいことであった。

しかしもし私の前にだれか調べたことがあったとすれば、それは間違いなく、*Jan Compagnie in Japan, 1600～1817*（『日本におけるヤン商会　一六〇〇―一八一七』）という、蘭学者についての先駆的書物を書いたチャールズ・ボクサー教授だったはずである。彼は陸軍士官になりたての頃に、すでに十七世紀の歴史に興味を持つようになったが、その時代の研究には必須の言語、オランダ語とポルトガル語とを学んだ。二つとも、他の国の学者が見逃していた言語である。私が彼を知った初めの頃、彼はロンドン大学で、ポルトガル語のカモンイス教授という地位にあった。私は自分の研究について彼に手紙を書いたが、彼は親切にも役に立ちそうな本を、いろいろ教えてくれた。またある週末には、ドーセット州にある彼の家に招かれたこともあった。そしてこの旅行は、私にとって忘れ難い経験となった。

ドーセットのボクサー教授の邸は、エドワード朝時代の巨大な遺品といえた。石油配給時代の当時のことで、全館を暖めるには、邸はあまりにも大きすぎた。実際に使われていたのは、百かそれ以上もある部屋の中の、ほんのわずかばかりであった。その部屋の一つには、ボクサー教授の蔵書が収められていたが、それらはおもに十七世紀の大きな二つ折り版（フォリオ）の本であった。彼の妻は、エミリー・ハーンという結婚前の名で出していた本で私にも馴染みがあったが、彼女は見つけ得るかぎりの最も小さな本を収集することによって、夫に「報復」しようとしていた。この家にいる者に対しては、ある種の行動上のルールが強要されていて、客人はそれらに従うことが期待されていた。その一つは、食事中の会話は、禁物であった。食事に集中することに気が進まないという者には、本や雑誌があてがわれた。といってボクサー家は、格別典型的にイギリス的というのでもなかった。第一ボクサー夫人は、アメリカ人だった。しかし、あとで分かったことだが、イギリスの田舎の邸宅（カントリー・ハウス）での週末は、普通、客にとっては確かに「挑戦的」であった（私を徹底的に面食らわせたのは、午後の四時にある所へ着いたとたんに、「さあ、手をお洗い（ウオッシング・アップ）になりたいでしょ。夕食は七時半ですから」。本当に三時間半も、「手を洗って（ウオッシング・アップ）」時間を過ごせというつもりだったのだろうか?）。

沈黙の食事が終わると、ボクサー教授は、彼のすばらしい蔵書の間を、私を連れてさまよい歩くのだった。書物は、私が当時調べていたと同じ時代の、日欧関係にかかわるものが多かった。また彼のコレクションの中には、蘭学者による日本語の書物も含まれていて、その中には、私が後年『日本人の西洋発見』を出版した時に使わせて貰った挿絵の入っている本もあった。日本人があらゆる点で外の世界との接触を絶っていたあの孤立の時代に、彼らが、ヨーロッパでなされていた科学的発見についてなんとか学びおおせたこと、またある者は、例えば、本で読んだ電気の実験を再現しようとさえしたことを思い出す時、私は今も大きな感銘を受けるのである。蘭学者たちは、日本語を書くのに必要な何千という漢字や仮名文字とちがって、ただの二十六文字でもってヨーロッパ言語のどんな語でも表現出来る、アルファベットの実用性について感心している。また画家司馬江漢のように、遠近法や陰影法によって開かれた芸術の新しい可能性に、強く興味をそそられた人物もいたのである。そして彼は、そうした新しい技法を用いて、江戸内外の風景を描いている。中でも蘭学者たちに感銘を与えたのは、彼らの芸術上の秘伝を、選ばれた弟子たち、あるいはたっぷり礼金を納めた者たちにのみ与える日本人の伝統的なやり方とちがって、ヨーロッパ人が、自分たちの発見や新奇な技法を、平気で公表したことであった。

ボクサー夫人の集めた本が、どんな性格のものだったか、私はよく憶えていない。しかし彼女の会話は、まことに魅惑的なものであった。彼女との会話は、いつも驚きから始まった。彼女が葉巻を吸うことは以前から聞いていたので、夕食後のおしゃべりの序曲として、彼女が葉巻に火をつけても、格別驚くことはないはずだった。けれどもやはり私は驚いた。それよりもさらに驚いたのは、彼女の会話の内容だった。一つのトピックを語り出す時の典型的な出だしは、大体次のような調子だった。「わたしが乗り込んだのは、ベルギーの兵員輸送船——行き先はコンゴでした……」。彼女はまた、そもそも香港で、自分と現在の夫とが、彼女がまだ中国人と結婚していた時、いったいどういうふうにして会ったかを説明してくれたものだ。しばらくして香港が日本軍の手に落ちた時、チャールズ・ボクサーは、日本軍に抑留された。だが当時中国人の妻だった彼女は、抑留を免れただけではなく、彼に会いに収容所をたずねることも出来たのだという。日本人の看守たちも、愛を前にしては、常のきびしさを忘れたというわけか。

彼女の話の内容は、私はもうほとんど忘れてしまっている。そして憶えている話は、その後彼女が出版した本によって、いくらかふくらんでいるかもしれない。しかし私は、自分のとてつもない体験について語るエミリー・ハーンの、淡々とした語り口に、強い刺激を受けたことであった。

## 日本文学についての連続講義

ケンブリッジでの私の生活は、ほとんどすべての面で、学者にとっては理想的な生活だった。教える量は少なく、休日にしても、トータルしてみると、年に六カ月を超えた。大学図書館にある日本関係の書物も、初めはアストンその他の日本研究の先駆的学者が図書館に寄付した、徳川時代の稀覯本に限られていたが、もうその頃は、以後に出版された新しい本を購入することによって、冊数も増えており、私の必要を十分充たしてくれた。私は、ケンブリッジにはディキンズ夫人のような友だちを持ち、イングランドの他の地域にも、幾人か、親しい友を持っていた。よい友だちは、フランスやスペインにもいて、彼らのおかげで、外貨持ち出し制限でふつうに滞在できる期間より、はるかに長い間、そうした国に滞在することが出来るようになった。そしてどれほど自分が運がいいかを、よく承知していた。ところが、それでもなお、時としてなにやら不満な感情が起こり、気分が滅入ることがあった。

多分私の不満のおもな原因は、教師としての私の仕事に満足感が持てなかったことではなかったろうか。朝鮮戦争勃発の興奮は、私の朝鮮語授業のクラスを、私がケンブリッジでかつて教えた最大のクラスにしてくれはしたけれど、それも初めのうちだけで、間もなく風船玉のようにしぼんでしまい、前のように、一人ないし二人だけのクラスに、また戻っていった。しかしもしこの学生たちが、文句なしに第一流の学生だったとしたならば、彼らは私を鼓吹し、学問の燈（ともしび）を後進に伝えるという、教師の果たすべき正しく伝統的な役割を、私が果たしていることを確信させてくれたかもしれない。この学生たちは、確かに気持ちのいい、頭も切れる学生ではあった。しかしずば抜けているとはいえなかったのだ。それにたった二人の相手に、普通の講義をするというのも、まことにげんなりすることであった。日本研究に心身を捧げている学者のご多分に洩れず、私も自分自身の中に一人の煽動家を抱えていた。つまり私の日本文学への熱中を、他に伝えたかったのである。したがって学生は、多ければ多いほどよかった。そしてこの二人の学生は、遺憾ながら私のめがねに適わなかったのだ。

書物に対する一般の関心がきわめて低いこと、これもまた気が滅入ることであった。私は、私の最初の出版物『国性爺合戦』を出した出版社から手紙を受け取ったが、その趣旨は、現在の売れ行きで計算すると、総数一千部をすっかり売り尽くすまでには、七十二年の年数を必要とするだろう、というものだった。『日本人の西洋発見』はもっと売れたはずだが、大学の中でそれを実際に読んだという人には、私は一人も出会ったことがなかった（学問研究の世界では、これが普通のことだということを、その当時私は知らなかったのだ）。ケンブリッジとその伝統には、私はまだまだ首ったけだった。けれどもその半面、ここに長居すれば、私が知っているある種の学者のようになるのではないか、という心配もあった。すなわち、三十前に才気溢れる本を出して、あとはいっこうに鳴かず飛ばず、というタイプである。私は、学者に向かって、今やっていらっしゃるお仕事はなんですか、といった（アメリカならば習慣的にやっていた）質問は、むしろしないほうがいいことを学んだ。

「私はちゃんと本を書きましたよ」といった答えが返って来るのを、恐れたからだ。

再び言うけれども、私は学寮（コーパス）のハイ・テーブルで、学監（ドン）たちといっしょに食事をするのが気に入っていた。そこでは、配給制下にあるにもかかわらず、戦前のエレガンスの幾分かでも維持するために、常になにか大胆な試みがなされていた。食事が終わって、ポートかマディラ酒を飲みに談話室（コンビネーション・ルーム）に行った時など、私も時には銀の箱に入れて廻って来る嗅ぎたばこを、みなの尻馬に乗って、おずおずとやってみることがあった。しかし嗅ぎたばこというものからは、私はなんの愉しみも、気がすっとするクシャミ一つも、引き出すことは出来なかった。それでも私は、この大学に存在する、あらゆる伝統的な慣習を経験してみたかったのだ。しかしそういう時に、「専門の話（ショップ・トーク）」をしてはいけないというしきたりには、私もがっかりさせられた。学者が何人もテーブルを囲んでいる時、「専門の話」をすることよりも、面白いことが他にあるというのだろうか。そして校舎の改修予定がどうのこうの、またはある十八世紀の寄付者による教会財産の現況についてのおしゃべりほど面白くないことが、他にあろうか。私のまわりに座っていた、よりすぐりの学者たちにふさわしい会話など、一度たりとも聞いた覚えはないのである。明らかに私は、もうそろそろいらいらして来ていたのだ。しかしケンブリッジに骨を埋める覚悟をしていた以上、どこか他の土地へ行って、より幸せに暮らせるとは、考えもしなかった。

一九五二年の春、私はケンブリッジ大学で、日本文学についての連続講義をおこなった。私はその頃、自分の学生があまりにも少なすぎることと、私の研究テーマに対する一般の関心があまりにも薄すぎることについて、一種の挫折感を感じ始めていた。したがってこの連続講義はなんとか私の研究テーマへの、一般の関心をかき立て、同時に本物の教師になりたいという、私の漠然と感じていた欲求をも満足させるための、いわば苦肉の策であった。すなわち、大学内のあらゆる人々だけではなく町の人全体にも開かれた連続講義というのは、問題を解決するための最善の策ではないかと思ったのだ。

私が準備したのは、五回分の講義であった。出来るだけ面白く、出来るだけだれが聴いても分かり易く作ってみた。私の考える日本文学全体の性格を述べた序文的講義とは別に、詩、戯曲、小説の各ジャンル、そして最後に、私が「日本文学への西洋の影響」と呼ぶものに、それぞれ一回ずつの講義をあててみた。今私がこの連続講義のことを振り返ってみるに、ほんの十年そこそこ前に、初めて読み出した文学について私見を述べるなど、その心臓の強さには、われながら呆れてしまう。しかし今それを読んでみて、私が知識において至らなかったところは、対象への愛情で補っていたことがよく分かるのだ。

今私が一番不満を覚えるのは、最後の講義である。もし今私がこれを書くならば、第一、「日本文学への西洋の影響」という題は付けないであろう。なぜなら西洋からの影響という観点からは説明出来ないものが、現代文学にはいかに多いかということに気がついているからだ。しかしその当時は、日本から本を取り寄せることはほとんど不可能に近く、大学図書館の日本文学の蔵書は、古典文学ではかなり強かったものの、現代小説となると、ほとんど無に等しかった。私はアーサー・ウエーリから、谷崎潤一郎が彼に贈った『細雪』を借りることが出来た。これと林芙美子の『浮雲』とが、私が読んでいて、講義で触れることの出来た数少ない戦後の小説だったのである。

最初の講義の日、私は会場のドアの外で、胸をどきどきさせながら講義開始の時間を待っていた。若い女性が私に近寄って来て、ここが日本文学の講義のある部屋かどうか、と私に訊いた。そうだと答えると、彼女は、「聞きでのある話だと思いますか？」と訊くのだった。私ときたら、あまりにもばつが悪くてなにもいえず、もじもじするばかり。その間に彼女はどこかへ行ってしまい、がっかりしたことであった。いよいよ開始時間が到来、私は内部へ入ってゆく。入ってみてびっくり、とてつもなく大きな講義室があてがわれていたのだ。それなのに来ている人は、ほんの十人ばかり。しかも横一列に並んで座っている。ディキンズ夫人がいる。ディキンズ教授もいっしょだ。その他の人もみんな私の知人である。多分私への義理で来てくれているのだ。それと、みなは聴衆が少ないことを、きっと予想していて、私の傷ついた気持ちを少しでも楽にしてやろうという義侠心から来てくれたのにちがいない。

五回の講義のそれぞれに対して、六人から十人の聴衆が、ゆうに二百人は入る講義室にかたまって座っていた。私の落胆はきわまりなかった。この講義の中に、不完全とはいえ、私の持っている日本文学についての全ての知識を投入、それのみか、主題に対する私の若々しい愛情を注ぎ込んでいたのである。それがはねつけられたのを感じた。この時私は、日本文学を捨てようと心に決めた。そして一九五二年の秋、いずれ将来のある時期、研究主題をロシアに変えることを予想しながら、ロシア語のクラスに出席しだした。幸か不幸か、私のロシア語の勉強は、少しも進歩を見ることがなかった。文法は問題なかった。しかし語彙となると話は別だった。ちっとも頭に入って来ないのだった。再び芭蕉の言葉が、私のその時の状況にぴったりであった――無能無芸にして只此一筋に繫る。

## 日本行きの奨学金

この時（一九五二年の春）、なんとかして日本へ行くことが出来ないものか、という考えがふと頭に浮かんだ。日本へ行けば、文字通り日本の文化に囲まれて暮らせるから、日本文学者としての淋しさから逃れることも出来ようと思ったのだ。といって日本へ行くのには、お金がかかった。航空運賃からして、私の財布の中身では、とても手が届かなかった。イギリスでまず、いろいろな所を当たってみた。だがいっこうに手応えがなかった。一九五二年の夏休みの間、私はニューヨークへ戻って、その時コロンビア大学で編纂していた『日本伝統の源泉』という書物の翻訳の手伝いをした。この機会を捉えて、私はいくつかの財団を訪ねてみた。反応はどこでも、あまり好意的ではなかった。ある財団の職員に至っては、次のように、むしろ露骨に言ってくれた。もし同じくらいの能力を持つ二人の学者——一人は文学が専門、もう一人はなにか社会科学の一分野が専門——の、どちらかを採らねばならないとする。その場合、躊躇することなく社会科学のほうを採るだろうと。しかしそれでも、私は申請書を出してみた。

その年、私は予想していなかった吉報を得た。それは、当時ケンブリッジで中国語の勉強をしていた友人、ジャック・クランマー・ビングが、ずっと前に彼の父が創始した「東洋の知恵シリーズ」の編集をしているというニュースだ。この叢書は、中国、インド、アラビアなどの哲学、それから中国、アラビア、ペルシャの詩、それにエジプトの詩までも含んでいた。ところが日本からは *The Harvest of Leisure*（「閑暇の収穫」）と訳された『徒然草』ただ一篇。そこでその春、ケンブリッジで私がした講義原稿を読んだクランマー・ビングは、その講義全体をシリーズの中に加えることに決めたのだった。

聴き手が少なくて、私をあれほど失望落胆させたあの講義が、そうした形で生まれ変わるとは、私は天にも昇る気持ちだった。一九五三年の春に出版されたその小さな書物 *Japanese Literature an Introduction for Western Readers*（『日本の文学　西洋人読者のための紹介』）は、著述家としての私の、最初の成功であった。初版のイギリス版はもはや絶版になったが、そのアメリカ版は、日本文学を知りたいと思う読者諸氏に、一年数百部の割で今も売れている。そしてその数年後に私の親友の一人となった吉田健一による邦訳は、英語の原作よりは、はるかによく売れたのである。この書物は、いろいろなヨーロッパの国語にも翻訳されたが、最近出たのはギリシャ語訳、そしてルーマニア語訳も近く出る予定だという。当時日本文学をさほど読んでいたわけでもない浅学の青年学者によるこの本が、それから三十八年経った今も、まだ読み続けられているとは、驚くほかはない。

一番嬉しかったのは、書評であった。中でも、それまで見たこともなかった『アーリア人の途』（*The Aryan Path*）という雑誌に載ったものは、私を大いに喜ばせてくれた。この書評は、「時々私たちは、読んだあとその筆者に感謝したい気持ちになる書物がある。この書物は、そういう書物の一つである」と結んでいる。今白状するのもばつの悪い話だが、私はこの書評を書いてくれた人に、私の感謝の気持ちをその時書き送ったかどうか、全く憶えていないのだ。私は今自分に言い聞かせている、「そりゃ書いたとも」と。そしてそれが間違っていないことを望んでいる。というのは、彼の批評は私を悦びでいっぱいにしたからだ。この書評――そして私が読んだ他の批評――は、日本文学者としての私の自信を回復してくれたのである。

　この時以後、私はたくさんの書物を出版した。しかしいまだに悪い書評に超然として、それをうまくやりすごすことは、なかなか出来ない。悪い批評は、それが初心者を傷つけると同じように、いまも私の心を傷つける。そして作者を肴にして自分の知識をひけらかすだけの、狭量な書評は、私の中に潜む人間嫌いの本能を呼び覚ましてくれる。しかし私が受けたような書評——明らかに誠心誠意で、本のジャケットの折り返しにあるべたぼめ宣伝文句の敷き写しではない——は、若い学者に、行手に横たわる淋しい途を辿る勇気を、与えてくれるのである。

一九五三年の春のことだ。フォード財団の奨学金が私に支給されるという、この上なくうれしいニュースが、思いがけず舞い込んで来た。もちろん日本で研究をさせてくれる奨学金である。そして私の研究テーマは、「現代日本における古典文学の伝統」というものであった。私が本当にやりたかったのは芭蕉の研究であったが、このテーマを選んだのは、おそらく財団は、百パーセント文学的な性格の研究よりは、少しでも同時代的意義を持つ計画のほうを、支持するにちがいないと思ったからである。

私の出発準備のうちには、日本滞在のヴィザはいうまでもなく、途中立ち寄りたかったアジアのいろいろな国のヴィザを取る仕事も含まれていた。多少は悲観主義者でもある私は、この機会を逃しては、もう二度と再びアジアの国々を訪問するほどのお金は得られないだろうと思い、この絶好の機会を出来るだけ有効に利用してやろう、と考えたのだ。そして日本の友人にも手紙を書いて、私の訪日のニュースを伝え、イギリスのものでなにか持って帰ってほしいものはないか、ときいてやった。

青島で会ったある実業家の友だちは、返事を寄越して、冬のオーバーが欲しいと言って来た。ところが季節は五月、冬の外套なぞ、どこへ行っても売っている所はなかった。そこで、仕方なく仕立屋に頼んで、わざわざ一着、私の寸法で作らせたものであった。このオーバーコートは、以後私の旅のあらゆる段階で、文字通りこの上なく大きなお荷物となったのだ。その頃は、飛行機に乗る前、乗客の荷物は、厳重にその重さを計られたものだった。そして重さが一定の限度を超えると、一ポンドにつきいくらいくらという、馬鹿にならない金額の超過料金を取られたのである。この問題についての私の解決策は、私の荷物が計量されている間は、いつも私がこの外套を着用しているということだった。しかし自分自身の外套も私は持っていたので、これは、ボンベイ、バンコク、その他、すべて七月の灼熱の都市の空港で、私が冬オーバーの重ね着をしなければならなかったことを意味した。航空会社の人たちは、多分私のことを、少々いかれているというふうに思ったことだろう。しかし幸い、だれも私の異様な風体を、とがめるものはなかった。

日本への私の空の旅は、たっぷり一ヵ月以上かかるはずであった。寄り道が多かったのだ。イタリア、インド、セイロン（スリランカ）、シンガポール、インドネシア、カンボディア、タイ、そして香港。お金が少ししかなかったので、行く先々で、安いホテルを選って泊まった。しかしなにしろ私も若かったのだ。したがって、いろいろな不便、暑気、そして国境を越える度に顔を突き合わせるうっとうしい官憲などにへこたれることは、あまりなかった。それどころか、以後何度となく、これらアジアの同じ国々へ行ったけれど、今この最初の旅行のことを思い起こしてみる時、どこへ行くにも三等車だったあの旅で経験した発見の興奮は、再び味わえなかったように思う。人の一生、それぞれの段階での愉しみというものは、やはりあるのだ。

明らかに私は、あの旅のことを、少しロマンティックに見すぎているようだ。なぜなら私は、インドで私を苦しめた下痢には、もう二度と見舞われたくないのは確かだし、あの時インドネシアで経験した――車を止めさせた道路わきの男たちが、果たして兵隊なのか、それとも変装した山賊なのか分からなかった時の、あの恐ろしい緊張なぞ、もう二度と味わいたくはないからだ。しかし実際起こった事件から、これほど長い時をへだてて振り返ってみると、それはなんとなくなつかしいものに思われる。そして私は、自分の過去に、そういう事件を経験できたということを、むしろ誇らしく感じるのである。

とうとう私は、一九五三年の八月、東京に辿り着いた。アジアの国々を見て廻ったあとの東京の第一印象は、おや、ヨーロッパへまた舞い戻ったのか、というものであった。その前一カ月の間に訪れた、目的もなくさまよう人々でいっぱいの空港に引きかえ、ここでは、すべての人間がその仕事に没頭して、忙しく走り廻っているように思えた。羽田――昔の羽田――は、確かに美しいとはお世辞にもいえなかった。けれどもついに私は、日本に来たのである。もはや観光客としてではなく、この国でこそ最もよくなし得る仕事を持つ、一人の人間として——。

## 目的の地、京都に直行

一九五三年八月の某日、私が東京へ着いた夜は雨が降っていて、バスの窓からでは、八年前、ほんの短い間だが見ることの出来たこの都市（まち）を、今度はあまりよく見ることが出来ないのだった。バスはいろいろなホテルに止まって、飛行機からの客を全部降ろしてしまったが、私はそのまま残って、東京駅まで乗り続けた。

私がインドやタイを汽車で旅した時には、どうせ初めからその国の言葉や、乗客が守るべき規則も分からないものと思われていたので、そうした旅行者に許された一種快い無責任さを感じていた。しかし（日本語の教師として）どこで切符を買えばいいのか、あるいはどのプラットフォームから汽車が出るのか、または赤帽にはいくらチップを払えばいいのか、といった馬鹿げた質問をしなければならないことは、大いにばつの悪いことであった。それにまだ腹の立つことは、教室の中を除いて、過去八年間も、ろくろく日本語をしゃべっていなかったせいであろう、ある日本語の言葉にかぎって、よく知っているはずだのに、なかなか口に出て来ないことが分かった。そして私は、例えば、「乗車する前に切符を切って貰わなければいけませんか？」といったような文で用いられる言葉を、なぜか習ったことがないのも発見した。

英語は死んでもしゃべらないぞ、という決心のおかげで、何回か間違いを犯し、駅構内をうろつき廻ったあげくに、ようやく京都行きのその晩の最終だという列車の二等切符を買うことが出来た。そこで京都の友だちに電報を打って、私の到着の時間を知らせておいた。

しばらく探してやっと列車を見つけ、席についた。汽車は明らかに戦前のもので、みすぼらしい上に、冷房もついていなかった。したがってその暑さといったらなかった。向かいの席に座っていた男が、私が古い封書を扇子代わりに使っているのを見て、鞄から扇子を取り出し、それを私に貸してくれるのだった。そして明くる朝京都へ着いた時、彼はその扇子を、私に持っていけといってきかなかった。なるほどこんなのは、ささやかな心遣いにすぎなかろう。しかしそれでもなお、私は胸を突かれた。そして今この文章を書きながらも、その後あの扇子はどうなったのかな、となつかしく思う始末である。そして今思い出すのだが、あの親切こそが、アジアを横切る長い旅をしたあと、私がようやく私の目的地に到着したことを、つくづく幸せと感じさせてくれるきっかけだったのである。

いつもは、汽車の中では、私はよく眠れないたちである。しかしあの晩は、なんとかうとうとすることくらいは出来た。明くる朝早く眼をさますと、汽車は駅に止まっていた。私は首を伸ばして、表示板を読んだ。それは関ヶ原だった。関ヶ原。私は学部生時代、日本史の本を読んだ時から、もう長いことこの地名は知っていた。また一六〇〇年にここで戦われた大合戦のことは、私の本で言及したこともあった。おまけに日本語を全く知らない読者のために、この地名をMoor of the Barrier（関所のある荒野）と直訳して示しておいたこともある。そして私は、今やまさにその地にいるではないか？　つまり日本人の英文学の学生が、ヘイスティング〔イギリス、サセックス州のイギリス海峡にのぞむ港市。ノルマンディー公ウィリアムが、ハロルド二世を一〇六六年ここで破った。〕、アジンコート〔フランス北部の村アジャンクール。百年戦争の一四一五年、ヘンリー五世のイギリス軍がフランス軍を破った戦場。シェイクスピア『ヘンリー五世』参照。〕、あるいはボスワース・フィールド〔イングランド中部スターの西にある古戦場。リチャード三世が一四八五年、後のヘンリー七世に敗北してバラ戦争が終結した。〕などという有名な戦場を訪れた時、おそらく感じるでもあろう気持ちを、私は抱いたのだ。といって私は、戦争に特に関心があるわけではない。しかしそこで多くの男が死に、歴史の進み具合が変わってしまった土地へやって来て、興奮を感じないでおけというほうが無理なのである。

関ヶ原という地名は、私が今や間違いなく日本という国にいるだけではなく、過去十余年に亘る、私の研究のすべてがこの方向を指していることを、感じさせてくれたのだ。私の日本研究をいっそすっかり諦めてしまおうかとさえ私に思わせた、さまざまな失望を経験した後、私は今や、諦めずにこの道を歩み続けた報酬を得たのである。私がその時感じた爽快感は、まことに大きかったので、私はそれをだれかに言いたくてたまらなかった。しかし車中の私の相客たちは、まだだれもがまどろんでいた。したがって私のっていた。そして私が東京にはただの一晩も泊まらず、京都へ直行したことに、びっくりしていた。しかしイギリスを出てから一ヵ月も旅を続けていた身とあれば、一刻も早く目的地に着いて、私の大好きな書物のところへ戻りたかったのである。

私の友だちは、京都市の北のほうにある、彼の家に私を連れて行った。彼と妻、両親、そして子供たち（前に中国で会った時から、女の子が一人増えていた）が、挨拶をしてくれて、それから二階の日本間へ案内された。友だちは、畳の上で勉強したり、寝たり出来る日本間のほうが、ベッドのある洋間よりは私の気に入るだろうと思い、日本間を用意してくれていた。そのとおりだった。そしてこれが、私が京都での最初のひと月を過ごすことになっている部屋だったのだ。彼は私が疲れているだろうから、今日一日はゆっくり休養しては、といってくれたが、京都にいるということでひどく興奮していた私は、旅の疲れなぞ、きれいさっぱり忘れてしまっていた。

数年前、この京都にいた最初の一ヵ月に私が書いた何通かの手紙を、ケンブリッジの私の友だち、ディキンズ夫人が、私に返してくれた。今それを読み返してみると、なるほど以後私の意識の中で出来上がっていた記憶とは別の矛盾するものもあるが、さまざまな記憶が、よみがえって来るのだった。例えば一九五三年八月二十八日の手紙を読む

悦びは、私だけのものにしておくことにした。

汽車が京都に着いた時、青島で知り合った私の友だちが、プラットフォームに立っていた。

と、こういうことが分かる。京都に着いたその日に、私は友だちといっしょに龍安寺（りょうあんじ）に行ったらしいのだ。多分その後何度となく行ったことがあるために、それぞれの記憶を分離することが出来なくなったからだろう、私はそのことをすっかり忘れていたのだ。その手紙によると、私は友だちに、「今や私は、数学の持つ美が理解出来ます」と言ったらしい。ところが彼はそれを誤解して、私が言ったのは、あの高名な石と砂の庭における石の配置は、数学的に完璧だ、という意味だと思ったのだ。しかし、（私の手紙によれば）私が言いたかったことは、普通「美」というものを、なんらの情緒的な文脈もなく、またなんらの精神的な執着もなしに、想像することはむずかしい。しかし同時に、一つの数学的解明の中にも美はあるのだ、ということであった。私は言葉を進めている、「それをいったこと以外では、あまりほめるところのない、あるアメリカの詩人がこう言いました、『ユークリッドだけが、美を裸にして見た』。龍安寺の庭はそんな趣きを持っています」。

こうした言葉を今読むと、顔が赤くなって来る。私は本当に、こんなに勿体ぶったことを言ったのだろうか？　こんなことを言って、相手に感心して貰おうと思ったのだろうか？　それとも、日本文化のより高いところまで理解出来るのだということを、友だちに納得させようと思ったのか？　私はどうもこうした妄想めいた言辞をなした人物と私自身との間に、有機的なつながりを見つけることが出来ない。しかし同じ手紙の、他のパラグラフにあることは、あの京都第一日目の私の記憶とぴったり合うのだ。

「なんというすばらしい印象でしょう！　一番すてきだったのは、昨夜友だちと彼の二人の女の子といっしょに、まだ古い家並が残っている通りを散歩したことでした。どの通りも狭いのです。あまり狭くて、両手を拡げたら両側の家に触れることが出来るくらいでした。といって狭い道に付きものの、いかがわしさや、退廃の気分なぞ全くありません。家々は、日本のランタン（提灯）で照らされていました。そして通りは、木で造った高いサンダル（ぽっくり）を履き、華やいだ着物を着た女性でいっぱいでした。間違いなくこれは芸者街にちがいありません。なぜなら京都の普通の町では、女性はみな西洋式の服を着ているからです。多分そのほうが好きだから、というのではなく、洋服のほうが、着物よりずっと安くつくのです。あの狭い道を歩いていた間じゅう、彼らがこうして全く当たり前のように、彼らの文化の最良のものに戻っていけるのだ、と私は感じていました」

　私はあの先斗町（ぽんとちょう）の散歩を思い出す。そして舞妓が着ている着物の金糸銀糸の上に輝く家々の提灯の光を。今日先斗町へ行って、伝統的な日本家屋の跡に建ったぶざまなコーヒー店を見ると、私は自分が、昔の京都を見ることが出来たのは幸せだった、とつくづく感じる。しかし今年初めて京都を見る外国からの訪問者も、三十八年後の京都を見れば、今の私と同じ感想を洩らすこと、それはほぼ間違いないことであろう。

## 日本式生活

京都という町と私との関係を説明する一番いい方法は、私は京都に一目惚れした、ということであろう。時として、いや、戦前の京都はもっと素敵でしたよ、と言ってくれた人もいた。あるいは、通りに車の姿がほとんど見られなかった、あのガソリン配給時代の京都は、さらに静かで、魅力に溢れていた、と言う人もあった。しかし私は、そういう話には耳を貸さなかった。私に関するかぎり、京都はそのままで十分美しかったからである。今日私も、京都の汚れなき魅力についてしゃべりたてている観光客のおしゃべりを聞く度に、「昔はもっと綺麗でしたよ!」と言ってやりたくなる。しかしこの町は、時世につれてどれほど変わっても、常に人を魅惑せずにはおかない力を、多分持っているにちがいない。

一九五三年の九月初め、イギリスの友だちに書き送った私の手紙は、私の興奮を次のように伝えている、「すばらしいかな、京都！　昨日は私のアメリカ人の友人が、狭い道の両側に、それぞれ独特の人形やおもちゃを売る店のある町へ、買い物に連れていってくれました。店はどれもこれも素敵でした。小さなタヌキや、日傘を差した小さな人形を売っているおばあさんは、聞いていてうっとりするような京都弁を話しました。では、骨董屋や日本旅館のならぶ、隣の通りへ行ってみましょうか？　もしここで、一晩宿をとるとする。すると部屋だけではない、庭までもいっしょに付いているのです。それから、細い、美しい通りをいくつも通っていくと、目の前には、八坂の塔がそびえ立ち、その向こうには、緑したたる東山の山脈が見えます。私はなんにも店で買いませんでした。なぜなら、どうせ買うならなにもかもが欲しかったからです。私は京都のすべて、いや、ほとんどすべて（昨日いった外国人登録事務所は、このセールから外して貰いたいので）が買いたい。そしてそれを人にあげてしまいたいのです。少しずつ、一度に一世紀ずつ」。

人形を売る店があった通りは、今もそこにある。二、三年前、私はそこへ行って、少しばかり買い物をした――例えば小さな素焼のサルが、腕を組み合って輪を作っている人形、文楽の大夫と伴奏の三味線ひきで一組になった人形など。店にいた若者が私の日本語を褒めてくれた時、私はありのままに答えたものだ。私はその青年が生まれるずっと前から日本語をしゃべっていただけではなく、彼の店を三十年以上も前に訪れたことがあることなどを。この通りは（京都の他のたいていの地域とちがって）、ほとんど昔と変わっていなかった。しかしそれを再び見ても、イギリスへの私の手紙に流れていたあの興奮を、引き起こすものでは当然なかった。一目惚れとは、やはり一度かぎりのものらしいのだ。

今京都を訪れる時、私はあらゆる変化に腹が立つ。そして過去から記憶しているすべてを、郷愁の情をこめて思い出す。例えば市電だ。運転手の他に、車掌が二人いることが多かった。停留所に近づくと、車掌の一人が、高い調子の声で呼ばわったものだ、「はい、次は丸太町でございます」。その間もう一人の車掌は、乗客の間を検札して廻る、「ご面倒します」と言いながら――。今はもちろん、乗車の時に料金を払う。すると録音した冷たい声が乗客に警告する、危険な物は車内に持ち込まないようにと。それにしてもこの警告を聞いたからといって、車内に爆弾を持ち込もうと心に決めた悪者が、心をひるがえすだろうと、いったいだれが信じるというのか。巷(ちまた)の至る所にも、録音の声が流れる。時には町名の正しい読み方さえ知らない他所(よそ)の人の声さえまじる。テレビから絶えず流れ出る標準語が、ゆっくり京都弁を不純にしていったように、録音した声はすでにそうなってしまっているが、そのうち土着の京都人までが、四条烏丸のことを「しじょうからすま」と正しく言わないで、「よんじょうからすまる」という時が、ひょっとしたら来るかも知れないのである。そうでないことを、私は心から望んでいる。ある種の変化は、もちろん必然的で、時には望ましい。しかし変化の時代の最中(さなか)にあっても、古い地名くらいは、そのまま生き残ることを許されていいと思うのだが――。

衣笠山の麓(ふもと)に住んでほぼひと月くらい経った頃、私の戦争中からの友人で、後に同志社大学の教授を長くしたオーティス・ケーリが、ある日、オートバイで現れ、私の京都の下宿として彼が選んだ所に、これから私を連れていこうという。バイクの後ろに乗せられ、間もなく私たちは、京都の西北部から東南部にかけて町を横断していた。特におしまいの頃、山科の方向へ、けわしい丘を登って行く時に、何度となくバイクから今にもふり落とされるかと思ったことがあった。京都の通りは、その頃、全くといっていいほど舗装されていなかった。だからバイクが立てる埃もまた、このバイク旅行を、いささかきびしいものにした。しかしやっと到着した所を一目見て、この冒険も十分値打ちあるものであった、と私は納得したことであった。私たちはバイクを降りた。そしてケーリが、高い木の塀にはめ込まれた扉を、横にすべらせて開けてくれた。石段を下りて行って、大きな家のぐるりを廻り、小さい池を渡って、美しい小さな日本家屋の前に、私たちは立った。あとで教えられたことだが、この家は、その時から十五年ほど前、飛騨の高山から（もっとも現在の形とちがったが）京都まで運ばれたものだったという。土間のある大きな玄関があって、部屋は四つあった。最も大きな部屋には、真ん中にいろりが切ってあった。そしてこの家の持ち主が、以前友だちを招んで、よく夕食パーティーを開いたのもこの部屋であった（私もここに住み出してからは、時々この部屋に友人を招んだものだ）。茶室も付いていて、時たまだが、そこでお茶会も開かれた。それから私の寝室にした小さな部屋、そして私がそこで大方の時間を過ごした居間もあった。

縁側に立つと、森や小さな山脈が見渡せた。どちらの方向を見ても、家というものは、一軒も見えなかった。前景には、家のすぐ前に、桜と楓、低い竹の垣根もめぐらしてあった。約三メートルほど先の所で、土地が急に向こうに下がっていた。下の谷底から、谷間を流れる水音が昇って来た。谷の反対側は、泉涌寺の御陵だ、と私は教えられた。それにしても、これほど私を喜ばせてくれた景色は、かつて見たことがなかった。それから二年間、私はこの小さな家に住んで、毎日この景色を楽しむことになったのだ。そして（コロンビア大学で教えるようになったあとも）夏休みになると、いつも私はなんとか京都へ来て日を過ごしたものである。

しかしなんといっても、一番すばらしかったのは、この家の家主、奥村夫人であった。私がそこに住んだ年月の間に、私たちは大変いい友だちになった。そして日本についての私の最も幸せな記憶のいくつかは、彼女との会話なのだ。奥村夫人はまた、すばらしい料理の腕前の持ち主でもあった。だから私は毎日、夕食が待ち遠しくてたまらなかった。私がこの家に入居して来た時、どんな食事がいいか、と彼女が訊いたので、私は決然として答えた。「日本料理だけにして下さい」と。日本食を毎日食べなければ、私の日本生活の体験は完全なものとはいえない、と私は決めていたのだ。ところがしばらくして、奥村夫人は、朝食は西洋式にしてもいいだろうか、と私に訊いたものだ。日本式朝食を作ろうとすると、大変な時間と労力がかかるということを、私は気がつかなかったのだ。いうまでもなく、私は同意した。奥村家にいたかなり後の時期で、私は昼食にはいつもウドンを選んだが、(江戸時代創業だという)近所のウドン屋から取るとりなんば(鳥南蛮)の味がまた格別で、おかげで他の店のウドンは食べられなくなったものである。

それからもう少しあとのことだが、私はもう一つ、同じような決心をした。ガストーブは絶対に使わないで、暖はひたすら火鉢から取るという決心だ。とにかく私は、出来るだけ日本人らしい生活をしようと心に決めていたわけである。そして(オーティス・ケーリのおかげで)この夢実現のために、それこそ完全に理想的な場所を、見つけることが出来たのだ。

## 「日本文学選集」の編纂

日本で研究するための奨学金を支給してほしい旨フォード財団に申請した時、私は京都大学で講義を聴く計画だということも、明記しておいた。入学のためにはなにが要求されるかについては、全くなにも知らなかったが、フォード財団奨学金を受けたものなら、たとえ学年途中でも登録するのを許してくれるのではないかと、高を括っていた。京都大学における日本文学の状況について私が知っていたことは、野間光辰(のまこうしん)教授の名前だけだった。それも博士論文を書いていた時、たまたま彼の論文を読んだことがあったからだ。白状すると、京都に住んでいると、見るもの聞くものがあまりにも多すぎて、学校の講義に出るのは、実のところ、それほど気が進まなかった。しかし、いったん今熊野の「わが家」に落ち着いてみると、やはり大学へ出かけていって、講義に出るために必要な手続きをしてみる気になったのだ。

大学に登録して貰うためには、具体的になにをしなければならなかったかは、もう憶えていない。しかし手続きや書式は、きわめて簡単だったように思う。その頃の京都大学では、外国人学生は、まだ大変珍しい存在だったのだ。正規の入学手続きを省くという特例は、すぐに発効されたのである。そこで私は、講義要項を下さいといったが、教務課は、そういうものはないという。だれだったかの話では、野間教授は確かに何曜日かに講義することになっている。しかし実際に講義が始まるのは、多分二、三週間後になるだろうと。すべてはひどく漠然としているように思えた。混乱はしたけれど、といって腹は立たなかった。とにかく、大学に登録するという自分の義務は果たしたのだ。だから今や、なんらの罪の意識も感じないで、自由に京都が見られるというわけだった。

私が最初の講義に出たのは、もう十月だった。その年、野間教授は、学生といっしょに『曽根崎心中（そねざきしんじゅう）』を読んでいた。近松の『国性爺合戦』について博士論文を書くため、資料調査をしていた時に、私は『曽根崎心中』に関する二次的文献を読んだことがあった。だから原文そのものを読む機会が出来たのは大変うれしかった（私はその後、京都にいる間に、この戯曲を英訳した）。正直いってこの講義は、あまり私の興味をそそるものではなかった。教授はだれか学生の名を呼んで、予習して来たかどうかを問い、その学生がやって来たというと、近松の原文の一節を、現代日本語に訳させるのであった。私の耳は、まだ日本語によく馴染んでいたとはいえず、ふつう猛烈な速さで述べられる彼らの訳についていくのは、決して楽ではなかった。しかしこの悩みは、そう長続きはしなかった。というのは、四回目あたりの講義から、野間教授は、もう学校へ姿を見せなかったからである。私を含む学生たちは、所定の時間、所定の教室に集まって、毎週教授が現れるのを待ったものだ。十一月の教室は、もう結構寒かった。しかし暖房というものはついていなかった。私たちは、自分の手の上にお尻をのせて暖を取ったが、三十分くらい待ったと思われる頃合に、だれかが「先生今日は来そうもないね」と言うと、私たちは立ち上がって、ぞろぞろ教室を出て、家へ帰ったものである。

もし状況がちがったならば、多分私は失望しただろうし、大いに腹立ちも感じたかもしれない。しかし私が野間教授の講義に出たのは、おもにフォード財団に、京都大学で勉強するという約束を果たすためだったのだ。それに私は、その学期に出席した二、三回の講義から得たものは、全くなきに等しかった。あとでだれかが、野間教授がなぜ時たましか教室へ現れなかったかという理由を教えてくれた。それによると、当時国立大学教授の給料は非常に安く、なんとか生活を持ちこたえていくためには、他の所で教えざるを得なかったのだと。野間教授の授業は、京大のと大体同じ日時に、名古屋のある大学でも組まれていて、彼は明らかに、より強いプレッシャーを感じながら、名古屋のほうへ行ったのにちがいない。私はまた、彼は講義よりも、どちらかというと、個人指導のほうに信をおいていたらしいことを、あとで知った。そして事実、その明くる年、私が「日本文学選集」の編纂を始めてからは、それについて相談にいくたびに、彼は大変親切に、貴重な忠告を私に与えてくれたものである。

イギリスを離れる何カ月か前、ある考えがふと頭に浮かんだ。それは英語による「日本文学選集」に類するものが、世に存在しないということ、したがって、今やぼつぼつ、そういうものが編まれてもいい頃合ではないか、という考えである。そこで私は、私の『日本人の西洋発見』を出したロンドンの出版社に手紙を書いて、私が考えているような日本文学の選集を出すことに興味はないか、と訊いてみた。しばらくして返事が来たが、その内容は、もしその本が、日本語のすべての時代をカバーし、分量は二百頁を超えないのなら、その出版に一肌脱いでもいいというものであった。二百頁が限界という案は、私には全く筋が通らないように思われた。だから私はすぐ返事を書いて、日本文学は、イギリス文学と同じくらい長い歴史を持つ。したがって本の大きさも、それに匹敵するだけのものでなければならない、といってやった。これに対して、私はまことに冷ややかな返事を受け取ったが、その趣旨は要するに、本のマーケットのことなら、私より出版社のほうがよく知っている、ということであった。

私の戦争中の友だちで、海軍の元日本語翻訳官だったある男から手紙を受け取った時、私は日本文学の選集を編む考えを、もう少しで諦めかけていたところだった。彼はその時、ニューヨークのグローヴ・プレスで働いていたのだ。この出版社は、小さいけれど、冒険をいとわず、大きな商業出版社がリスクを嫌がるような本でも出す会社だったのだ。そこで私は、私の文学選集の計画のことを、彼に書いてみた。すると彼から非常に積極的な返事が届いた。すなわち、五百頁くらいに収まるならば、喜んで出す、というのだ。もちろんこれでも十分ではない。しかしこの案は、イギリスの出版社の申し出に比べると、明らかな進歩であった。ところがこの時点で、理由は忘れたが、グローヴ・プレスは、日本史の大家で、当時コロンビアで教えていたジョージ・サンソム卿に、この書物のことを相談したらしいのだ。するとサンソム卿は、いっそ上、下二巻にしたほうがよくないか、と言ったという。グローヴ・プレスは、その提案を受け入れ、私はそれぞれの巻に、だいたい五百頁ずつ割り当てることになった。古典篇と近代篇である。

今日それを考えてみると、私は自分の厚かましさに驚嘆せざるを得ない。日本文学に関する私の知識は、もちろん限界があった。角田先生のクラスで読んだテキスト、そして私がケンブリッジ大学で教えたテキストを除くと、古典文学に関する私の知識には、ばらつきがあった。そして現代文学については、よく知っているとは、義理にも言うことが出来なかったのだ。もちろん私は、アーサー・ウエーリによる『源氏物語』『枕草子』『謡曲集(ようきょくしゅう)』などのすばらしい英訳の転載を当てにしていた。だがその選集に再録するには、十分質の高い英訳作品が、きわめて少なかったのである（日本人の翻訳者数人とイギリスの詩人の共同作業による戦前のすぐれた英訳『万葉集』は別として）。私は、私が知る日本文学の研究家に手紙を書いて、助力を求めた。中でも一番貴重だったのは、海軍日本語学校のもう一人の卒業生で、当時東京で教師をしながら翻訳をやっていたエドワード・サイデンステッカーの協力だった。しかしそれでもなお、計画には大きなギャップがたくさんあって、それらはたいてい私の新しい翻訳で埋めなければならなかった。野間教授や、その他私が京都大学で知り合ったいろいろな若い日本人学者の協力を求め、そしてその助言を得ることが出来たのは、まさにこの段階だったのだ。

「日本文学選集」の準備こそは、名所見物、芝居見物を除いて、一九五三年から五五年まで、私が京都に住んだ年月における、私の主なる仕事になっていった。この仕事の中には、日本文学の代表作を、単に選び出して翻訳したり（あるいは他の人に翻訳を依頼したり）することだけではなく、集まって来たすべての原稿を、タイプすることも含まれていた。そしてこの私こそ、世界で最も長い原稿を、畳の上で日本式に正座したままタイプで打った、おそらく世界記録の保持者ではないかと思う。

「日本文学選集」、それも二巻本を編む仕事となれば、フルタイムの編集者が数人がかりでやっても間に合うまい。第一に、翻訳者や版権所有者との連絡といった仕事があった。これには全く終わりというものがないかと思われた。中でも一番辛かったのは、翻訳を頼んでおいて、出来上がって来た原稿が、文学的に見て出来が悪いか、あるいは翻訳された作品自体が、日本人以外の読者の興味をそそりそうもないというので、没にすることに決めた時であった。私は格別これで敵を作ったとは思わない。しかしひょっとしたら作ったかもしれない。全く作らなかったという自信もないのである。

文学選集の編纂に関しては、いろいろ頭の痛い問題が多かった。けれど私には、それ以外の行動を楽しむ時間が、たっぷりあった。初めて私が京都に着いて、衣笠山の麓に住んでいた時、私は（五、六人の子供たちといっしょに）近所の先生から習字を習ったことがあった。そして今熊野へ移ってからは、別の先生を探した。私の宿から一番近い大きな寺といえば、智積院（ちしゃくいん）だった。そこで私は考えた。これは真言宗（しんごんしゅう）の寺だ。そうするとここには、日本で最も偉大な名筆家の一人弘法大師（こうぼうだいし）の伝統が残されているかもしれない。そこでこの寺に住む僧の一人で、どちらかといえば日本の字より、梵字（ぼんじ）のほうに秀でていたそうだが、すぐれた書家だという人を口説いて、定期的に稽古をして貰うことにした。おかげで私の字は確かに上達したけれど、もっと大事なことは、智積院の僧に、何人かのいい友だちが出来たことであった。

フォード財団奨学金を貰ったそもそもの研究計画、現代に存続する日本の伝統文化の研究というテーマを、私は完全に忘れたわけではなかった。そして私がなにか伝統芸術を習おうとしたのは、一つには、そのことを念頭に置いていたからであった。私が最初に選んだのは、胡弓(こきゅう)だった。あの楽器の奏でる悲しげな音は、大いに私に訴えるところがあったのだ。しかし胡弓をやるには、その前に三味線(しゃみせん)が弾けなければならない、とだれかに教えられた。

私は、二つの楽器を習うほど野心的ではなかった。だから胡弓のほうは諦めた。私の次の選択は、前の選択よりはましだった。私は能楽堂で観る狂言師の見事な芸に、心を奪われていたのだ。特に科白(せりふ)廻しの鳴り響くような音調(トーン)や、たいていの発語のしめ括りとなり、どことなく愛嬌さえ感じさせる動詞「御座る」という言葉に、言いしれぬ魅力をおぼえていた。子供の時、私は役者志願(ステージ・ストラック)で、近所にあった撮影所のあたりを、よくうろつき廻ったものだ。だれかが出て来て、一目で私の天才を見抜き、「ああ、世界が探し求めていた若き天才は、ここにいたのか！」と言ってくれるのを、私は待望していたのだ。残念ながら、この奇跡は起こらなかった。しかし昔のあこがれの名残りのようなものは、どうやら私の内部に尾を引いていたらしいのである。それはともあれ、狂言を習いたいという私の希望は、そのうち京都の大蔵流宗家の耳に入るところとなった。なにしろ外国人が狂言を習いたいという話は、前代未聞だったのだ。とりあえず大蔵流宗家の次男が、私の教師として委任された。

稽古は週に一回だった。私が教わった最初の狂言は『痿痢（しびり）』という狂言だった。痿痢とは、長い間正座していたあとなど、足がしびれ、なおりかけにチクチク刺すような感じがする、あれをいう。これは狂言という芸術には、まことにぴったりの「序論」といえた。なぜならば稽古で、長い間正座していると、私の脚は、初めの十分かそこいらの痛い試練を経たあと、たいていしびれ切ってしまったからである。私の先生、茂山千之丞（しげやませんのじょう）が、力強い声で、科白の一節を朗唱した。そしてそのあと、私が同じ言葉を、弱々しい声で繰り返した。そして私が先生の抑揚を完全にマスターするまで、これは続けられたのである。長年書物からの研究に専心していた私は、耳からの勉強には馴れていなかった。それに初めのうちは、科白を記憶するのもむずかしかった。動作も——一つ一つ予め決まっていた——私がそれまでに習ったものとは、似ても似つかぬものだった。しかし結局、私は三つか四つの役をこなすようになったし、実際にその公演もおこなったのである。狂言を習ったことは、日本での私の一番幸せな記憶ではなかろうか。そしてそれはまた、以後私が教室で講義をするに当たっての、理想的な訓練にもなったのである。

## 永井道雄との出会い

京都大学の講義や智積院での習字の稽古よりも、いやあの楽しい狂言の練習よりも、私にとってもっと大切だったのは、奥村夫人の家での夕食であった。庭の離居で、およそひと月ばかり過ごした頃、奥村夫人が、藪から棒に、今度母屋に、京都大学の助教授で、五年間のアメリカ留学からちょうど今帰ったばかりの方が入って来るという。このニュースは、私を大いに狼狽させた。彼はてっきりこの私を、彼の英会話の稽古台にしようとするにちがいない。あるいはアメリカ滞在中に乗り廻した大きな自動車の話を、たっぷり聞かせてくれるにきまっている、と思ったのだ。これはあとで聞いた話だが、彼は彼で、離居に日本文学専攻のアメリカ人がいると聞かされ、同じように狼狽したものだったと。日本文学史の細かく、どうでもいいようなことを、根掘り葉掘り訊かれるのを恐れたのだ。部屋を出て外へ行くためには、私はこの助教授の部屋の前を通る必要があった。私は出来るだけ目立たないようにして、出て行った。時々（彼は私より朝寝坊だった）彼はちょうど朝食を食べているところだった。そういう時私は、目下深い思索に耽っていて忙しいので、彼及び彼の半熟タマゴの存在には気がつかないのだ、というふりをしたものだ。ところがある晩、奥村夫人がまことに申し訳ないといった口ぶりで、今夜は客があるので、助教授といっしょに食べて貰えないか、と頼むのだった。もちろん、いやとはいえなかった。そして、ほんの一時間ほど二人でおしゃべりしたあとでは、いやといわなかったことを、私は喜んでいた。とにかくこの新しい隣人こそ、以後私の生涯の友となった人物だったのだ。その名は永井道雄（ながいみちお）、当時京都大学で教育学を教えていた。そしてのちには、日本の現在と未来に関する刺激的な本をいろいろ書いた学者として、さらにあとでは日本国文部大臣として、広く知られるようになった人物だ。そして現在は、国際文化会館の理事長をはじめ、多くの要職についている。

永井さんに会うまで、不思議なことだが、私は現代の日本には、あまり興味がなかった。自分に興味があるのは平安時代の日本だけだといって、現実の日本を訪れることを断固拒否したアーサー・ウエーリの影響を、おそらく私は受けていたのだろう。また当時ケンブリッジにまだあった、同時代の人生を研究することへの軽蔑、これの影響もあったにちがいない。奥村夫人が、新聞は何新聞にしますか？ と私に訊ねた時、私は威厳をつくろって答えたものだ、新聞なんか読む時間はありませんと。私は自分の文化的純粋性を、もう一つ別のやり方でも守っていた。だいたいこの頃から、私は日本の雑誌にいろいろ小さな原稿を頼まれて書くようになったが、そういう時には、いつも私は旧仮名を使い、当時ではもうほとんどの人が使い出していた当用漢字を拒否して、正字

（旧漢字）を用いたものである。また、京都生活が私に与えてくれた最大の悦びは、自ら過去を語っている建造物、墓所、記念碑などが、そこここに見出されたことであった。

永井さんと私が、ほとんど毎夜といっていいくらい食事を共にし、親しい友となった後も、まだ過去というものに、私は強烈な興味を抱いていた。しかし現代生活の重要性や活力にも、だんだん注目するようになって来た。それから、五年あとで、『生きている日本』（*Living Japan*）という本を書いた時、歴史の他のすべての時期にも増して、ちょうどあの頃の日本に来合わせたことが、いかに幸運だったかということを、私に分からせてくれた永井さんに、感謝の意を表した。

私たちの夜の会話は、他にもたくさんの収穫をもたらした。そして私は、彼との会話が楽しかったあまりに、原稿を書いたり、明くる日の講義の準備をしたりするために、永井さんがもうぼつぼつ部屋に帰りたがっているのを知りながら、もう一つだけ質問と言って、あるいは私の関心をひいている文化現象について、もう一つの解釈を試みたりして、彼を引き留めたものだった。私たちは対話のネタが底をついた、という思いをしたことがなかった。友だちというものは、まさしくこうでなければならないものだと私は思うのである。

一九五三年という時期に、京都にいた外国人学生の数は、取るに足りなかった。したがって、新聞社は、私たちを、追いかけ廻す価値があるものと考えた。私はいろいろな新聞社の京都支局の記者からインタヴューを受けたが、話の種はだいたいにおいて、日本食が食べられるか、布団の上で寝られるか、などといった、退屈きわまる話題に決まっていた。ある記者は、彼の記事の中で、私のことを「碧い眼の太郎冠者」（私の狂言の稽古を踏まえて）と呼んでいた。そしてこの渾名は、しばらくの間私に付いて廻ることになった。私の眼は一度も碧くなったことはないが、その頃の日本人の中には、外国人はみな碧い眼で、赤い髪をしていると信じていたものが、少なくなかったのだ。初めは私も、私の眼は碧くはないです、と言って抗議した。しかししまいには私も降参して、その渾名を受け入れ、日本語で出版した初めての本のタイトルにさえ使わせて貰った。

また別の記者は、彼が組織した分野のちがう芸術家を集めたグループについて、いろいろ話をしてくれた。彼らは定期的に集まって、伝統芸術が現代の日本に対して果たし得る役割を検討しているのだと。そして私にも会員になってくれという。ぜひ他の芸術家たちと知り合いたかったので、私は二つ返事で承諾した。こういう具合に私は、さまざまな芸術家たちと知り合うようになったが、彼らの年齢は、だいたいにおいて私と似たりよったりであった。陶工あり、歌舞伎役者あり、木版画家あり、画家などがいた。そして芸術に関心のある学者にも、事欠かなかった。

私は初めから、温かく扱われた。そして今でも、メンバーの中の幾人かと会うこともある。だが次第に私も、私がこの会合に出席する理由と、会員の人たちが私の出席を望む理由との間の矛盾に、気づくようになった。私は自分自身を、徹底的に日本の文化に同化させて考えたいし、ある意味では、私もそれに貢献していると感じたいと熱望していたのだ。ところが常に私は、外国人は日本の文化のあの面、この面をどう思うか、といったようなことばかり訊かれるのだった。私が外国人であること、これはいうまでもない。そして彼らの傾向が自然な質問だったこと、これもいうまでもない。しかし私は、自分の外人性（フォーリンネス）を忘れてしまいたかったのだ。ところが、だれかが私に話しかける度に、それを思い出させてくれたのである。私としては、それがどんなにげんなりすることだったか、お分かりいただけるであろう。

中でも一番頭に来たのは、私の個人的な意見を訊くのではなく、まるで私が、世界中の非日本人を代表して答え得るかのように、外国人はこれをどう思うか、というふうに訊いて来る傾向であった。私の趣味は、どんな国、どんな階層の人々を代表するものでもないといって抗議した。しかし彼らが訊きたかったのは、そんなことではなかったのだ。私は、自分の外国人顔を隠すためのお面をかぶるか、あるいは日本語をすらすらしゃべって、私が外国人だということを、彼らがすっかり忘れてしまうようにしてやりたいと、どんなに思ったことか。しかしとうとう私は諦めて、その会合に出るのを止めてしまったものである。だが今は、それが残念でならない。もしかして私がもっと忍耐強かったならば、皆も私を、いつまでも客人扱いにはしないで、ついには友だちとして受け入れたのにちがいないからだ。

　京都の知的芸術生活の中に、なんとか自分の居場所を見つけたいと努力をしているのに、あれやこれやの邪魔が入って、げんなりしている矢先に、幸いにも私は、自分の嘆きを、夕食を食べながら、永井さんに打ち明けることが出来た。そしてこの稀有の良識家は、常に問題を、物事との正しい相関関係において説明してくれたものだった。例えば彼は思い出しながら言う。アメリカに留学していた時、アメリカ人に訊かれた質問に、「日本でも雨ってもの降りますか?」というのがあったこと。それから彼がプールへ泳ぎに行った時、当時のオリンピックで鳴らした日本の「トビウオ」古橋広之進のことはみな知っていて、日本人はだれでも古橋のように泳ぐものと信じ込み、永井さんがプールの向こう側までゆっくり泳ぎ渡った時、みなは失望の溜息を洩らしたという話などをしてくれた。それから何年もあとのことだが、私はある時、超現実派詩人のジャック・ヴァシェによる印象的な言葉に出くわした。“Rien ne vous tue un homme comme d'être obligé de représenter un pays.” (きみを殺そうと思えば、なによりも、きみにきみの国を代表させることだ)。

　今、一九五三年から五五年までの京都生活を振り返ってみる時、まず思い出すのは、私が住んだ家、そこで作った友だち、寺や神社を毎日のように訪れたこと、狂言の稽古、その他、当時の私の人生に起こった楽しいことばかりだ。これらの回想は、決してロマンティックに美化されたものではない。私は本当に幸福だったのだ。時に私を落胆させた事件を思い出すのには、ちょっとした努力が要る。しかしこの頃、永井さんと昔のことを話し合うと、彼は私が意気消沈していた日々のことを、はっきり憶えているらしいのである。

あの最悪の事件も、出だしはまだ、幸先がいいかと思われた。私はある重要な文芸雑誌の編集者から、日本の古典文学を論じたある新刊書の書評を書くように頼まれた。当時の私のような無名の若僧が、この雑誌から執筆を頼まれるのは、名誉なことだった。だから私は、その依頼を喜んで引き受けることにした。ところがその本を読んでみると、それが私とおそろしく性が合わないことが判明した。なぜなら三人の筆者は、三人が三人とも、日本の古典文学は、どの時代のものでも、それがどれほど「民主的」であるかによって、その作品のよしあしが決まることを立証しようとしていたからだ。平安時代を受け持った筆者は、中でも一番教条主義的だったが、どうやらそれは、彼が論じている作品がおおよそその書き手の身分においても書きっぷりにおいても貴族的だったからである。彼は『古今集』のような作品は、完全に無視していたし、他の例えば『枕草子』のような作品は、下層階級に対する作者の態度が傲慢（ごうまん）だといって、さんざん批判していた。そして『源氏物語』は、支配階級が抱えた数々の矛盾の、仮借ない暴露だという解釈であった。

私は結局その書評を書いた。それは批判的ではあったが、批判し過ぎというほどではなかった。そして褒めるところがあれば、出来るだけ褒めた。この書評は、数カ月印刷されなかったが、やっと出た時には、同じ書物を別人が書評したものと抱き合わせになっていた。そしてその批評家は、その本を傑作と呼んで、褒めちぎっていた。どうやら雑誌の編集者は、私の書いたような「反動的」な書評に、もう一つの書評のような対照的なものを併載して、いわば中和しなければ、読者に逃げられてしまうことを恐れたのであろう。しかも同じ雑誌の次の号では、三人の中で最も教条主義的な筆者に、私の書評に対する答えのようなものを発表させている。彼はまず、私の記事は、頼まれもしないのに書いた、いわゆる「投書」だとしてしりぞける。自分が私に原稿を依頼したことを忘れているはずはないのに、担当編集者は、何故かその字句を訂正もせずに、そのまま載せたのである。それ以外には、その記事は主として私への個人攻撃に終始していた。彼によると、私は、弾劾すべき「貴族主義的プチ・ブルジョワで、頽廃した西洋人」だということであった。

今日こういう発想で物を書く人を想像するのはむずかしい。第一、問題の記事の中で、私が「貴族主義的」であり、同時に「プチ・ブルジョワ」だといって弾劾されたことに、おかしがることさえ出来る。だがその時は、おかしがるどころではなかったのだ。私は早速、またそれに対する返答を書いた。そしてそれを編集者に届けたが、受け取ったという葉書さえ来ないのだった。私は私を知り、私の仕事を知っている数人の人に、私のために何か書いて、援護射撃をしてくれるように頼んだ。しかし彼らは、古典文学は知らないからとか、あるいは相手の攻撃を無視するのが最良の戦略だといって、尻込みするのだった。実際今にして思えば、無視することが、多分最良の戦略だったことであろう。しかし私は、あまりにも腹が立っていて、それには気がつかなかったのだ。私は自分の友だちに裏切られたと思い、大いに意気消沈した。しかしこれら一連の出来事を、今日振り返って見ると、私は自分の傲慢さを思い知らされ、まことに恥ずかしい思いがする。単に私の感情をなだめるために、ギロチンの下に、わざわざ自分の首を差し出す義理なぞ、だれにもないのである。

事件は、過ぎていった。そしてそのうちに、私だけでなく、他の人もみな、この件を忘れてしまった。その編集者とも、仲直りが出来た。しかしこの問題で私がまだ悩んでいた間、私にとっては大災厄とも思えたこの事件について、永井さんは、もううんざりするほど、私から愚痴を聞かされたにちがいないのである。

## よき時代の京都

一九五三年から五五年にかけて、私が京都で過ごした生活にまつわるいろいろな悦びを、今思い起こしてみる時、そのうちの多くが、今やほとんど消え去り、ただ私の郷愁をかき立てるだけの、日常生活の中の小さな悦びだったことに気がつく。

例えば、下駄(げた)の音が、私は好きだった。特に夜、近所の人たちが、丘の麓の銭湯へ往き来する時など。これは私にとって、最も日本的な音だったのだ。鶯(うぐいす)や蛙(かえる)、それは言うまでもなく、現在の車の轟音(ごうおん)よりも、日本の音であった。その頃、つまり「マンション」というものがまだなくて、みながもっと大地に近く生きていた頃、庭の垣根の向こうから聞こえてくるカランコロンという下駄の音は、容易に私を、明治時代に連れ戻してくれたのである。私自身も下駄を履(は)くのが好きで、下駄常用者がやる、あの引きずるような音が出せるようになるまで、稽古を重ねたものであった。今でも下駄を履いている人は、いないでもない。しかしあのなつかしい音を聞くことは、もう滅多にないのだ。そう思うと、もう絶滅が近いというあのトキという鳥の運命を思う時同様、悲しくなる。トキもまた、昔はそのラテン語名がニッポニア・ニッポンとあるとおり、典型的に日本の鳥とされていたのである。

風呂敷もまた、もう一つ人生の小さな悦びである。もちろん、今でもまだ使う人はいる。しかしこれも最近では、結婚式の引出物を包むのに使われる以外は、滅多に見ることがない。こういう美しいものは、今やビニール製の買物袋に、取って代わられた。私もある時、手に持ったたくさんの小さな包みがどうにも手に負えなくなったので、東京の地下鉄駅で一つ買ったことがある。しかしこの買物袋のデザインは、風呂敷が絹だった時のように装飾文字でも花模様でもなく、また木綿だった時のように唐草模様でもなかった。その代わり、袋の表面に斜めに英語でMIND KID、そしてその下にもっと小さな字で、IT'S TIME NOW, AMAZING AND AMUSEMENTと、奇妙な英語が書かれていた。私が見た他のビニール袋の英語も、まるでタイプライターにつながれたサルがでたらめにキーをたたいているうちにできた文のようなものだった。しかも正直いって、同じ奇妙な英語でも、これらの例は、昔明治時代の古風で趣きのある英語の誤りが持っていた魅力に欠けている。そして風呂敷が持っていた優雅さと比べると、その差はまさに痛々しい。

今の日本の贅沢を満喫していると、三十八年前の京都のつましさが、むしろなつかしい。つましさは、けちと同じものではない。いや、つましいものだけが、真に気前よくなれるのだ。この習慣はまだ少しは残っていると思うけれど、私が思い出すのは、進物が包まれて来た風呂敷を相手に返す時、その中に一枚の紙でもいい、何かを入れるという習慣だ。これは明らかに、「大切なのは物より心」ということわざを見現化した、象徴的な行為だといえよう。

その頃、ルノーの小型タクシーに乗ると、最低料金が六十円だった。京都人ならたいていの人は、料金メーターに次の十円が上がるまでにどれだけ走れるか、正確に知っていた。そして運転手に、それだけの距離しか行かないようにと、頼むことを忘れなかったのだ。その頃、京都の市内でも、舗装された通りは少なかった。したがって立ち並ぶ商店の持ち主は、店の前に埃が立たないよう、毎日何時間も費やして、通りに水を撒いたものだった。これらの舗装してない通りは、でこぼこしていた。だから舗装した道を行きたければ、廻り道をしなければならなかったのだ。京都駅でタクシーに乗り、私の家に行って下さいと頼むと、たいてい運転手は訊いたものだ、「よい道を行きましょうか?」。この質問の意味は、もし一番近い道――つまり舗装していない道――を行けば六十円、しかしもし「よい道」を行けば七十円になりますぞ、ということだった。「よい道」を選ぶことによって享受出来る、なんと楽しい贅沢感!

フォード財団からのささやかな奨学金でもって、一九五三年という年に、私の手に入れることの出来た悦びは、本を買うことがその一つだった。なんと安かったことだろう! 今思うと信じられない位であった。新刊書は、普通二百五十円を出ることはなかった。もし寺町や丸太町の埃っぽい古本屋を丹念に探していけば、古本ならば、たったの二十円で買えることもあった。私は当時手に入れた古本の何冊かに、買った時の値段を鉛筆で書き入れておいた。同じような本を今買えば、ゆうにその百倍はするのである。

私は谷崎潤一郎の初版本を集めることにした。その頃は、初版本の方が、第二版あるいは第十五版の本より概して安かったが、その理由は、初版は当然出たのが古いから、それだけ汚れていたのだ。たいていの谷崎の初版本に対して、私は一冊百円も払っていない。谷崎の初版本で一番高い金額を払ったのは、『細雪』の上巻で、戦争中に出版された二百部限定の私家版だったが、私はこれに七百円払った。私の買った本には、谷崎の自署だけではなく、作者手書きの短歌も入っている。今ならこんな本は、金をいくら積んでも、手に入れることはむずかしいだろう。いっそ谷崎以外の作家の初版本も、あの時買っておけばよかったと、今になって悔やまれる。

旅行もまた安く出来た。京都大学の学生だったから、学割の特典があって、もともと安い国鉄の切符をどこへ行くのでも、ある一定の回数は、五割引きで買えた。日本国内で旅行しようと思えば、交通公社クーポンを買うだけでよかった。千五百円支払えば、日本中どこでも、最高の旅館に泊まれて、しかも二食付であった。これで入った宿では、特に松江で泊まった旅館が忘れ難い。宍道湖のすばらしい景色を見晴らす大きな部屋で、島崎藤村お気に入りの部屋だったという。和歌山県のある温泉では、宿のおかみがやって来て、申し訳なさそうに、一番高い部屋は、千二百円頂いております、といったものだ。あと三百円あげたら、このおかみさん、腰でも抜かしただろうか？　そして最高よりは少し落ちるが、といって文句のつけようのない部屋が、ドルの交換レート三百六十円の時代に、ただの六百円で泊まれたのである。

こういうふうに、私のノスタルジーに彩られた消え行く日本の思い出をあげていくと切りがない。そして私は、もうその頃でさえ、遅かれ早かれ、楽園は失われるだろうと、ぼんやりとではあるが、気がついていたらしいのだ。松山城を訪れた数年後に発表した日本語のエッセーの中で、私は次のように書いている、「松山城の麓に着くと、やはり例のおみやげ屋が並んでいて、拡声器が野球の試合を鳴り響かしていた。どこへ行っても同じような店で、さまざまのおみやげも同じく大阪の工場で作られているのだろう。そう思うと、面白い考えが浮んで来た。私が老人に会って昔の思い出話を聞かされるとき、『昔の東京はつまらなかった』とか『昔のニューヨークの料理屋はちっともおいしくなかった』とかいう言葉を一度も聞いたことがない。もしも私が老人になってから『松山城の商店街はつまらなかった』と云えば、老人である役目を裏切ることになろう。そう思っておみやげ屋を見直した。『その当時は今と違って女店員たちは皆丁寧であって、微笑しながらいろいろの珍しいものを見せてくれた。本物の砂糖で作ったおいしいお菓子もあって、現在見られない手製の人形もあって、手ぬぐいは木綿という昔の織物で作られて、それで身体をふくと何とも云えない好い気持ちでした』とでも云うことにしようか。」（「四国さかさ巡礼記」）

日本中の商品が合成物質で作られるような未来を予想した時、私は本気ではなかった。しかしそのことにおいては、当たらずといえども遠からずだったのだ。そしてそれは、一九五七年という時点では、大変珍しい予言だったのである。

## 伊勢式年遷宮

一九五三年の九月、私は伊勢大神宮の式年遷宮のことを耳にした。その遷宮は、普通二十年毎に取り行われるのだが、今度は戦争があっておくれていたのだ。それがいよいよ来月、つまり十月に行われることになったというのだ。『おくのほそ道』の終わりの所で、芭蕉は、この遷宮式を見に行くことを書いている。私も芭蕉のひそみにならいたかったのである。

といってどうすればこの式に招待されるのか、私にはまったく見当がつかなかった。そこで私は、教えを乞うために家から一番近い大きな神社、北野天満宮へ出かけて行った。そして宮司（ぐうじ）に会ったが、これが機縁となって、彼とその家族と私とは、以後親しい友だちとなり、その関係は、私が京都にいる間じゅう続いたのである。そして十月が来ると、私たちは伊勢に出かけたのであった。

五十鈴川（いすずがわ）と、あのすばらしい木々をチラと見た時から、伊勢の美しさは、完全に私を圧倒した。前夜大雨が降ったけれど、川の水は美しく透きとおっていた。砂利道を踏んで社殿に近づく前、口をすすいだり、手を洗ったりするやり方は、すべて私の前を行く参詣者たちに倣った。それまでにも他の神社を訪れたことはあったが、この神社での経験は、完全に他とちがうものに思えた。ここには、一種特別の、神々しい雰囲気があったのだ。大神宮に近づいた時、私は参詣者の真似をして、まず賽銭箱に硬貨を投げ込んだ。いや、あれは硬貨ではなく、紙幣だったかもしれない。なぜなら、当時では、硬貨は五円と十円だけで、十円札のほうが硬貨よりもっとよく用いられていたからだ。私はお辞儀をして、柏手を打った。その時なにを祈願したか、もう憶えていない。しかしまさにその時私が享受していたもの、すなわち伊勢の平安と美しさに勝る、なにか祈願すべきものが他にあっただろうか？

遷宮の式は、あたりが暗くなるまでは始まらなかった。けれども何時間もござの上に座って、群衆は辛抱強く式の開始を待っていた。式への招待状には、男は紋付あるいはモーニング、女は紋付かローブ・モンタンテ（立ち襟の礼服）着用のこと、と明記していた。私は見ただけでローブ・モンタンテと分かるかどうか自信がなかった。しかし見渡したところ、私のまわりの人々は、指定された服装が着用出来る余裕があるようには見えなかった。日本の戦後の復興は着々と進んでいた。しかしそれは国民の衣服までには、まだ反映していなかったのである。

しばらく待っていると、突然拡声器が騒々しい声でわめき立てるのが聞こえた、「ドナルドさま！　ドナルドさま！」。これは私のことだと思った。そこで私は、拡声器が教えてくれた場所へと歩いていった。どうやら名士ばかりが座る招待席に、私の席を作ってくれたらしいのである。こうして私は、ござの席を立っていくことになった。拡声器で名前を呼んだ時、なぜ私の姓ではなく、名のほうを使ったのか、と後で訊いてみたら、だれかが、「もしキーンさんと呼んだら、みなさんが、韓国人が来たかと思うかもしれないでしょう?」と答えた。この返答は、まことに意外で、その場の趣旨にもふさわしくないと思った。だから私も、返す言葉を、なにも思いつかないのだった。

遷宮の式典は、かすかな雅楽(ががく)の音から始まった。真っ暗闇の中に、松明(たいまつ)の炎が閃いた。初めの松明に他の松明が、ゆっくりと合わさって列を作った。そして行列は、古い社殿の石段を降りて、新しい社殿へと続く砂利道を、曲線を描きながら進んでいった。行列のクライマックスは、神官たちが支える長い絹製の天蓋(絹垣(きんがい))の中の新しい社に、神が移された瞬間であった。天蓋が群衆の前を通り過ぎた時、みなは柏手を打って拝むのだった。そしてその音の波は、天蓋の移動につれて、一つの箇所で静まるとまたその次の箇所で起こるというふうに、行列と平行して横に動いて行った。この儀式は、私が日本で見たすべての宗教儀式の中で、間違いなく一番感動的なものといえた。

## 嶋中鵬二を訪問

私が京都から東京へ初めて行った時は、野間教授と京都大学の学生たちとが、いっしょだった。東上の目的は、皇居のなかにある図書寮で、資料を調べることだった。当時京都から東京まで行くのに、夜行列車で八時間近くもかかった。そしてその晩、私はほとんど立ち詰めだったが、まだ若かったから、その位のことにはへこたれなかった。あるいはメトロポリタン歌劇場での、私の年末の立見席の体験（特にワーグナーの公演）のおかげで、私の脚も強くなり、これしきの試練に音を上げることはなかったのかもしれない。図書寮では、果たしてどんな書物を見たのか、全く記憶がない。あるいはそれは、あまりにも優雅な筆跡であって、私には一字も読めなかった、なにか古い江戸時代の資料ではなかったろうか。しかしともかく、このような貴重な文献を見せて頂くという特権を与えられて、大変感謝している、といったようなことばを述べたことは憶えている。

まっとうな日本文学の学者としての地位確立のための、こうした試みよりも、はるかに私にとって重要だったのは、嶋中鵬二（しまなかほうじ）を初めて訪問したことであった。永井さんと嶋中さんとは、幼稚園時代からの友だちだったが、私が東京へ行くことを知った永井さんは、それでは嶋中さんにお会いなさいと、紹介状を書いてくれたのだ。嶋中さんは、私と同年配、彼の父の没後、父の跡を襲って中央公論社の社長をしている人物である。彼自身学者になりたいと思っていたのだが、戦争中（中央公論社の自由主義的傾向は危険視され、一九四四年、出版社活動を停止せざるを得なかった）、兄が亡くなったあと（軍部による虐待がその一因）、学問の道を進むのを諦め、大出版社の命運を預ることになったのだ。

私は時々、もし自分が学者になれなかったとしたら、なにになっただろうかといぶかることがある。私が嶋中さんのように、大きな組織を経営していけたとは、とても思えない。おそらく私がなんとかやれた一番ましな仕事は、京都で観光ガイドをやることだったかもしれない。しかし嶋中さんは、一つの世界からもう一つの世界への移行に、見事に成功したのである。

彼は私のためになにかお役に立つことは？　と訊いてくれた。そこで私は（現代日本における伝統芸術の存続の状況という、フォード財団に出した私の研究計画を思い出して）、だれでもいいから、伝統を作品の中に活用している作家がいたら会いたいと答えた。というわけで、私が初めて日本の作家、木下順二（きのしたじゅんじ）に会ったのは、ひとえに嶋中さんのおかげだったのである。日本の古い民話に材を採った彼の戯曲『夕鶴（ゆうづる）』は、長い間大好評のうちに上演されていた。私が知っていた京都の伝統芸術集団のメンバーが、新しい舞踊劇、または人形劇を創作するに当たって、伝統的材料をうまく使っている模範として、よく『夕鶴』の名をあげていたのを、私は思い出していた。そして事実この劇は、オペラとしても、能楽としても、大変見事に作られていた。

木下さんの戯曲は、現代の文学作品の中に生かされた、日本の伝統利用の好例であった。対話は、標準語でもなく、実在するどの方言でもない、木下さん自身が作った、特別製の方言で書かれていた。それには、いろいろな方言から借りて来た要素が含まれていて、彼の物語に、一種の普遍性を与えていた。私は彼に会って、楽しく話し合った。なにかエリザベス朝劇を二人で日本語に翻案するという共同作業などをやってみるのはどうだろう、という話さえ出た。それはしかし、一つの点において、同意に達するには到らなかった。つまり日本の伝統に対する彼の興味は、民話ないしその種のものに焦点が絞られていたが、一方私のほうは、そういうものより、もっと純粋に文学的な伝統に関心があった。ある時、小野小町（おののこまち）について書いてみる気はないか、と彼に訊いてみたのを、私は憶えている。しかし木下さんは、関心がないという。それからほんのしばらくして、小野小町の物語を、すでに現代劇に翻案した日本の劇作家がいることを、私は知ったのだ——三島由紀夫（みしまゆきお）である。

## 三島由紀夫のこと

私が三島由紀夫に初めて会ったのは、一九五四年の十一月、東京・歌舞伎座の階段の所であった。この会合は（そして多分会合の場所も）、自作の材料を日本の伝統芸術から汲み上げている現代作家に会いたいという私の希望を知っていた嶋中さんが、アレンジしたのだったと思う。その日の歌舞伎座では、鰯売り（いわしうり）に恋をした御所に仕えるあるお姫様に関する、十六世紀の滑稽な話を下地にした三島さんの芝居が、上演されていた。当時は、多くの日本人が、日本の過去にもまだなにか興味深いものがあるという考えを信じようとしなかった時代。その時代に、三島さんがこの作品で行ったことこそ、まさしく私にとって、最も刺激的な伝統の活用だったのである。

会合の場所もまた、以後三島さんと私との間に発展する友情の一側面を、あたかも予言していたように思えた。私たちは二人でよく劇場へ足を運んだものだったが、それは歌舞伎だけではなく、能、文楽、現代劇、それにオペラさえ含んでいた。私たちはこの公演（にかぎらず、その後何度となく）を、客席の後ろにあるガラス張りのボックスから観たものである。役者の科白は、少し聞こえにくくなったが、その代わり、おかげで三島さんは、他の客の邪魔にならずに、演技について遠慮なくコメントを言うことが出来た。歌舞伎についての三島さんの知識は、玄人はだしであった。彼はさまざまな役の、それぞれ異なる幾通りものスタイルに精通しており、将来いつの日にか大成する役者を、ぴったり言い当てることが出来た。ほんの一年前、私は、三島さんが戦争中まだ十代の時、観た歌舞伎の感想を書きつけていたノートを読んだことがある。今日、彼のようにすぐれた眼識を持つ者は、それほど多くはないのではないか。

芝居見物にもまして、ただ三島さんといっしょに話したり、飲み食いするだけで楽しかったことを、私は思い出す。初めて会った時、私が彼の作品で読んだものは、短篇が少々だけであった。したがって私が彼の大作を読んでいないことに、彼がつむじを曲げはしまいかと恐れていた。しかしその晩、夕食を共にしながら、新しい友だちを作ったことに、私は特別の心のたかぶりを感じていたのだ。新しい友、それは会話の材料がタネ切れになることなく、永久に話し続けることの出来るような友だったのである。その時の三島さんの風貌がどのようだったか、今どうもうまく思い出せない。それは後年の彼の印象が、私にはあまりにも鮮明だからであろう。すなわち、頭髪は短く、五分刈くらいに刈り込んで、わざと決然とした表情(少なくとも写真に撮られている時)を見せていた頃である。しかし私が彼に初めて会った頃の様子が知りたければ、『潮騒(しおさい)』の英訳本の表紙に出ている、髪にウエーブをかけ、魅力的な微笑を浮べた——三島さんの写真を見るのが、一番の早道であろう。三島さんという人は、けた外れの意志力を持つ人物で、その気になれば、世間に見せる自分の顔の、表情さえコントロールすることが出来たのである。しかし彼について、なによりも私がよく憶えていることは、彼の笑いであり、パロディーや、ユーモラスな誇張への、彼の飽くことのない悦びである。

しかしあの笑いもまた、本物の喜悦からというよりは、彼の意志の力を反映するものだったかもしれない。彼のある日本人の知人が私に言ったところによると、三島さんは口だけで笑って、眼では笑っていなかったという。私たちが人の眼の中に、果たしてなにものかを読み取れるものかどうか、私にはよく分からない。しかし私がこういうことを言うのも、彼の気分に対して、私が十分敏感ではなかった、という事実を物語るにすぎないのかもしれないのだ。私たちが知り合った初めの頃、彼は「粘っこい」付き合いはいやだ、とはっきり言ったことがある。そして事実、自分の秘密を、私に打ち明けたことはなかった。ただ一度だけ、私が彼に会った最後の少し前くらいの時に、うわべの高笑いと、わが仕事を誇りにしている作家なら、当然持つべきだと彼が見なす自信とは、なにか矛盾するものを、私は彼の眼の中に見てしまった。しかしその時も、彼に「粘っこい」質問をすることを、私は控えた。

一九五四年の十一月、私たちが最初に会った時以来、三島さんと私とは、私が京都から東京を訪れる度に、会うことになった。今ではもう信じ難いかもしれないけれど、私の汽車が到着する時、彼はよくプラットフォームで待っていたのである。古風な意味での、正しい作法を守っていたのだ。そしてその当時では、駅頭に友を迎えるのは、まだ十分、日本的エチケットの一部だったのである。

私たちは普通、芝居かなにかを観る前か後に、いっしょに食事をしたものだった。ところが彼は、決まって一流の料理店に、私を招待してくれた。私は人ごとながら、お金のことが心配だった。だからどんな贅を尽くした料理よりも、彼との会話のほうがもっと楽しいのだということを、彼に納得させようとした。しかしこの点でもまた、彼は古式を守った。客をもてなすには、それ相応の作法があることを、彼は忘れなかったのだ。しかしこの態度は、その数年後、三島さんがニューヨークを訪れた時に、あまり芳しくない結果を招いた。私は、自分が東京で彼に連れて行って貰うような豪勢なレストランへ、彼を招待する財力はなかった。といって私が日頃食べているような所へ彼を招待するのも、気が進まなかった。というわけで、私はしばしば、彼が一人だけで食事をするに任せたのだ。そしてこれは、私たちの長い親交の間に私が犯したいくつものあやまちのうちの一つにすぎない。

最悪の間違いは、私たちが改まった言葉遣いを止めて、旧友同士のもっと気楽な言葉で話そうではないか、という彼の提案に、私が従わなかったことであろう。敬語などで話し合っては、どうしてもその相手に対して、親密さが感じられない、と三島さんは言うのだった。しかし正直言って、私にとっては、「きみ」、「ぼく」などという、古い友だち同士にふさわしい言葉遣いよりは、もっと丁寧な日本語のほうが、ずっと話し易かったし、今でもそうなのである。私が日本語を習い出した時、私はもう成人だった。それに、自分の兄弟姉妹、あるいは同級生などと、日本語を使っておしゃべりするという機会にも、恵まれたことはなかった。だから私が、だれかを呼ぶのに、「さん」の代りに「君」を使っても、それで別に、相手とより親密になったとは、感じられないのだった。思うに、そういう時の私は、多分日本人が、外国人の友人に、「ファースト・ネームで呼んでもいいですか?」と許可を求められる時に感じるのと同じように感じたのではなかろうか。しかし私がどう感じようと、私は三島さんの要請に応え、私でなく、彼が好む言葉遣いを採るべきであったのだ。もし私がそうしていたら、彼は私のことを、いつも大切な客人ではなく、気易く語り合える朋輩として、取り扱ったのではなかっただろうか。

三島さんとは十七年間、友だちとして付き合ったけれど、その間私たちの間に、これといって深刻な誤解やわだかまり（彼が他の友だちとの間には、持つことが多かった）が、生まれたことはなかった。しかし一種の緊張を感じたことはあった。そしていつの場合も、その咎は、思い出せる限り、私のほうにあったのだ。例えば、それから何年もあと、三島さんが、ノーベル賞という形に代表される文化的栄誉に執心し始めた頃、自分の作品が少しでもたくさん翻訳されれば、自分がこの賞を獲得するチャンスがそれだけ大きくなる、と彼は信じ込んでいた。そして私が彼の『愛の渇き』という小説を褒めていたのを知っていて、私に、あの小説を翻訳してくれと頼むのだった。私のほうは、あまり気が進まなかった。というのは、日本文学史の仕事で、完全に手一杯だったからだ。しかし私は、いつまでという締め切りさえなければやります、と彼に約束した。ところがその後しばらくして、安部公房の『友達』という芝居を観てしまった私は、あまりにもそれが面白かったので、その英訳をやる気になってしまったのである。これを知った三島さんは、不愉快だという気持ちを表明した。手紙を書いてきて、自分も安部公房の芝居は高く買っている。しかしそれとこれとは話が別だ。あなたは私の小説のほうを先に翻訳する倫理的な義務がある、といった内容のことをいって来た。今その古い昔のことを振り返ってみて、彼の言い分が正しかったことを、私は認めざるを得ない。しかしその時は、劇作品の翻訳のほうがはるかに楽しく、第一、文字のいっぱい詰まった小説より、仕事としても楽なように思えたのだ。そして彼の感情を考慮に入れることなく、私は自分のやりたいようにやってしまったのである。私はそれを後悔している。三島さんとは関係のないものも含めて、私の人生において私がしでかした、他のたくさんのあやまちを今後悔しているのと同じように——。

三島由紀夫と私との間の友情関係には、時折の緊張はあった。しかし彼と共に過ごした時についての私の記憶は、すべて幸せなものばかりである。彼の多面的な才能、ユーモアのセンス、そして並外れて鋭い知覚力などが、彼の会話を魅惑的なものにするのにあずかって力があった。また三島さんこそ、私が知っていた、天才と呼ぶにふさわしいただ一人の人物であった。私は「天才」という言葉を、軽々しくは使いたくない。ある種の日本人には、外国語を二カ国語話せる人間を「天才」と呼ぶ人がいる。しかし私は、三つか四つの言葉を易々としゃべる、あまり賢くはない人間も少なからず知っている。そして天才でなくても、一ダースもの言語に精通した専門の言語学者も、この世にはたくさんいるのだ。つまり私にとって「天才」とは、並の人間には不可能な行為を、易々と、なんの努力もなしにやってのけることの出来る人間なのである。

三島さんが書いた原稿は、モーツァルトの手になる楽譜の頁を思わせた。消したり、書き加えたりした跡は、全くないのだ。小説とか、その他の少しスケールの大きな作品を書く時には、予め大型の紙の上に、筋書きの長い概略を書き入れた。これが出来ると、その後は（彼自身の言葉でいうなら）骸骨に肉を付けるだけだったのだ。三島さんにとっては、これはきわめて簡単なことであった。本当のところ、他の作家が、言葉でもって悪戦苦闘しているのを見て、全く合点が行かなかったらしいのである。彼の戯曲『サド侯爵夫人』の、私の英訳第一草稿が出来上がったことを、手紙に書いてやった時、彼はすぐに電報を寄越して、「万々歳！」といって来た。私の場合、第一草稿とは、自分の翻訳を、これから読むに足るだけの英語へと磨き上げるという辛い仕事の、まだ始まりにしかすぎないのだ。しかしこんなことは、天才三島には、分かるはずはなかったのである。

私は三島さんが見せた妙技の、もう一つの例を憶えている。一九五七年、私の英訳になる彼の ***Five Modern Nō Plays***（『近代能楽集』）が出版された。するとすぐにたくさんのプロデューサー志願者が、この能楽集に興味を示した。そして（本の出版のことでちょうどニューヨークに来ていた）三島さんは、志願者の中から、自分がこれぞと思った青年を二人選んだ。彼らは、三島さんの劇の公演に必要な費用を、なんなく集めることが出来ると思っていたのだ。そして彼らの唯一の懸念は、ヒモ付きの金では困るということであった。しかし残念ながら、彼らはついに、よいスポンサーを見つけることが出来なかった。そして三島さんは、ニューヨークにとどまったまま、辛抱強く吉報を待った。この時、二人のプロデューサーが、名案を思いついた。「どこかで読んだのだけれど、日本では、悲劇的な能楽の合間に、確か狂言とかいう喜劇をはさむそうですね。これはとても面白いアイディアだ。そこで三島さん、一つ現代的な狂言を書いてくれませんか?」。三島さんはすぐに、言われた通りにそれを書いた。私は、彼が書いたその原稿を持っているが、これにも書き直した箇所は、全く見られない。

しかしこの新戦術でもってしても、なおスポンサーを見つけることは出来なかった。プロデューサーたちの考えによると、問題は、上演したい三島さんの能楽は、三つとも一幕物だ。しかしアメリカ人は、概して一幕物が嫌いである。そこで彼らは、三つの一幕劇をつづり合わせて、三幕から成る一本の戯曲に書き直してくれないか、と三島さんに頼んだのだ。たいていの劇作家なら、そんなことは出来ないと言い張っただろう。だがもう一度、三島さんは言われた通りに書き直した。そして今度も原稿には、一字の直しも見られなかった。このような人間を、単に作家としてだけではなく、一人の友人としても知っていたことは、以後の長い年月、経済的にどれほど無理をしてでも、私が毎年、ニューヨークからはるばる日本へと戻って来る理由の一つになったのである。

## 著作と講演の楽しみ

京都に住んで二年目に、私は日本語で原稿を書き始めた。それまでに私が日本語で書いたものは、友だちに出す手紙類に限られていた。それは明らかに、受け取った人が読んで理解出来る文章だったが、日本語で果たして原稿が書けるかどうか、はなはだ心もとなかった。原稿を依頼して来た雑誌『文学』の編集者によると、もしある時期までに渡してくれたら、だれかに翻訳して貰う時間がある。だから英語でもいい。しかしもしその時期におくれた時は、日本語の原稿を渡して貰いたい、ということであった。どういう理由だったか忘れたけれど、結局締め切りに間に合わすことが出来なかった。だから私は、どうしても日本語で書かねばならない羽目になったのだ。

初めまず英語で書いておいて、次にそれを日本語に訳してみることを考えた。やってみると、これは、もし忠実に訳すと、途方もなく不自然な日本語になり、もし自由に訳すと、今度は初めの、英語の文章が無意味に思えて来る。そこで私は、初めから日本語で書いてみることにした。だんだん気がついて来たことだけれど、英語では言えても、日本語では言えないようななにかを言い表そうと思った時、やはり私は翻訳していたのだと思う。しかしそこには、ちがいもあった。英語から日本語への並外れてすぐれた翻訳者でない限り、普通の日本語表現の中ではごく当たり前の、二重否定、修辞的疑問文などが、そう簡単には出て来ないのではあるまいか。翻訳機械による翻訳は、いろいろな目的——科学的な書類、ニュースの記録、公式声明書など——には有効であろう。しかしそれが、文学的表現の良し悪しを左右する、語法の識別までするようになろうとは、私には思われないのだ。

原稿を書き終えた時、私はそれを永井さんに読んで貰った。彼は有益な指摘を、いろいろしてくれて、私はそれをみな無条件で受け入れた。しかし彼は、あまりにもたくさん朱を入れて私の感情を傷つけては気の毒だと思い、少しおかしいくらいの箇所は、そのままにしておいたのにちがいなかった。彼はまた、私が旧漢字と歴史的仮名遣いに固執していることに、どことなくじれったいと思ったのではなかろうか。私が古い書き方で書いたのは、まさにそれが、戦争中に、私が習った日本語に他ならなかったからであった。そしてそれまでは、そのやり方を修正する必要を、私は感じたことはなかったのだ。それからまた、英語が母語であるたいていの人がそうであるように、私は歴史的スペリングを変えることに気が進まなかったのだと思う（英語を正しく発音しようにも、参考書としては古いスペリングの本しかないのに絶望して、ヴォルテールは宣言した。ague（マラリア熱）の発音は〈エイギュー〉だ。plague（ペスト）の発音は〈プレーグ〉だ。同じスペル（ague）でも発音はまるでちがう。英語とはなんと厄介な言語だろう。いっそ英語の半分がエイギューという病気にかかり、あと半分がプレーグという病気にかかればいい！）。

日本語を書くことは、それを読むこと、いや話すことよりもむずかしい。しかし私は私の書いた原稿が印刷公表された時、自分の努力がついに報われたことを喜んだ。印刷は、私がそれと大格闘をした末、書き付けた言葉に、いわば権威を与えてくれたのだ。そして私は（ジョゼフ・コンラッドのように）、自分の第二の言語で作家になったことに、大きな悦びを感じた。ところが私の日本語の原稿を受け取った編集者は、しばらくの間は、原稿の末尾に、「原文のまま」という言葉を角括弧（ブラケット）で囲んで入れることに固執したものである。まさかこんなことは、コンラッドには起こらなかっただろう！　しかしあとで聞いたことだが、日本語で書く外国人作家の中には、自分から自作の末尾に、この「原文のまま」を入れるように要求する者も、いくらかはいたという。だからそんな人物の一人は、他の翻訳者たちに、「原文のままさん」と呼ばれていたそうである。とにかく私の目標は、それが翻訳かどうか訊いてみようという考えが起こらないほど、自然な日本語を書くことだったのだ。

私が日本語で物を書き出してから六カ月程経った頃、『中央公論』の編集長から、最近出た創作や評論の月評を書いてくれという依頼があった。私は大変光栄に思い、二つ返事でそれを引き受けた。そして最初の月評は、一九五五年一月号に掲載された。私は編集者で友人でもある嶋中鵬二に、私の原稿を、印刷する前に眼を通して、ぎこちない表現や、不自然な表現（いや、それより、はっきりしたあやまり）がありはしないか、調べてほしいと頼んだ。嶋中さんは言うとおりにしてはくれたが、あまり私の文章に手を入れるのには、気が進まぬようだった。彼が言うには、私の日本語の持つ、そうしたぎこちなさや不自然さこそが、日本語の新鮮な使用という点で、かえって日本の作家を刺激することを、彼は期待しているのだと。私の書くものがだれかに刺激を与えることなぞ想像の外だが、その当時は、私の取るに足りない月評が、日本語の散文文体の向上を促進するかもしれないという考えは、まことに快いものだった。

私は以後、日本語の原稿をしばしば書いている。いずれ日本語に翻訳されるという前提で、英語の原稿は、さらにたくさん書いて来た。初めの頃、日本人は、私自身が本当に日本語で物を書いたことを信じたくはなかったらしいが、近頃は情勢が変わって来て、私は何度となく、日本人読者に読んで貰いたいものはなぜ全部日本語で初めから書かないのか、とよく訊かれる。しかしおそらく怠慢と多忙とが、私にとって一番楽な方法――複雑きわまる日本語の文字よりは、はるかに簡単な二十六文字からなる私の母国語を使って書くほうを選ばせるのだ。だがこれだけが、私がすべての原稿を日本語で書かない理由ではない。幸運にも、私は私の用いる言葉を正確に訳せるだけではなく、日本人読者が知りたいことを、私自身よりよく判断して、適切な日本語にする日本人の翻訳者に恵まれている。時には私の原文より、日本語の訳文のほうが、よりすぐれているように思えることさえあるのだ。

最後に、そして多分これが一番大切な理由だと思うが、心理的な要素が、これには関連している。昔は日本語を書く能力について、自信なさを感じていたから、出来るだけたくさん書いて、自分の能力を証明したかったのだ。ところが今では、自分の日本語がかなりのところまで通用するという自信が出来たから、魅惑はもはや去ったのである。私は、また昔の忙しさとは全くちがう意味合いにおいて、時間の圧力を感じるようになって来ている。老齢の波が私の上に襲いかかり、私を呑み尽くしてしまうまでに、もうどれ位の年月、物が書けると期待していいのだろう、と私は自問してみる。誘惑というものには、どんな誘惑にも私はふらふらついていく傾向がある。しかし、それがどれほど快いものであっても、私を私の仕事から引き離すことは、何物にも出来ないのである。

講演についても、同じことがいえる。私が日本語でした最初の講演は、同志社大学で行ったものであった。なにについて話したかは、もう憶えていない。しかしもしかしたら聴衆が、私の言うことを理解してくれないのではないか、というおそれによる緊張は、今もまざまざと憶えている。このおそれは、今でも時々戻って来る。しかし普通は、私の話の流れに聴衆がついていっていることに、多かれ少なかれ、自信が持てるのだ。私は今までただの二県を除いて、日本のあらゆる県で講演したことがある。しかし私や私の話が、きっちり一時間と三十分、日本人聴衆の注意を引きつけることが出来ることに自信が出来たからには、講演のために、どこか遠い町に呼ばれてゆくという楽しみが、だんだん薄れて来たようなのである。私は自分の心眼に、羽田空港の光景を思い描いてみる――待合所は満席、あるいは席があってもそれは、タバコを吸い通しの男の隣り。搭乗前のラッシュ。機内では私には千回目にもなる救命道具の使い方のデモンストレーションだ（時には昼食時に何も食べずに過ごすはめになる）。そしてやっと目的地へ着くと出迎えの人との名刺交換、必ず訊かれる質問は「飛行機はいかがでしたか？」。もっと刺激的で新鮮な体験を求めるのは、無理なのだろうか。

著述家、そして講演家としての日本における私の体験は、それまで私がしかるべく認識していなかった私の一面に気づかせてくれた。高校生時代に、私は短篇小説を書き、そして将来小説家になることを夢見ていた。しかしそれ以後は、ただ単に学問的な主題――初めは期末論文、後には研究雑誌に載せる論文ないしエッセーという形で――についてのみ書いた。そして自分は、もっと広く、一般読者にも読まれるようなものは書けないのではないか、と思っていた。しかし日本では、私の書いたものは、いろいろちがう性格の出版物――つまり非アカデミックな出版物に掲載されている。思えばイギリスでは、日本文学に興味のある出来るだけ多くの聴衆に聴いて貰いたかったのに、あのケンブリッジでの講演の聴衆は、ほとんどなきにひとしかった。それにひきかえ日本では、私の講演が、かなり多数の聴衆をひき付けることに、私は気がついたのだ。それでもなお、学究の生活——いってみれば頭を丸めない僧侶の生活——こそが、私の進みたい道であると、信じ込んでいた。しかし今の私の内部には、もっと大きな注目を期待する何物かがあることを、私は知ったのである。

## 日本を去る

私は時々、アメリカへ帰ることも考えた。しかし時はちょうど、あの悪名高いマッカーシー上院議員の、非米活動調査委員会が、猛威をふるっていた時代。彼の関心をひくようなことは、なに一つしていなかったとはいえ、私には、彼によって創り出された当時のアメリカの雰囲気には、自由な研究生活をさまたげる何物かがあるように思えた(彼の手先の一人が、京都のアメリカ文化センターに現れて、キーツ、シェリーその他の〝邪悪〟な外国人の作品を、図書館の本棚から取り去るように要求したという)。私はいつかはケンブリッジに戻って、そこで骨を埋めようと、まだ考えていた。しかし日本生活が私に与えた胸のときめき、そして、それまで自分でも知らなかった私の内部にあった可能性への思いが、日本での第一年目の終わりが来ても、この国を去る気にはさせなかった。そこで私は、ケンブリッジ大学へ手紙を書いて、日本滞在一年間の延期を願った。しかしそれは許可されなかった。

ちょうどその時だった。私はコロンビア大学から手紙を貰った。それは私を、日本語・日本文学の助教授として採用したいというものであった。しかし私は、一部の学者が共産主義者の烙印を押されはしないかと心配しながら暮らしているらしい、その頃のアメリカの、アカデミックな生活に危惧を感じていた。そして以前私が、ニューヨークに住んでいた時の不満も、思い出さざるを得なかった。しかし、もう一年日本にいてもいい、とコロンビアの人たちに、いわばお墨付きを貰った時、この問題には自ずからケリが付いた。早速私はケンブリッジに手紙を書いて、ケンブリッジ大学の教職を辞任したいという意思を伝えた。ところがいったん決心が決まると、かえっていろいろな別案が出て来たから面白い。例えば、ケンブリッジに、もう一度採用を頼んでみようかと一度ならず考えた。ケンブリッジは余りにも美しくて、とても去るには忍びないと思ったのだ。ケンブリッジで暮らして十分幸せだった私が、ニューヨークにどう対処出来るか、まったく見当がつかなかった。しかしどちらを採るか迷う度に、京都にもう一年という見通しが、やはり新しい決断力を私に与えてくれた。今という遠い時点から振り返ってみて、この決心は、悔いのない決心だったと思う。私の京都滞在二年目は、一年目よりはさらに実りある年であった。どうしようもない悲観主義者だった私は、自分が再び、これほど長く日本に住むことは出来まい、と心配していたのである。

この予測は間違いだった。しかし、京都のあらゆる素晴らしさを吸収するために必要な若さと順応性は、やはりこの時間にしかなかったのも事実である。

一九五五年の五月、日本を去るのは辛いことであった。空港から私は、自分の感謝の意を京都弁で表した電報を、奥村夫人に送った。私の日本訣別の時を、なるべく引き延ばしたい一心で、永井さんを説得して、香港までついて来て貰った。しかし香港から先は、本だけが、日本を思い起こさせるよすがであった。飛行機の中で、私は永井荷風（ながいかふう）の『すみだ川』を読んだ。しばらくして私は、自分が泣いているのに気がついた。物語に感動したからではない。日本語が美しかったからである。そして今私がまさに去ろうとしている国、日本のことを、この物語が思い起こさせてくれたからである。

一九五五年の五月に私が日本を去る数カ月前のことだ。その後の何年かの私の生活の中で、大変大きな役割を演じることになる夫婦に、私は会った。夫のフォービアン・バワーズは、作家だったが、彼のおもな関心は歌舞伎であった。戦争前には日本に住んでいて、かなり上手に日本語を話した。アメリカによる占領時代、彼はしばらくマッカーサー元帥の通訳の一人を務めたこともあったが、彼がやったおもな仕事は、その封建主義的、軍国主義的要素を問題にして、歌舞伎を追放（パージ）しようとした占領軍当局から、それを救出したことであった。彼は、『忠臣蔵（ちゅうしんぐら）』を上演する許可を得るのに成功した。歌舞伎役者たちは、みなこれに対して深く感謝したという。五、六年前に日本を去ってから、歌舞伎にどんな変化が起こったかを調べるために、一九五五年、彼は日本に帰って来たのだった。

バワーズの妻はインドの作家で、サンタ・ラマ・ラウだった。彼女の父親は、インドが独立を得た後の、最初の駐日インド大使を務めた人物。そしてサンタは、戦後はずっと日本に住んでいた。作家としては、*East of Home*（邦訳『アジアの目覚め』岩波新書）という作品を出版して、評判になっている。彼女が日本からインドに帰る折に試みた、陸路の冒険を記録したものである。

私は彼らの会話に魅了されてしまった。そして彼らの友だち、特に歌舞伎役者に会うのも、楽しいことだった。二人がアジアの他の国の演劇を観るため、これから日本を離れようという時に、彼らは私に、追っかけてインドへ会いに来ないか、と言ってくれた。私が喜んで承諾したのは、いうまでもない。私は一九五三年、日本へ来る途中、観光客として数週間、インドで過ごしたことがあった。しかしその国中でだれ一人知る人もなく、インドについての、それまでの私の知識といえば、コロンビアの学生時代に聴いた、インド美術の講義から得た知識に限られていた。しかしそれにもかかわらず、私がその時インドで見たものは、すべて興味深かったので、今度バワーズ夫妻のような人たちとインドへ行くのは、まことに心躍ることであった。

私たちは、あらかじめ決めておいた通り、マデュライの駅のプラットフォームで待ち合わせた。マデュライというのは、インドの南端に近い町で、そこから私たちは、東沿岸を、まずマドラス、そして最後にはカルカッタへと、自動車で北上したのである。私たち三人の他には、アメリカ人のカメラマンが一人同行していて、車の運転は、ほとんどこの男の受け持ちであった。彼は多分気がついていなかったと思う。しかしその時、形成された私たち三人の親密な友情の中で、彼はまことに重要な役割を果したのである。彼はとび切りいやな奴だったので、私たち三人は自然結束して、普通なら何年もかかるような親密さを、いわば一時に獲得したのだ。例えば、車をスタートさせる時には、彼は必ず「カメさん、カメさん、走れよ、カメさん！」と言わなければ気がすまなかった。この忘れ難い宣言を、十回、あるいは二十回も聞かされた後は、彼が車の点火装置（イグニッション）にキーを入れる度に、私たちは歯ぎしりをし、眼でもって互いに信号を送り合わざるを得なかった。ある時、ガソリンが切れたことがあった。サンタと私とはすぐに車を跳び出し、トランクからジェリー缶を取り出すと、次の補給所まで何マイルもあることを望みながら、楽しく歩き出したものである。このカメさん写真家といっしょにいるくらいなら、歩きすぎて脚がはれ上がってもいいと思ったのだ。ところが残念ながら、ガソリン・ポンプは次の丘のすぐ向こうで、私たちを待っていた。

この旅でも最低の事件は、グンターという所で起こった。私たちはフェリーの最終便におくれてしまい、設備きわめてお粗末な宿屋で一夜を過ごさざるを得なかった。レストランもなかった。けれど男がいて、彼が食べ物を調達してやろうという。そして肉の缶詰一個、クリームの缶詰一個、ミルクの缶一個を持って戻って来た。私たちは憂鬱になることを拒否して、すべてが愉快だと思うことにした。そしてグンターをネタにして、みなでワグナー風オペラのリブレットを書いた。酒なんか一滴も飲まなかったのに、私たちは大いに笑ったものだ。ところが件の写真家は、スーツケースいっぱいの食べ物を持っていて、グンターにいる間自分だけ、ひそかにそれを食べていたというのだ。私たちはそれを何日か経ってから、知ったのである。

途中で汽車でデリーへいってしまうサンタとフォービアンとに私は別れを告げて、例の写真家が運転する車で、カルカッタへの道中を続けた。私たちは直接空港へむかったが、そこで彼は、どうしてもロンドン行きの次の便に乗らなければならないのだ、と言い張って、結構人目につく騒ぎを演じてしまった。私はそれまでの会話から判断してこれは嘘だと知っていたので、あたりの人から彼の連れだと思われるのを恐れて、柱のかげに隠れていた。遺憾ながら、その道化芝居が効を奏して、彼は空席をものにすることが出来た。しかしおかげで私も、少なくともこの男と、それ以上いっしょにいる必要がなくなったのは、もっけの幸いであった。

次の日、私自身もロンドン行きの飛行機に乗った。ヨーロッパに近づくにつれて私の脳裏に浮かんで来た思いが、どんなものだったか、それを想像するのはむずかしくはない。しかし正直いって、この空の旅のことは、なんにも私は憶えていないのだ。日本で二年過ごした後、私はイギリスに戻ろうとしていた。しかし今度は、昔長い間嫌いだった町ニューヨークへ帰る途中に、ほんのしばらく立ち寄る旅行者としての資格しか、私にはなかったのだ。私が決めてしまった未来の方針について、その時何度も考え直してみただろうこと、それは疑う余地はない。おそらく私はそうした思いにあまりにも深く浸っていたために、飛行機が途中で停まった場所にも全く注意を払わなかったのにちがいない。

私はケンブリッジに、そして以前私が二年間暮らした家、私が生まれてはじめて所有した家に戻った（元々学部生の下宿屋として建てられたこの家を、もう一人の同僚と私とで、それぞれ半分ずつ出して買い取ったのだ）。私は入居したての頃、家具の一部――例えば（わが友ディキンズ夫人の父）ハーバート・グリアソン卿が、彼の記念碑的な仕事、ジョン・ダン詩集の編纂をその上でおこなった机など――をニューヨークに送ることを考えた。しかし結局送るのは本だけということにして、毎夏ケンブリッジに戻って来るのだから、と自分に言い聞かせたものだった。ところが、ああなんということだ！　私の同僚は、私がアメリカへ行っていた間にこの家を売ってしまったのだ――私たちは一人が売りたいと思えば、他はそれに反対しないことを取り決めていた――そして私があれほど大事に思っていた机その他の家具類はオークションにかけられ、二束三文で人手に渡ってしまったのである。

私はイギリスを去るに当たって、今度はサウスハンプトンから船に乗った。この船旅についても、憶えていることはなにもない。思うに再び私の頭は、自分の将来のことであまりにもいっぱいで、現在の印象が入って行く余地がなかったのであろう。しかしはっきり憶えていることが一つだけある。林立する摩天楼の頭が、水平線上にだんだんはっきり浮かび上がって来た時の、ニューヨークの最初の景色だ。海路ニューヨークに到着するのは、文字通り、身が震えるほどすばらしい。空からやって来る旅行者には、とても想像できないユニークな体験といわざるを得ない。

その時インドにいた角田先生と打ち合わせてあったので、ニューヨークでの初めの数カ月は、角田先生のアパートを貸して貰うことになっていた。母といっしょに住んでもよかったのだが、そうすると家から地下鉄でコロンビア大学に通うのに、かれこれ一時間あまりかかり、私にはその時間が惜しかった。それだけではない。母と私とは、いっしょに暮らしても、決して幸せにはなれないことを、私はその頃気がつき出していたのだ。私はこの事実を私の日本人の友だちには、私の後ろめたい秘密として、かくすようにしていた。彼らは当然、私が昔の家に戻って、母の面倒を見たいと思っていると、想像していたのだ。しかし、少なくともある意味で、二人があまりにも似すぎているために起こった衝突の数々を、私は忘れることが出来なかった。だから私は、町自体だけではなく、私にニューヨークという町を嫌いにさせた、いわば理由に向かって帰って行くことが、いやだったのである。しかしこの気持ちを、私はどのようにして日本人の友だちに説明出来ただろうか？

母と一緒には住まないというこの私の決心は、多分正しかったと思う。しかしそう信じ込んでみても、それで私がまだ感じ続けていた後ろめたさを、軽減してくれるものではなかった。こうしてニューヨークでの私の新しい生活は始まった。それに先立つ七年間、イギリスと日本で過ごしていた間はうまく忘れていたが、今また浮上して来た自分自身への疑いと共に——。

# Ⅲ

# アメリカと日本と

•

*When I left Haneda in September 1970 for New York, Mishima went to see me off. The practice of seeing off friends at the airport was at one time so much a part of Japanese life that I rather expected to see friends-even extremely busy people-when I left for New York, but I certainly did not expect to see Mishima. I knew that he worked from midnight until six in the morning, and this plane left about ten, leaving him virtually no time to sleep. He was unshaven and his eyes were bloodshot. He said nothing unusual, at least as far as I remember, but he knew this was the last time we would meet.*

•

## コロンビア大学の教師生活

私と日本文学にとって、これ以上幸先のいい時はない、という時期に、どうやら私は、ニューヨークに戻って来たらしいのである。クノップフ社が出した現代日本文学シリーズの英訳は、すでに批評家から好評でもって迎えられていた。それに私が京都で編纂した日本文学英訳選集も、間もなく陽の目を見ることになっていた。一九五三年、ワシントン、ニューヨークその他の都市で開かれた日本美術の最初の大展覧会は、大成功であった。禅は知識人の間で熱狂的に迎えられていた。いや、知識人の間だけではない。例えばその頃、子どもにアルファベットを教えるある絵本を、私は見たことがある。Aは Apple の A というのは尋常だったが、最後の Z は、Zen の Z だ、というのが面白かった。「日本ブーム」は、もう始まっていたのである。

コロンビア大学での私の授業割り当て量は、かなり重かった。日本文学概説（通年）に加えて、一六〇〇年までの日本の歴史、そして日本語中級（二年目）コースを教えた。それだけではない。東洋人文学という大きなコースの極東の部分も、私が教えなければならなかった。これは当時のコロンビアの教養課程の基礎科目になっていた、西洋の人文学中の古典的書物を読むというコースが、そのモデルであった。そして最後に、日本文学の上級を専攻しているある大学院生が、日本語で行われているすべての科目を取っていることが分かった時、彼女のために、日本語講読の特別コースを受け持たねばならなかった。これだけの講義の準備のために、私が忙しかったこと、これは嘘いつわりのないことであった。といってこれだけが、私の仕事ではなかったのだ。先に日本で、ニューヨークのニュー・ディレクションズの編集部長、ジェームズ・ラフリンに、私は会っていた。彼の雑誌『ニュー・ディレクションズ』で、日本特集を組もうとしていたのである。私は彼のために、太宰治の『ヴィヨンの妻』の英訳をしたことがあったが、彼はそれが気に入ったらしく、今度はなにか、太宰の長編を訳してくれという。私は『斜陽』を選んで、それを自分には瞬く間と思えたくらい速く、一気に訳してしまった。太宰と私とでは、私の知るかぎり、性格的に天地のちがいがあった。ところが『斜陽』を訳しながら、これは訳しているのではなく、あたかも自分自身の本を書いているのだ、というふうに感じていた。この感じは、翻訳者として、後にも先にも二回しか経験したことがない。太宰の小説、そしてもう一つは、兼好の『徒然草』である。私にとって翻訳というものは、それぞれ同じ量の絶望と諦めとからなる、概して苦痛に満ちた過程なのだ。ところがそれぞれ異質の作家だったにもかかわらず、この二人の場合、彼らの作品の翻訳は、私にとって、むしろ悦びに近いものであった。

コロンビア大学の教師として、第一年目に経験した忙しさは、また別の要素で倍増された。フォービアン・バワーズとサンタとがニューヨークに戻っていて、きわめて活発な社交生活を送っていたのだ。私は週に少なくとも三回か四回は、彼らのアパートに招待されたものだ。特に彼らの「有名人パーティー」には、名前と写真だけは長い間知っていたけれど、本当に会うことなぞ、よもやあるまいと思っていたような人物が、よくやって来た。例えば、レオポルド・ストコフスキーに紹介されて、腰が抜けたかと思うほど驚いたのを憶えている。もちろんそういう人に会えば、彼らの記憶に消しがたい印象を残すために、なにか飛び切り機知に富んだ言葉を言わねばならないと思って、大いに頭をひねった。いうまでもなく、私がそうした「飛び切り機知に富んだ」言葉を考えつくことが出来たのは――もし出来たとしても、の話だが――パーティーが終わって、ずっと時間が経った後のことであった。この有名人パーティーで私が会った人々の中で、会えば目礼を交わす間柄になった者さえ、ごく少なかった。しかし彼らに会ったことだけでも、私にとっては貴重な経験であり、その点サンタとフォービアンとに、深い感謝の気持ちを持っていた。そして生まれて初めて、今までたくさんの作家が言ったように、ニューヨークという都市は、世界中のほとんどだれにでも会うことの出来る「不思議の都市」だということを、私は認識したことであった。

ニューヨークは、「演劇の都市」でもあった。芝居の切符を買う時、フォービアンは、いつも余分に一枚、私のために買ってくれた。だから私は、ニューヨークに来てこの最初の八カ月くらい芝居をたくさん観たことはなかった。それは私がその時までに見ていた芝居の数を、全部足しても追っつかなかったくらいだったと思う。私たちはオペラへもしげしげと足を運んだ。そしてバワーズ夫妻の親切に、私が何程かでも報いるために出来たたった一つのお返しは、メトロポリタン劇場の切符売場の行列に、朝の六時から立つことだったのだ——マリア・カラスが歌うオペラの切符を買うために——。

今私が、コロンビア大学で教えた最初の年のことを振り返ってみる時、いったいどうしてあんなにたくさんのスケジュール——教えること、翻訳、そしてパーティー——がこなせたのかと、われながら不思議でならない。それからあの頃の私は、かなりたくさん酒を飲んだ。これはなにも、飲みたくてたまらなかったからでもなく、飲酒そのものが楽しかったからでもない。ただパーティーという雰囲気自体が、私を飲みたい気持ちにさせたからであった。パーティーが開かれているアパートへ一歩足を踏み入れたとたんに、なにを飲みますか？　と訊かれたものだ。もし断りでもしたら、相手は仰天しただろう。カクテル・パーティーのあとで芝居を観に行くと、舞台上の俳優に眼の焦点を合わせることが出来ず、一人が二人、二人が四人になって見えたことさえ時々あった。しかし奇跡的に、翌朝は必ず教えることが出来たし、二日酔いというものに悩まされたこともなかった。

教えること自体、こちらのほうが学生数がはるかに多いという理由だけでも、ケンブリッジの時よりずっと楽しかった。しかしひょっとしたら私は、いわゆるいい学生だけに興味を持ちすぎて、そうでもない学生がもっと日本語に精通出来るように、その能力を伸ばしてやる努力を、あまりしなかったのではないか、と恐れるのである。私が指導して上級にまで進んだ、二、三十人の優秀な学生に対して、私は今、誇らしくもまたなつかしくも感じる。しかし私がいよいよ死の床に横たわるとき、四十年間コロンビアで私が教えた学生全員の名前や顔が、あのチップス先生のように、一列縦隊を作って、果たしてベッドのそばを通ってくれるかどうか、はなはだ心許ないのである。

時に私は、昔の学生たち、特に比較的学生数の多い学部クラスにいた人で、名前は全然憶えていない人たちから、手紙を貰うことがある。そしてたいていの者が、思い返してみると先生のコースが一番楽しく充実していた、と書いている。教師冥利に尽きるというものである。しかし私は時々思ってみる。どうしてこんなことになるのだろうかと。多分それは、私の学生たちが、私自身が、自分の教えている主題を、自分で心から面白がっていること、そしてもしどうしても、ということであれば、(また私にその余裕があるならば)、私は自分の負担になってでも、彼らに日本文学を教えただろうということを、ちゃんと感じ取っていたからだと思うのだ。講義の内容よりは、まさにこれこそが、私の講義のことを、彼らが忘れないでいてくれる理由だったのにちがいない。

私が編んだ日本文学選集は、幸いにも好評をもって世に迎えられた。初版は二千部だった。それほどは売れないだろうと恐れていた出版社は、ジャパン・ソサエティーと契約を結んで、そういう場合には、売れ残った部数だけ、ジャパン・ソサエティーが引き取る、ということで合意していた。けれどその反対に、もし売れ行きが二千部を上廻った場合は、出版社のほうがその上廻った部分一部について、ジャパン・ソサエティーに対して、少額の金を支払う、ということであった。第一刷の二千部は、幸先よく、クリスマスまでに全部はけてしまった。そしてそれ以後、この本は、何度となく版を重ねている。大学院の学生で、この選集を読んだおかげで、日本文化に興味を持てた、と告白してくれる人も、決して少なくない。この選集の成功は、私が日本でした発見、すなわち、この私は、十年毎に完璧な研究論文を世に問う学者になるようには作られていないという事実、そして私の最大の強みが、日本文学の作品を読んでいて、その時自分が感じる心の昂(たかぶ)りを、他の人に伝達することにあるという事実を、もう一度身に沁みて感じさせてくれたことだった。

教えていて一番面白くなかった講義は、二年生の日本語だった。第一私は、その教科書が嫌いだった。それは各課ごとに、いわゆるだれにも憶えられそうもない「新出語」というのをたくさん出して来ていた。一度この考えを試してみようと思って、何人かの学生たちに、ゆうべ下調べした新しいレッスンではなく、もうすでに一週間前に終わったことになっているレッスンを読んで貰った。その結果は惨憺たるものだった。そこで私は教科書をやめて、ニューヨークで出ている日本語新聞に切り替えた。このほうがましだったが、活字が小さすぎたし、インクがかすれて読みにくかった。そこで今度は、夏目漱石の『三四郎』に替えてみた。以後私たちの講義は、順風に帆を上げて進んで行った。

一九五〇年代の「ジャパン・ブーム」と一口にいっても、その展開は、まことに多岐に亘っていた。例えば、日本映画が初めて「発見」されたのも、その時だったのだ。映画製作についてはほとんど無知であったのに、人は私のことをエキスパート扱いして、配給会社の人はしばしば新しく入った日本映画、特に私が見たことのない作品についての、私の意見を訊くのだった。木版画のディーラーなる者からしばしば電話が来て、これこれの浮世絵を持っているが、値打ちは果たしてどれくらいなものか、などという質問をされたものである。ある時、そういうディーラーに対して、そんなこと私には見当もつかない、と正直にいうと、彼は、「でもあなたは、日本のことならなんでもご存知だって、聞いてますけれど——」と答えるのだった。またある大きな放送ネットワークの社長だか会長だかに、自分の邸宅で、執事と家政婦として雇いたいので、だれか信用の置ける日本人夫婦を世話して貰えないか、と頼まれたこともあった。

こうした頼みは、いうまでもなく馬鹿げていた。フランス人が料理にうるさいからといって、フランス文学の教授をつかまえて、いったいだれがコックさんを探してくれなどと頼むだろうか？　とはいえ、白状すると、私はこうした注目をむしろ歓迎していたのだ。ケンブリッジで、それとなく感じていた、私の仕事への一般の無関心と比べると、そこには雲泥の差があったからだ。アメリカの場合、関心は大体において、表面だけのものであって、一時的な流行以上のなにものでもなかった。けれどもおかげで、私はずいぶんその恩恵を受けたことであった。雑誌からは原稿を書いてくれと頼まれるし、女性団体からは、講演の依頼が殺到した。またその他いろいろな社交的な集まりに出かけて行くことも、結構楽しんだ。急にファッショナブルになって来た国のことを知る、その晩ただ一人のアカデミックな人物として招ばれたのかと思うと、決して悪い気はしなかったのだ。

しかしそれでもなお、日本が恋しかった。外貨その他に対する規制から、アメリカを訪れる日本人の数は、まだその頃は少なかった。そして時としては、学生以外の人と日本語を話すことなく、数週間が過ぎて行くこともあった。この調子でいくと、そのうち日本語をすっかり忘れてしまうのではないか、と心配になった。それにもまして、しばしば日本で経験した、時には見知らぬ人からも受けるあの予期せぬ親切、いや情愛とさえいっていいものをなつかしんだ。ただ一つ例をあげると、ある時、奈良県のある駅で、私は汽車を待っていた。そこへ一人の品のいいお婆さんがやって来て、いつ私が国に帰るのかと訊いたものだ。私はいついつ帰ると告げると、彼女は言うのだった。「いっしょに連れていって下さい！」。これには感動した。というより、おかしかったというほうが、より正確かもしれない。しかしこの話、以後何度となく思い出して、なんとなくうれしくなったものである。

私は角田先生のアパートで、先生が帰られるまで暮らした。それから私は、自分のアパートを探さなければならなかった。ところがこれは、当時では、そう楽な仕事ではなかった。だれかが私を、ある政治家に紹介してくれたが、彼は自分がある選挙区の住人だという架空の話を維持していくために、実際は住んだことのないアパートを、コロンビアから割に近い地域に持っていた。彼は私にそのアパートを貸してもいいが、そのためには二つの条件を守ってくれという。一つは、もしだれかが電話して来たら、フランク（これは彼の名前）は、今さっき出かけたということ。それから水曜日の午後は、女友だちと会う日だから、部屋を空けてくれること、この二つだった。朝の七時に電話して来る人間に、フランクは今出かけたところです、といっても、いかにも嘘っぽいとは思ったけれど、私はこの二つの条件をのむことにした。

そのアパートは広かったし、割とちゃんとした家具も備え付けてあったが、中庭に面していた。どうしようもなくなるまで壁は塗り替えない主義らしいフランクは、部屋の壁は、汚れが目立たない濃紺色に塗ってあった。だからどんなに明るい快晴の真っ昼間でも、アパートは暗く、陰鬱をきわめた。私はこれを、京都の「私の」家と比べてみて、何度嘆息したことか！　そのアパートが静かだったことは、仕事をする上では特典だった。しかしいったんドアを閉じて、内部（なか）に入ると、その途端に、憂鬱の波が、私の体内を浸していくのを感じた。そしてこの冷たく、だれにも愛されないアパートのどこにも、書き物はおろか、私にとって本を読む場所さえなかったのだ。

私はなにがなんでも、日本へ戻って行かなければならなかった。

## ペンクラブ東京大会

日本へ行くための資金を得ること、これが続く数年間の、私の主な関心事となった。コロンビア大学の夏休みは、三ヵ月以上もある。だから、もし行ければ、日本で有益な時間がたっぷり過ごせるはずであった。しかし私の給料では、飛行機の切符は、とても無理だった。例えば一九五六年、現代日本の文化生活について、一連の記事を書くために、雑誌『ニューズウィーク』から、前渡し金を貰った。私は書いたけれど、実際雑誌に掲載されたのは、石原慎太郎の『太陽の季節』に関するエッセーだけであった。しかしいずれにせよ、原稿料は貰ったのだ。だからそれでもって、なんとか京都で一夏過ごすことは出来た。そしてその他の年にも、近松劇の翻訳のために、（数年間）日本へ行く資金は、いろいろな財団、あるいはコロンビア大学から、なんとか獲得出来たのである。

こうした日本での夏のうち、おそらく一番記憶に強く残っているのは、東京と京都で開かれたペンクラブ大会の、アメリカ代表に私が選ばれた年、すなわち一九五七年だった。私は、アメリカの文学界から初めて認められたことを喜んだ。しかし私が選ばれたのは、必ずしも私の書いたものが優秀だからというのではなく、私が日本語が話せるからだということは、もちろん気がついていた。

その年のペン大会は、例年になく光彩を放っていた。当時日本ペンクラブの会長だった川端康成は、大会の前にほとんど世界中を駆けめぐって、いろいろな有名作家を日本での大会に出席させようと説いたが、おおむねそれは成功した。普通ならペン大会などという大仰なものは出来るだけ避けたがる、ヨーロッパやアメリカの作家も、一目だけでも日本を見たいという一心から、喜んで招待を受け入れたのだ。そして日本人にとっては、これは大変な文化的催しであった。すなわち、終戦後、日本を舞台にした、最初の国際的文化的イヴェントだったからである。この大会を成功させようというので、小学生までが献金したといわれている。

アメリカ代表団の長はジョン・スタインベック。その数年後に、ノーベル文学賞を受賞した作家である。そして他には、ジョン・ドス・パソス、ジョン・ハーシー、ラルフ・エリスン、その他、私もその代表作品をよく知っている顔ぶればかりであった。私はこの代表団の一員になったことで、大いに興奮していた。そして他の代表団の、これに劣らぬ有名なメンバーにも、会うことが出来た。

その時驚いたことは、いつの間にか、私は日本人記者にとっての、恰好の標的になっていたことである。理由は簡単、彼らの質問に、私は日本語で答えることが出来たからだった。初めのうちこそ、この特別の注目によって、私も大変いい気持ちにさせられた。しかしそのうちに、同じような質問に対して、何度も何度も答えていくのに、いい加減うんざりして来たものだった。忘れもしないがインタヴューのある時点で、「外国代表団は日本のことをどう思いますか？」とまた訊かれて、さすがの私も思わずかっとなり、その質問には、すでに百万回も答えたよ、と大声で怒鳴ったことがあった。記者は少しもあわてず答えたものだ、「あれは他の新聞のためでしょ。私はあなたのご意見が直接うかがいたい」と。これでは私の腹立ちはおさまらない。ここでなにか皮肉な答えをしてやらなければ、と文句を考えていると、たまたま近くにいたイギリス代表団の中の、ある高名な作家の姿が眼に入った。彼はなんと、自分が日本のことをどう思ったか、もう二十回目くらいであろう、実にゆっくり、辛抱強く説明していたではないか。そこで私は、自分のことを反省したものである。とてもじゃないけどこの私は、やっぱり有名人の器じゃないなと。

際立って印象深い記憶が二、三ある。例えばある出版社の社主とその夫人が主催したパーティーだ。招ばれたのはある代表団一行。場所は赤坂の高級料理屋。代表団メンバーの一人で、ヨーロッパから来たある作家は、どういうわけか、私たちは現代の女郎屋にいると錯覚したらしい。宴まだたけなわの頃、私の耳元で訊いたものだ。いつ出版社の夫人が消えて、「芸者」が現れるのかと。これは、外国の知識人の間にさえ流通していた日本についての、典型的な思い違いの一つだったのである。

ペンの東京大会は、川端康成による歓迎の辞で幕を開けた。私が思い出すところによると、川端先生は、物静かながらユーモラスな調子でしゃべった。九月は、しばしば大被害をもたらす台風の季節だ。しかし世界最古の木造建築物は、今も奈良にちゃんと立っている。大嵐が来てもビクともしない日本の弾力性の証である。よってどうかご心配はご無用にして頂きたい、というふうに話を進めた。多分彼はこの言外に、日本は恐ろしい戦争の嵐から力強く再生したのだ、ということも汲み取ってほしかったのかもしれない。ところが残念なことに、川端先生の言葉を面白がってニコリとする人もなく、彼の演説は聞き流されてしまった。おそらくそれは、舞台の袖に、コチコチになって突っ立っていた通訳が、獰猛きわまる大型台風が、今にも東京を襲いそうだ、とでも川端先生が言っているかのような調子で通訳して、聴衆を震え上がらせてしまったせいかもしれない。

文化的誤解がまかり通った瞬間は、まだ他にもあった。その中のいくらかは、報道機関が創り出したものだった。例えば（私の観察したかぎり）外国人の聴衆を大いに感動させた能楽の『船弁慶』を鑑賞したあとのことだ。報道陣が外国人代表団に詰め寄った。そして次のような非常識な質問を浴せかけたではないか。「退屈だったでしょう？ そうでしょう？ 途中で出たかったでしょう？ どうですか？」。これと同じように、外国の代表団が、京都のある禅寺で、おいしい精進料理を腹いっぱい食べたが、そのようなあっさりした料理では満足出来ずに、その足ですぐステーキを食べに走った、といったような記事を、新聞は好んで取り上げたのである。その頃は、新聞が外国人のお偉方が初めて箸を使っている写真を、おそらく一種のコミック・リリーフ（喜劇的息抜き）として掲載するのは普通だった。したがって、政治家よりはその趣味においてもっとコスモポリタンであるはずの作家も、日本の伝統文化の洗練の前にはお手あげ、という恰好で描かれたのだ。

ほんの数年前にニューヨークで開かれたペン大会の記憶は、ほとんど全くといっていいほどないのに、東京大会にまつわる楽しい記憶は、まだたくさん、私の頭の中にあとを引いている。あの大会に出席していた人に会うと、少なくとも数分間は、思い出話に耽る誘惑にさからえなくなる。例えば、アルベルト・モラヴィア、スティーヴン・スペンダー、そしてアンガス・ウィルソンなどを案内して、京都のお寺めぐりをしたのを、私は憶えている。その頃の京都には、まだ自家用車というものの数が少なかった。だが、青蓮院の住職をしていた私の友人が一台持っていて、その車で、私たちの気に入りそうな寺へ連れて行ってくれたのである。苔寺では、私たちはそれぞれ色紙に、短い詩を一つずつ書くように頼まれた（あの色紙、まだあるといいのだが）。そのあとの三十年間に、私はこれら三人の文人と、いろいろな場所で、時々会うことがあった。こうしたすぐれた知己を得るきっかけを与えてくれたペン大会に、私は感謝せざるを得ないのである。

この大会のおかげで、世界の文学界は、日本にも重要な近代文学が存在することを、知らされたのである。その二年前、ウィリアム・フォークナーが日本に来訪した際、なにか日本の文学を読んだことがあるかと訊かれて、なにも思い出せなかったことがあった。大会に出席した代表団の作家でも、たいていの者が、せいぜい俳句を二、三読んだことがあるくらいなものではなかろうか。アーサー・ウエーリの英訳『源氏物語』を読んだことのある者でさえ、近代小説となると、おそらく一冊も読んだことがなかったろうと思われる。しかし彼らの日本訪問は、日本の作家とその作品に彼らを近づけ、そのあと次々と出現した日本現代文学の翻訳を、もっと身近なものとして受け入れる気持ちにさせたのである。そして彼らが書いた書評、翻訳への序文、そして随所に現れた賛辞などは、近代日本文学の地位を、世界に確立するのに力があった。

## グレタ・ガルボをエスコート

一九五六年から一九六一年にかけての記憶は、おもに日本の生活にかかわるものだ。とはいえ私がニューヨークで過ごした毎年九カ月間——特にフォービアンとサンタ・バワーズがいる時——は、私がコロンビアの教職を受諾した時に予想したよりはるかに楽しいものだった。私はその間、大勢の有名人に、バワーズ家のパーティー及び彼らに紹介してもらった人たちのパーティーでも会った。今振り返ってみて、私もかつてW・H・オーデン、ジョージ・バランシーン、J・ロベルト・オッペンハイマー、アデライ・スティーヴンソン、その他多くの、名高い天才たちと、親しく言葉を交わしたことがあったのか、そう思うと、決して悪い気はしないのだ。

短期間だけでも知り合うことの出来た人たちについて憶えていることで、おそらく一番鮮明なものは、グレタ・ガルボを芝居に連れて行った時のことであろう。初めて彼女に会った時、私はあたかも大昔からその名を知っていたかのように感じたものだ。中学生の時、彼女の名前を、Greasy Garbage（グリーシー・ガーベッジ＝油っぽいゴミ）とふざけて呼んでいたことさえ、思い出す。私は彼女の出演した映画は全部か、あるいはほとんど観ていたはずである。しかもそれぞれの映画で、彼女がどういうふうに見えたか、というところまで憶えている。特に『椿姫』。あの映画では、まわりの俳優たちの俗っぽさに引き立てられて、彼女の神秘的な美しさが、余計に目立ったことであった。私はジジ——これは彼女の友だちが彼女を呼ぶ愛称——にはすでにいろいろなパーティーで会っていたが、彼女の前では、ただの一言も、言えないでいたのだ。だからある時、彼女の親友だったジェーン・ガンサーから電話が来て、グレタ・ガルボをエスコートして芝居に連れて行く気はないか、と訊かれた時、私がどう感じたか、それは容易にお察しがつこうというものだ。私は即答した。そこで二人が落ち合う場所が告げられ、もしどうしても彼女を名前で呼ぶ必要が出来た場合は、「ミス・ブラウン」と呼ぶように、とガンサーは私に厳命した。

私たちは計画通り落ち合って、『アンネの日記』がかかっている劇場へと、連れ立って行った。ちょうど灯りが暗くなる頃合に、私たちは場内に入った。休憩時間中は、「ミス・ブラウン」は、だれにも見られないように、プログラムで顔を隠していた（しかし十五分の休憩時間をこういうやり方で過ごすのは、確かに人目についた。だから中には気がついた人も、少しはいたかもしれなかった）。そして私たちは、ちょうど芝居が終わる瞬間、まだ場内が暗い内に、席を立った。表に出て、タクシーをつかまえようと、私は躍起になっていた。やっと一台つかまえるまでの五、六分の間に、そばにいた歩行者たちは、黙って私たちのまわりに人垣を作り、通りでは、何台もの車が止まった。その時ガルボは、すでに二十年もの間、映画から遠ざかっていた。それなのに彼女の顔は、いまだにニューヨークの交通を、止めることが出来たのである。

私はその後もう一度ガルボに会ったことがある。それはジョン・ガンサーの家でパーティーが開かれた時だった。まわりではいつものゴシップが飛び交っているのに、彼女はひとり、黙ってソファーの端っこに腰かけていた。しかし別の客、高名なインドの作家R・K・ナーラーヤンが、彼の神秘的体験について話し出すと、彼女の顔は、急に強い興味を示すのだった。黙ってなにか自分のことを考えている時、彼女はもう美しいとはいえなかった。ところがいったん彼女の心が、何物かにひき付けられた時、彼女は急に、魔法にでもかかったかのように、だれもがよく知る、あのガルボになったのである

(私も生身のガルボに会ったことがあるとは、なんとすばらしい!)。

大学での授業は、もちろんこれほど心躍るようなものではなかった。しかし私の学生たちが、今いっしょに、日本文学のむずかしいテキストを、一生懸命読んでいる教授が、他の晩には、あの天下の美女グレタ・ガルボと言葉を交わしていた人だとは想像も出来ないだろうと思うと、私は得意で仕方がなかった。しかしこの悦びは、日本で作家や俳優に私が会った時に感じたものとは、ずいぶん違う種類の悦びであった。ガルボや、マ

ーゴ・フォンテーンのような有名人の場合は、ただ相手を眺めるだけでよかった。しかし日本のそうした人たちからは、私は学びたかったのである。

## 日本古典の翻訳

一九五〇年代の終わりには、日本語を含むいわゆる「珍しい」言語研究への関心が、目立って高まって来た。一九五七年のソヴィエトによる最初の衛星打上げの成功は、アメリカの自己満足にゆさぶりをかけ、アメリカ教育の質の向上を目指すプログラムの立法化を促進した。しかしもしこうしたプログラムが単純に「教育的」という言葉で規定されたとすれば、それを議会が承認することはなかったかもしれない。そこでこの権能賦与法は、国防教育法と呼ばれることになった。つまりこの教育は国防を促進する、したがって重要だ、という考えを明確にさせたのである。

そうしておかないと、教育に公的資金をむだ遣いすることを拒否したかもしれない立法府に、これだけの譲歩をすることで、このプログラムは、十分資金を得ることになり、外国語研究への道も、少なからず開かれることになった。おまけに、教授陣の増強も可能になった。そしてアイヴァン・モリスが、コロンビア大学の、私の学部に入って来たのも、そのおかげだったのである。私はアイヴァンには、以前日本で会っていた。その時彼の学識、人物には、非常に感銘を受けていたので、教授スタッフを増やしてもいいことを知った時、私はすぐに彼のことを思い出したのだ。

アイヴァンは、アメリカ人の父とスウェーデン人の母の間に、イギリスで生まれた。少年時代をフランスで過ごし、BA（文学士）を、ハーヴァード大から受けている。日本語は、米国海軍日本語学校で学んだ。私は、彼が海軍士官の軍服を着て写した写真を持っている。しかし頭のてっぺんから足の先まで、彼ほどイギリス人らしい人間を、私は見たことがない――遠慮がちな物腰、渋いユーモア、そして正義が行われるまで見届ける、その断乎とした態度。また外面的な点だけ見ても――彼の服、彼の杖（うちの一本は仕込み杖）、そして彼のパイプ――ニューヨークは、一九七六年の急逝まで、彼がそこで過ごした十六年間、これっぽっちの影響も、彼に与えることは出来なかったようなのである。彼はある時、自分はコロンビア大学は、二、三年しかいるつもりはなかった、と私に語ったことがあった。しかし知らない間に、彼の滞在は、少しずつ延びてしまっていた。

アイヴァンの日本古典文学の英訳は、もう群を抜いてすぐれている。例えば西鶴の『好色一代女』を訳していた時、彼は自分が使った単語の一つ一つが、果たしてそれと同じ意味で、十八世紀のイギリス文学に用いられていたかどうかを、苦心惨憺、確かめていったのだという。その結果、彼の翻訳は、噛みしめると、ダニエル・デフォーの味がして来る。西鶴のいい英訳なら、まだ他にもある。しかしアイヴァンの翻訳は、ユニークなのだ。彼の『枕草子』と『更級日記』とは、それをゆがめることなく原本に新生命を吹き込んだ、英語散文の見事な例となっている。彼の著作の中でおそらく彼自身一番気に入っているのは、*Madly Singing in the Mountains*（『山中狂人のごとく歌う』）ではなかろうか。彼の師であり、手本であったアーサー・ウエーリについての、彼自身が編集したエッセー集である。まことに不思議な偶然から、アイヴァンの英訳『枕草子』（私に捧げられている）と、私の英訳『徒然草』（彼に捧げられている）とは、一九六七年の全く同じ日に出版されている。

社交的な場面では、アイヴァンは稀に見る優しさと魅力を見せるのが常であった。彼はニューヨークに現れると、間もなく、私よりもっと大きな友人、知己の輪を作った。そしてアメリカ訪問中のイギリス作家は、しばしば彼のアパートの客となっていた。しかし概して彼は、はにかみ屋で、自分自身のことは語りたがらなかった。私自身も同じくはにかみ屋で、他人の事に頭を突っ込むのがいやなほうだ。だから、彼がなにかに苦しんでいることを察してはいても、彼がその原因を話してくれるまで、私は待つのが常だった。しかしこれは滅多に起こらなかった。彼はいつか芥川の「ぼんやりした不安」という言葉を、口にしていたことがあった。五十歳という年で彼が急死してしまったことは、私の人生に大きな空白と、彼がみじめな時になんら助けてやれなかったことへの悔いを残した。

振り返ってみると、一九五〇年代の終わりから一九六〇年代の初めにかけてのアメリカは、あらゆる学問的なプロジェクトに、お金がたっぷりついていた時代だったように思われる。コロンビアでは、私の同僚のテッド・ドバリーが、東アジアが生み出した偉大な書物を、シリーズで出版する計画に着手していた。これは西洋の偉大な書物を読む人文学コースに呼応して、東洋の人文学のコースで学生に読ませる書物を作ろうという計画だった。私は近松の戯曲をいくつか訳すように頼まれた。その上毎夏、私が日本へ調査旅行に行く資金も、そのプロジェクトは保証していた。

日本の古典文学を訳していて、私が日本人学者の助けを借りたのは、後にも先にもただ一度、近松を訳していた時であった。大阪市立大学の森修（もりおさむ）教授が、週に一回私の京都の家に来てくれて、それまでに溜っていた疑問の箇所を、二人で検討していった。彼は畳の上に、それまでに存在した、あらゆる注解付き近松のテキスト（あまり数多くはなかった）を、ずらりと並べて、私の質問に答える前に、問題の章句の注釈を、全部読んでいったものである。しかしそうした注釈も、役に立ったとしてもごく例外的で、たいていの場合は、何の用にも足りないのだった。したがって、森教授が助けてくれても、一回に一つか二つのセンテンスしか解明出来ないということが、珍しくなかった。

注釈者の欠点は、私の翻訳を助けてくれるようなことは、どれもなに一つ言ってくれていないことだった。彼らは、先輩注解者が書いたことを、そのまま繰り返すだけか、あるいは一六〇三年版の『日葡辞書』から引き出して来た定義を一、二付け加えて、自分も近代的学識では引けを取りませんよ、と言いたげな顔をしていた。「孔子」は常に「シナの聖人」と注釈され、「江戸」は「現代の東京」、そして『源氏物語』は「平安朝文学の代表作」だと説明されていた。それにしても、近松を読むほどの者に、こういう初歩的な注釈が必要だとは、どうしても思えないのだけれど——。こうして、役にも立たない事実だけを注釈として提供するという伝統は、まだ生きていたのだ。そしてテキストに現れる本当の疑問点は、無言のままに無視され、説明は、次の事実に移っていく。本の中から、注解者の声が聞こえて来る、「え、どこが分からない？　説明の余地はないように思えますがねえ」。

というわけで私は、「この言葉は単数と見ていいでしょうか？　それとも複数？」とか、「たった三人しかいないのに、なぜこの女性は子供が多すぎるといってこぼしてるんですか？」とか、惣七が、自分と小女郎は尾張へ行くといった時、「その尾張は終わりに掛けてあると見ていいですか？」といった質問を浴せかけて、森さんをいじめたものだった。この種の情報は、正確な翻訳をするためには、私に必要なものだったのだ。

だがもちろん、そういった問題に頭を悩ます注解者なぞ、だれもいなかった。可哀そうな森教授は、眼の前のテキストを丹念に調べてから、たいていこういったものだ、「そうとちがいますか……?」。

近松を翻訳する際の問題は、近松の使った言葉に、英語の意味を当てはめれば、それですむ、といったものではなかった。私はなんとかして、対話を、本当の人間がしゃべっているように響かせなければならなかった。それからまた、原のテキストにある入り組んだ言葉遊びを英語で伝達する作業も、少しはやってみた。例えば『心中天網島』には、私の英訳で次のような科白が出る。"Ask your guest to keep you for the whole night, and show him how sweet you can be. Give him a barrelful of nectar! Good-by, Madam. I'll see you later, honey."（「跡詰めてしっぽりと小春様。したゞる樽の生醤油。花車様さらば後に青葉の浸物と」）。

この英訳では、さほど優雅な科白とは聞こえてこないかもしれない。しかし私は一生懸命、縁語の効果を伝えようとがんばった。だが近松の原文では、それらはすべて（私の英訳のように）甘ったるくはなく、醤油一樽に漬物が入って、どちらかというと塩っぱいのだ。しかし私には、英語で塩っぱい愛称語なぞ、思いつけるわけがなかった。

## 東京の作家たち

一九六一年、私はアメリカのある財団から、日本の演劇研究のため、日本に一年間の滞在を保証する助成金を受けた。あまり気が進まなかったが、今度は京都ではなく、東京に住むことにした。京都の「私の家」は、変わらずにあったし、奥村夫人も、私が住まわせて貰いたいといえば、いやというはずはなかった。しかし奥村邸の前の景色は、見る影もなく変わっていた。新幹線を通すために、近くにトンネルが掘られ、掘り返した土砂が谷を埋めて、私の知るかぎり最も美しい眺望を、草一本もない荒涼たる風景に変えてしまっていたのだ。この進歩の犠牲をじっと見つめていると、胸が痛んだ。そして完成しても、新幹線には絶対に乗らない、という誓いをたてた（しかしこの私にとって最も神聖な誓いが破られるには、さほどの時間はかからなかった）。

　破壊された景色だけでも京都を離れる理由としては十分であったが、東京に住むことは、もっといろいろな種類の演劇が観られることを意味した。しかし東京に移る決心をした後でも、私は京都での生活を捨て去ることに気が進まなかった。また東京での住いの問題もあった。気に入ったアパートが、東京ではなかなか見つからないのだった。そして日本に来ると、とたんに心が浮きたつのが普通だったが、この時にかぎって、妙に気分が落ち込んだ。私の東京の友だちも、いつもならすぐに会いたがるのに、今度に限って特別急ぐ様子はなかった。私が一年半滞在することを知っていたからだ。したがって私はたいてい一人で食事をした。もし私に、だれかに電話をかけて、淋しいことを匂わせる勇気さえあれば、彼らはすぐにそれに応えてくれたにちがいない。しかし私には、自分が淋しいことを告白するなど、照れ臭くて、とても出来なかったのだ。

私の最大の楽しみは、毎木曜日の晩だった。その晩はいつも親友たちと、共に飲みかつ食べたのである。親友たちというのは、英文学者で文芸批評家の吉田健一とその仲間、中でも批評家の河上徹太郎(かわかみてつたろう)、小説家の石川淳(いしかわじゅん)であった。まず銀座の洒落たバーで食前酒をお腹に入れ、それからいつもの料理屋へと繰り出した。といってそれは、食べるためというより、どちらかというと、酒を飲むためであった。それぞれ性格は大いに異なっていたが、この三人は三人とも、いわば戦前タイプの「文人」だったのである。そして「文人」に要求された第一の資格は、まず酒が好きだということであった。

私が初めて吉田さんに会ったのは、例の東京ペン大会のちょっと前だった。彼がこのクラブを脱会したのは、うっかりしていると、通訳サービスまでやらされるのを避けるためだった、と私に言ってくれたことがある。吉田さんの英語は抜群に立派だったが、それはなにも、単に彼が一つの外国語を見事に話せたという意味ではなく、彼の英語は、たいていのイギリス人もかなわぬほど優雅だった、という意味なのだ。私は普通日本人の友だちと話す時には、その人の英語がどんなに優秀だったとしても、英語ではなく、日本語で話すことにしている。別に自分の日本語をひけらかしたいがためではなく、友だちが、自分が一番よく知る言葉で自己表現するのを聞くと面白いからである。しかし吉田さんとは、英語で話し合うことを選び、いつもそうした。もっともそばに英語が分からない人がいる時は、別だったけれど——。時々彼は、ひどく古風な表現を使って、私をうっとりさせてくれた。例えば、私ならばもっと普通な言い方で、"Does he speak French ?"というところを、彼は"Has he the French ?"といったものだ。

　私が東京に宿がなくて困っているという話を耳にした吉田さんが、親切にも、彼の家に住まないかといってくれた。その時私はそれを断ったけれど、今は受けなかったことを後悔している。断ったのは、吉田さんは多分毎晩(昼も)大酒を飲むだろうから、その相手をさせられて、自分の仕事がはかどらないことを恐れたのだ。ところが、いったん飲み出すと留まるところを知らないが、普通は週に一、二日しかやらないということを聞いたのは、それからずっと後のことであった。

　吉田健一と私との交遊は、一九六一年の秋、私にとって、特に重要なものとなった。その頃私は、他の友だちには滅多に会うことはなかった。しかしこれは、私の日本生活で、別にこの時期にかぎったことではない。彼の家に、初めて招ばれた晩のことを思い出すと、彼はその時、終戦直後にコンクリート・ブロックで造った家に、家族といっしょに住んでいた。その晩のご馳走は、確か牡蠣(かき)が一樽と日本酒が一樽であった。私も含めて客人たちが、いかに速く酔っぱらったかはご想像に任せる。

　吉田さんの家で経験した、もう一つ忘れ難いことがある。ある時私は、「鉢の木」の会という集まりに招かれた。雪の日、客に暖を与えるために、自分が一番大切にしている鉢の木三本を、あえて犠牲にした謡曲『鉢木』の主人公、佐野源左衛門のひそみに倣って、もともと数人の作家が集まり出したのが、この会だったのだ。つまり戦後、食べ物も酒も乏しかった折のことだ。主人役は、客をもてなすために源左衛門の盆栽とほとんど同じくらい大事なものを、提供しなければならなかったのである。このグループの顔ぶれは、吉田さんの他に三島由紀夫、大岡昇平、中村光夫、福田恆存など。すべて私が後にもっと親密になった作家ばかりであった（ニューヨークのパーティーで会った人たちとは、ここが異なっていた）。

この「鉢の木」の会とは、私はちょっと不思議なかかわりがあった。というのは、吉田さんは、私がずっと前にケンブリッジで行った講演をもとにした書物 *Japanese Literature*（『日本の文学』）を、たまたま読んで、すでに私に会う前にそれを日本語に訳していたのだ。そしてこの本には、連歌というジャンルについての詳しい説明があったが、連歌のことをあまり知らなかったらしい吉田さんは、以後連歌に大変興味を抱いて、集まる度に連歌を巻いて、この会の記録に代えようではないか、という風雅な提案をしたものであった。それから何年か後、私はあるアメリカの文学雑誌が企画した連歌特集号の編集を手伝ったことがあったが、その時私は吉田さんに手紙を書いて、昔「鉢の木」の会の飲み会の折に作った連歌作品を、この特集号に使わせてほしいと頼んでみた。彼は断ったが、その理由は、あの時の連衆はあまりにも酔っぱらっていて、自分の番が回って来ても、文学的はおろか、読んで意味が分かる程度にさえ書くことが出来なかった、というのである。しかしもしその原稿が今なお残っているとすれば、あれほどずばぬけた才能が集まったことだ、彼らの最も軽薄な冗談でさえ、どこかに、私たちの興味を誘うところがあるはずだ、と私は思うのだが——。

私が「鉢の木」の会に出た時から数年後、吉田さんは新しい家を建てている。英国風の建築で、室内の装飾も、前に住んでいた家よりは、はるかに優雅に出来ていた。しかし吉田さんの人柄（そして夫人の人柄）によって醸し出される家の雰囲気は、前も今も、少しも変わるところはなかった。時々彼は、「大磯へ行って来た」と私にいうことがあったが、それは彼の父、吉田茂の家を訪問したという意味であった。そしていく度に、元内閣総理大臣のワインセラーから、幾本かのすばらしい分捕り品を持ち帰るのが常であった。あの時は漫画家の清水崑（しみずこん）が来ていた時だったが、彼が栓を抜きかけているコニャックの、その字も薄れたラベルをよく見ると、製造年代一八八六年とあった。一世紀前のものだったのだ。舌がとろけそうにおいしかったこと、これはいうまでもない。

残念なことに、この「鉢の木」の会も、グループ内の争いが表面化して来て、間もなく解散の憂き目を見ることになった。それぞれ異なった意味で、いちじるしく個性的な人間の集まりであれば、遅かれ早かれ、衝突が起こらなかったら、むしろ不思議だったのかもしれない。それでもなお、私はそうした争いが起こったことを残念に思った。そして彼らの同人雑誌『聲』が、十号目で廃刊になったことも、残念だった。吉田さんは私に、『聲』のことは、どうか「自分の」雑誌だと思ってくれ給え、とよく言っていた。そして事実私も、明治時代の女優で、ロダンのモデルもした、花子のことを書いたエッセーを、二回に亘って載せて貰ったこともある。しかしなによりも、このそれぞれ選り抜きの作家からなるグループが、一所に集まって、飲み、かつ語るという、まことに稀な機会が、失われてしまったことを、残念に思ったことである。

## 『熊野』の稽古

その秋私は、謡曲の稽古を始めたが、五流能のうちでも、あまり有名でない流派の師についてみることにした。多分そのほうが、より親身な教え方を期待出来る（そしてより安い謝礼で）だろうと思ったのだ。これは賢明な決定だった。金春流の指導的能役者で（後に人間国宝になった）桜間道雄について、週一回の稽古が始まった。ある意味で、狂言よりも、むしろ能のほうが、より易しかった。狂言の場合、眼の前に、私の科白を思い出させてくれるものはなにもなかった。しかし能の場合は、謡本を見て謡うことが出来たし、ここで声を上げろとか下げろとか、あるいはこの音はもっと延ばせとか、次行へすべり込ませろとか、すべてきちっとしるしがついていた。私は他の歌唱の形式では、音譜を一定に保って謡うことが全く出来なかった。しかし能の「調子」ならば、上手下手の差こそあれ、だれでも保つことが出来るのである。とにかく十か十一の時以来、初めて私は、自分の声に自信が持てたのだ。これはなかなか悪くない気持ちであった。能楽を真によく知る人なら、その謡い方によって、その流派を言い当てることは、たやすいだろう。しかし私と来たら、謡曲を習ったのは短期間だったとはいえ、聞いただけで、流派の別を当てられることは、滅多になかった。桜間さんが言ってくれたことによると、謡う時、口を大きく開けても、歯を見せてはならない、というのが金春流の能役者の特徴だということだった。私はまさにそれをやろうとしていたのだった。そして間もなく、なぜテキスト中の言葉の発音が、明晰さに欠けがちなのか、分かるようになった。まず『橋弁慶』から読み始めた。単純で、本質的には、あまり興味をそそるところのない曲であった。私はもっと芸術的によく出来た曲に進んで行きたくて、うずうずしていた。そしてそのことを、桜間さんに言ってみた。「なにをやりたいですか？」と彼が訊いた。本当のところ、私はこのことを、真剣に考えてみたことがなかったのだ。しかしほとんど反射的に答えていた。『熊野（ゆや）』ですと。これは私が最も好きな曲の一つとはいえない。だが最も美しい能楽ではあろう。そして私は自分の答えの、きっぱりとした調子に、われながら驚いた。桜間さんは笑った。そして、私がしたいと言っていることは、まるで幼稚園から一足跳びに大学へ行きたい、と言っているようなものだ、という。しかし最後には譲歩して、『熊野』を教える事に同意してくれたのだった。私の日本滞在期間には限りがあったし、したがって『熊野』を学ぶ機会は、もう二度と訪れて来ないかもしれないからだ。

『熊野』を謡うことは、大変楽しかった。『橋弁慶』の重っ苦しい調子と比べると、こちらのほうは、はるかに叙情的といえた。『熊野』とは、遊女の熊野。暴君的な平 宗盛（たいらのむねもり）に寵愛（ちょうあい）されている。ある時彼女は、田舎にいる母から手紙を受け取り、母が死病を患っていることを知らされる。彼女は宗盛に乞うて、母のそばに行かせてくれと頼む。けれど宗盛は、許さない。彼は近く熊野といっしょに、清水寺（きよみずでら）へ花見に行くのを楽しみにしていて、単なる彼女の母の病ぐらいで、予定を変えることはならぬというのだ。しかし清水寺に着いた時、熊野は、歌を一首書いて、宗盛の無慈悲を悟らす。そこで宗盛は、自分の非を悟って、熊野を母の許に行かすのである。

私が、私自身の母から、病気のことを書いた手紙を受け取り出したのは、ちょうどこの頃からだったと思う。病気の性格はあまりはっきりはしなかった。私の推測によると、それは単に、孤独から来る気鬱だったように思われた。私は、なるべく楽観的な調子で、手紙を書いてやった。しかしそれに対する返事は、格別明るさが増したようには見えなかった。私は日本での滞在期間を半ばで切り上げて、アメリカへ帰るしかなかった。まるで熊野の霊が、不遜にも私が彼女の曲を学ぼうとしたことへの復讐のために、私に取り憑いたかのようであった。

## 東南アジアの旅

能楽の熊野にも似て、私も東京を発って母の病床に向かった。しかし真っすぐに、母のところへ行ったわけではなかった。以前から、比較的涼しい季節に東南アジアへ行ってみたいと、長い間もくろんでいたのだ。そして同じ『熊野』の宗盛のように、私はその他の思惑が、私の計画の妨げをすることを許さなかった。実の母親の病気に対して、よくもあんな無情な仕打ちが出来たものだと、今思い返すと呆れている。しかしあの時は、以前何度もあったように、今度も母の精神的不安定が、なにかの肉体的な不調になって現れたのだろうと、自分に言い聞かせていたにちがいない。

とにかく、私は太平洋を渡らないで、一九六一年の十二月、まずマニラへ向かった。それまでに私がフィリピンに来たのは、沖縄侵攻の直前一度だけで、その時は、サマルとレイテを見ただけだった。マニラで知っている人は一人もなかったが、ペンクラブのおかげで、数人の作家に会うことが出来た。そして彼らの歓待を受けて、まことに楽しいマニラの日々を過ごした。私はそこで会った作家たちの作品、小説や短篇小説を読んで、特にその技法の巧みさに舌を巻いた。私が読んだ作家たちにとって、英語は、現地語、スペイン語に次ぐ、彼らの第三外国語にすぎないのに、彼らは大変効果的にそれを使うことが出来た。以後私は、フィリピンの文学にかなり熱を上げ、その結果、新しい本が出ると、二年間ばかり、そうした作品の書評を書いたものであった。

しかし日本に対する彼らの態度は、ほとんど例外なく敵意に満ちていた。理由はおもに、一九四五年、マニラでの、日本との最後の戦闘の際に蒙（こうむ）った大きな破壊と、人命の損失とであった。とりわけひどい目にあったのは、イントラムロス、すなわち旧市街区だったという。しかし十六世紀の聖オーガスティン教会は今でも立っているじゃないですか、と私が慰めると、そのお返しとして、その教会の中で起こった恐ろしい殺戮（さつりく）の話まで、つぶさに聞かされたものだった。しかし今では、その時に聞いたことは、たいてい都合よく忘れてしまっていて、その代わり思い出すのは、家々の窓に飾られたクリスマスの星、メニューにはスペイン語しか使わない中華料理店、そして他の何ものにも増して、私が会ったすべての人、巧まざる心の温（ぬく）み――。

次に私は、マニラからサイゴンへ飛んだ。ヴェトナム戦争はまだ始まっていなかった。けれど市内では、テロリストの暴力行為が頻発していて、アメリカの軍事顧問団の第一陣が到着し始めていた。私はあるヴェトナムのジャーナリストに会ったが、彼は私の注文に応じて、この町の古典劇を観に連れていってくれた。私はもちろん舞台で歌われたり語られたりする対話は、一言も分からなかった。しかし私の新しい友だちは、今なにが起こっているかを、時々小声で説明してくれたものだった。それまでヴェトナムの劇は全然観たことがなかったけれど、物語は、なんとなくどこかで聞いたことのある話だった。そしてたしかヌグイの王とハンの王とがどうこうした、というものだった。役者の衣装、演技が、これまた中国の京劇とそっくりなのも面白かった。しかし観ていて、私は舞台で次になにが起こるか、なんとなく分かっているような気がした。これはなんだろう？といぶかりながら、とうとう私は劇のタイトルを訊いてみた。すると驚くなかれ！それは、伝統的ヴェトナム・スタイルで演じられた、シェイクスピアの『冬物語』だったではないか！

サイゴンで、中国文学の翻訳者だというフランス人神父に会った。私が古の首都フエを訪れるつもりだということを話すと、神父は妙に皮肉な調子で、「そう、フエへ行ってごらんなさい！きっと失望しますよ。みんなと同じようにね。でもとにかく行ってごらんなさい！」と。しかし行ってみたが、私は失望なぞしなかった。私は淋しげな古い宮殿を憶えている。それは中国式君主制の最後の遺物——たった一人の年老いた番人が、その埃っぽい建物の管理をし、たしか空中ゴマ（ディアボロ）とかいう、コマの一種で遊んでいた。宮殿の庭に、壮麗としかいいようのない青銅の大釜があったのも憶えている。そして中でも忘れられないのは、香江（フォンザン）を静かに漕いで行く舟の姿だ。こんな美しさも、これから数年後に起こった戦争で、みな亡びてしまったのだろうか。

サイゴンからカンボディアのシエムレアプへ、私は飛んだ。ロイヤル・カンボディアン航空の飛行機は、夜明け前に離陸したが、私は機内で、まさに加速度的にお腹が空くのを感じた。やっと調理室のほうから、食べ物を料理するうまそうな匂いが漂って来た。ところが腹を空かせている乗客には眼もくれずに、スチュワーデスたちが、その食べ物を食べてしまったではないか。私が失望したことはいうまでもない。

私は初め、八年前に泊まったことのあるアンコールのグランド・ホテルに宿を取った。ホテルはほとんど人気（ひとけ）がなかった。毎朝、ホテルの従業員は、木銃をもって、教練にいそしんでいた。おそらく来るべき内戦に備えて、というところだったろう。ちょうど日没時に、私は十二世紀のお寺の、すばらしい廃墟がかたまっている所にやって来た。巨大な建物の広がりが、暗い空を背景にして、オレンジ色に染まっている時刻だった。私はその光景に完全に圧倒されてしまった。しかしその瞬間、どこか私の潜在意識の中からか、“uncomplimentary”（「礼を欠く」）という言葉が、謎のように浮かび上がって来た。しばらくの間は、私は茫然としていた。眼前の壮麗さを説明するのに、これほどそぐわない言葉もないではないか？　しかし次の瞬間、私にはその意味が了解できた。

日本を離れる少し前、私は三島さんの『宴（うたげ）のあと』の英訳の仕事に没頭していた。この小説の女主人公かづは、高級料亭の女将だが、彼女は、客の種類によって、話しかける時、声の調子を微妙に変える術を熟知していた。経歴が上向きとはいえない客には、相手の気持ちを傷つける恐れのありそうなことは、一言も口にしない。しかし逆に、自分の重要性に自信のある客に対しては、少々「無礼」な冗談でも、ためらわずに言ってしまうのだと。もちろん私は「無礼」という言葉の意味を知っている――rude（粗野な）、impolite（礼儀を守らない）、discourteous（相手を敬わない）などなど――しかし辞書にあるどの意味も、どうも文脈にぴったりとはいかないのだ。ところがあの瞬間、私がアンコール・ワットの壮麗な景色を眼前にして立った時、（眼前の信じがたい光景の描写とは、もちろん無関係だが）私の翻訳で、一番必要とした言葉が、ついに浮かび上がって来たのである。

もう長い間私は、自分が探している言葉を、潜在意識の助けによって、見つけて来て貰うという経験は、何度となくしていた。私が編んだ日本文学選集のために、短歌の翻訳をしていた時のことだ。初め下訳をしておいて、しばらくの間散歩に出ることがよくあった、散歩中に私の乱雑な言葉の集合が、私の潜在意識の中で韻律的に整合してくれることを願いながら。いつもうまくいったわけではない。しかしあの本に印刷された相当数の短歌は、そうした散歩の産物だったのである。

アンコールに対して、「礼を欠く」ような人間がいるとは、私にはどうしても想像出来ない。けれどもあたりのジャングルが、再びあの巨大な廃墟を占領しつつある様子を写した何枚もの写真を、最近見せられたことがある。アンコールにいる間に（少なくとも当時）二つのフランス語の言葉を習ったはずである。一つはfromager。これは何世紀という長い時間をかけて、アンコールの石壁や塔を突き崩して侵入して来た巨大な木々の名前だ。もう一つの言葉はanastylosという、私の『ラルース』辞典にもない考古学の術語で、石の剝落した部分を用いてする記念物の復元を意味する。苦労しながら原生林を伐り倒し、遺跡を掘り起こし、遺跡に古の壮麗さを（anastylosによって）取り戻そうと懸命な考古学者に対して、むしろフロマジェーのほうは、放ったらかしにされていることによって、却って勝利を占めようとしているかに見えるのである。

アンコール・ワットの壁には、日本人の書いた落書きがある、あるいはあったそうである。森本右近大夫（もりもとうこんだゆう）という熊本の侍が、十七世紀の中葉にここを訪れ、自分の母親の安泰を祈ったという。それにしても、十九世紀に初めて考古学者が発掘するまで、地下に眠っていたはずのアンコールの存在を、十七世紀の日本人がどうやって知り得たのだろうか？　このミステリーを解く、どうせ何かもっともらしい答えが、あるのだろう。しかし私は聞きたくもない。むしろその落書きをそのまま、この美しい、失われたアンコールについての私の他の思い出と共に、そのまま残しておくことを選びたい。

東南アジアには、ヨーロッパへいく前にもう一度見たかった名所が、さらに一つあった――ビルマ（現ミャンマー）のパガンである。一九五五年に、私はそこで一週間過ごした。しかし（いつもの悲観的人生観に支配されて）このすばらしい仏教の遺跡を、死ぬまでに再び見る機会はなかろうと思い、どうしても戻っていきたかったのだ。一九五五年にいった時には、ホテルには客は私しか泊まっていなかった。ホテルといっても、そこいら中、まとまりなく広がった木造の建物で、客は部屋の外のポーチで眠らねばならなかった。日に三度、同じ献立の食事を食べさせられたが、それはイギリスの日曜日の昼食を、ビルマ風に翻訳したようなもので、主にローストチキンとジャガイモのやはりローストだった。しかしそこで見た、今なお眼も覚めるように美しい二千もの破壊された寺院——その中のいくらかはただのこわれた石の堆積にすぎない——は、なんといっても忘れがたい光景を呈し、「野蛮人」によって略奪された後のローマを、私は思い出さずにはおれなかった。

最初そこへ行った時のことは、忘れようにも忘れられない。ラングーンで、私はチャウクという所へ行く飛行機に乗った。しかしもっと正確に言うと、チャウクから見てイラワジ川の対岸にある原っぱまで、飛んだのだ。

飛行機から降りてみて、いわゆる飛行場らしい施設がなにもないのに、私は驚いた。あったのは、ほんの時たましか使わない滑走路が一本だけ。そしてどうやったら川を越えて行けるのか、教えてくれる人とて、だれもいないのだった。幸いにも同じ飛行機に、小さな子供を連れたイギリス人女性が乗っていたので、私は恐る恐る訊いてみた。もしかして彼らもまたチャウクへ行くのではないだろうかと。そのとおりだった。そこで、ボートが彼女を迎えに来た時、私もいっしょに乗せてもらった。

川向こうのチャウク側に住んでいるらしい彼女の夫は、早速私を、昼食に招待してくれた。その時彼が使った「もし他にご計画がおありにならなければ……」という誘い方は、私が久しぶりに耳にした、滅多に他人の事には頭を突っ込みたがらない、典型的なイギリス的性格を思い出させて、私を大いにうれしがらせたものだ。そして私は、チャウクには私の知り合いはだれもおりません。したがってご親切なそのお誘いを、喜んでお受けいたします、と答えた。そして昼食後、彼は、そこから約百五十キロ離れたパガンまで私を連れていく車を、なんとか調達してくれたものである。

しばらくしてやって来た車のサイズを見て、私はびっくりした。それはアメリカの軍隊で「キャリーオール」と呼ばれていた種類の車で、私と私の最小限の荷物には、あまりにも大きすぎた。ところが、出発してやっと二、三キロ行ったところで、急に車が止まって、およそ七、八名の武装した兵士が、ドヤドヤと車に乗り込んで来た。「私の」車が、ヒッチハイカー、しかもこういう獰猛な面構えをした連中を、勝手に乗せるとはけしからんと、私は面白くなかった。だれ一人英語が話せず、私もビルマ語はだめだった。四、五キロ走る度に、車のどこかに故障が起こった。すると運転手は、険悪な顔付き身振りで、私のシートの下の器具を探すために、私をシートから車外に追い立てるのだった。結局たったの四十キロを走るのに五時間もかかってしまい、しかも途中ずっと、トラックの後ろに座っている山賊（デスペラード）の一人が、いつ、さあお前に引導渡して、スーツケースも頂戴する時が来た、と宣言するのかと思うと、全く生きた心地もしなかった。

やっとパガンに着いた時、英語が少し話せる宿の主人は、運転手だけではなく、兵士たちにも、いくらか金を払う必要がある、という。彼らはあなたのボディーガードをやってくれたのですから、と。どうやら私たちは、反政府共産軍部隊に占領されている地域も、結構通って来たらしいのだ。兵士たちが、私のボディーガードだったとは！　これは全く夢にも思いつかなかったことであった。

しかしパガンのすばらしさは、私の旅の不安定性、そしてその恐怖をさえ、補ってあまりがあった。そして私は、宿の主人の親切も、決して忘れることはないだろう。彼はまだ若く、妻と二人の子供があった。だが私をラングーンまで連れ帰ってくれるはずの飛行機が、どうやら来そうもないと分かると、すぐ紙の上に走り書きをして、私をラングーンまで河船で送って行くこと、したがって帰宅は多分一週間後になることを、妻に書き残したのであった。

ラングーン行きの飛行機はもうやって来ないだろうと諦めてからだいぶ経って、突然それは地平線上に、その姿を現した。そして私が無事目的地に辿り着いたことを確かめるためにだけ、あえて長くて退屈な船旅を覚悟した親切きわまる宿の主人に、私は、辛い思いで別れを告げたことであった。

ラングーンの次は、カルカッタへ行った。カルカッタは、一九五五年にちょっと立ち寄ったことがあったが、あの時は、貧困、みじめな顔付きをした群衆、そして公共建造物に出入りしているやせ細った牛などを見て、辛くていやな思いをしたものである。しかし今度の経験は、前のものとはずいぶん異なっていた。私を迎えてくれたのは、私の友だちのP・ラール、しかも彼のオートバイの後ろに乗せられて、私はこの町への、まことに華麗な入場をしたことであった。

その晩、ラールの家で、彼の友人たち、つまりこの町の知識人のパーティーが開かれた。みなが英語をしゃべったが、その言葉は単に流暢なだけではなく、誰が聞いても本物らしく聞こえたので、彼らが英語以外の言語を話せるのが、むしろ不思議に思われた。そして論争する時の彼らの技術ときたら、むしろ名人芸の域に達していたのである。その夜の主な論題は、それに先立つひと月かそここの時に、ポルトガルからゴアを取り戻したインド軍の行為が、果たして倫理的に妥当であったかどうかの問題だった。あるものにとっては、軍事力の行使は、インドの伝統的抵抗方法である非暴力の原則に抵触するものと映ったが、その他のものは、選び得る方法としてそれ以外になにがあったか、と主張した。しかし私が得た印象は、議論の核心は、なにもゴアではなく、参加者が抱いていた言葉と論理への愛ではなかったか、というものであった。私は議論の最中、彼らがその名人芸を一層強調するために、テニス選手のようにコート・チェンジをしなかったのが、むしろ驚きであった。

P・ラールは、サンスクリットと英文学を共に専攻していて、インド文明の最古と最新の伝統を統合していた。彼の説によると、インドでは、英語はもはや外国語ではなく、何百万人という人が普通用いる日常語なのだと。彼らは英語でもって取引を行い、議論をし、ベッドで愛し合いさえする。正直いって、どちらかというと、彼のこの見方に、私はより共感を覚えた。なぜならば、異文化の交流という考えは、常にそうとは限らないが、もともと私には訴えるところが多く、またナショナリズム、特にある特定の言語が他よりはすぐれていることを立証しようとするナショナリズムが、私には愚劣にも、また有害にも思えるからであった。

カルカッタから、今度はインドの聖なる都市ベナレスへ足を伸ばした。私が着いたのは、まさに問題になっていたその日であった。五つの惑星がいちどきに見えるというので、占星術師たちは世界の終末を予言し、僧侶たちは、いや、私たちの祈りが届いて、災厄は避けられるだろうと主張した。日中は、ガンジス川に沿って、私は歩いてみた。そして巡礼たちが川の中で水浴をし、その水を飲んでいるのを見た。また遠くのほうで、火葬が行われているのを眼にして、私は何か心にただならぬものを感じた。きっとこれこそ、まことに世の終わりがやって来るという、予兆かとも思われたのだ。その晩、私が泊まっていた古風な英国風のホテルから、人々が経を唱える声を聞き、象が何頭も通りをパレードして行くのを観た。何ごとも、とうとう起こらなかった。多くの人は、明くる朝無事に眼を醒まして明らかにホッとしていた。しかし他の者は、世の終わりについて嘘の予言をした占い師たちに、怒って呪いの言葉を投げつけていた。そしてもちろん、占い師のほうは占い師のほうで、言語に絶した大災禍を免れ得たのは、他でもない自分らの力だったと言い張ったのである。

それ以後私は、何度もインドを訪れている。行く度に楽しみは増し、興味もかき立てられる。親しいインド人の友だちも少なからずいて、彼らのコスモポリタニズムは、インドの歴史や伝統に関する、私の無知を忘れさせてくれるのだ。しかしインドにいると、私はいつも、自分があまりにも無知だから、どうしても自分でそれを通り抜ける力のない、壁のようなものを意識するのである。日本での私とは逆に、インドに行くと、いつまで経っても、自分が一人の異邦人だと感じるのだ。

## ウエーリとベリルとの別れ

この旅行で私が最後に訪れたアジアの国、それはレバノンであった。ベイルートも、まだその頃は無疵だった。その都市の大部分を破壊することになる戦争は、まだ先のことだったのだ。バールベクのローマの廃墟へ、私はある日、遠出をしてみた。廃墟に立つ時はいつもそうだが、二つの神殿の柱を見ると、私の夢想が掻き立てられた。しかし私は、もっと多くのものを期待していたのか、バールベクには失望を感じた。

次に訪れた所はキプロス。それは逆に私の予想をはるかに上廻る美しさで、私を狂喜させた。ファマグスタの廃墟の美しさ！　これは一生忘れることは出来ないだろう。特に羊が草を喰んでいる緑の草原の中に立つゴシック式の教会。そしてその壁や、トレーサー（ゴシック建築特有の網目模様）の付いた窓や狭間。ローマの廃墟も散在していて、シェイクスピアの『オセロ』の舞台だという、ヴェネチアの紋章、翼のあるライオンをあしらった、堂々たる要塞もあった。廃墟の間をぶらぶら歩きながら、私は言い知れぬ悦びに浸っていた。

しかしその時、私は、自分だけの幸せに浸っていてはいけなかったのだ。アジアとキプロスへの旅は、このあと、母が病に伏しているニューヨークで、私を待ち構えていたものからの逃避だったこと、私はそれに気がつくべきであった。まず私は、母の病気がそれほど深刻なもの、いや、命取りのものでさえあるかもしれないという考えが、全然起こらなかったのだ。それどころか、私が彼女のベッドの傍ら――本当に寝ていればの話だが――へ近づくだけで、奇跡のように彼女は全快するだろうくらいに感じていたのだ。そしてこれで恐らく最後になるであろう、私の世界不思議発見の旅を打ち切るのが、口惜しくてならなかったのである。

ヨーロッパ廻りでニューヨークへ帰る、もう一つの理由が私にはあった。今度日本を出る少し前に、今はロンドンに住んでいるアーサー・ウエーリから一通の手紙を貰っていた。それは怪我をした右の手は「物を書くにはまだ役に立たない」というので、左手でタイプしたものだった。彼は長年の同居者だったベリル・デ・ゾータが、重症の舞踏病で、「本人も辛く、もちろん看取るほうも辛いという病状にある」ということだった。それに加えて、ロンドン大学からは、彼がすでにもう何年も住んでいるアパートを明け渡すようにいわれていたのだ。「お情けを乞う最後の手紙には、なんと梨のつぶてだった」。そして同じ手紙によると、彼は毎日ベリルに本を音読してやることで時間を過ごしていて、東洋研究は諦めたということであった。

たとえ私が今更どれほどの慰めも与えてあげられないとしても、とにかくウエーリに会わねばならない、と私は思った。ウエーリが、中国や日本の研究はもう諦めた、というニュースは、とりわけ私の心を痛めた。私はウエーリの、十分の一の偉さにも達せられないと諦めてはいても、彼は長い間、私の霊感の源泉だったのだ。そこでニューヨークよりも、むしろロンドンへ行こうという私の決心は、どうしても漱石の『心』を思い起こさせるのである。この小説が、漱石の、他のどの小説よりも私を感動させるのは、多分このせいではないだろうか。

私がロンドンに着いたのは、一九六二年二月の、ある寒い、暗い日であった。私は着くとすぐその足で、ゴードン・スクエアにあるウエーリのアパートへ直行した。彼は私を見ると、久闊（きゅうかつ）の挨拶など抜きにして、すぐ階上（うえ）に行ってベリルに会うようにすすめた。しかしなにも訊いてはいけない、さもないと、自分に言われていることはすべて完全に理解出来るものだから、答えようとしてかえって苦しむだろう、と彼は私に警告するのだった。「ただキスをして、会えてうれしいとだけ言ってやってくれ」と。しかしいよいよ彼女の顔を見ると、あまりにひどくやつれたその姿を眼の前に、私はキスさえも出来なかった。もう辛くて辛くて仕方がなかった。ウエーリについて台所へ行ったが、彼はそこで、私のためにステーキと牛の腎臓の缶詰を温めてくれた。本当に東洋研究は諦めたのですか、と訊いてみた。すると彼は本当だと言った。そこで私は、私が彼の秘書になって、彼の調べたことを筆記しましょう、と申し出た。しかし彼はその提案にも、首を横に振った。そして自分の余生は、東洋ではなく、西洋文学の研究に捧げるつもりだというのだった。私はなにか彼の気持ちを楽にするようなことを言いたかった。といってなにも思い出すことは出来ないのだった。

ベリルはそれから一週間後に亡くなった。そしてこの時が、私がウエーリに会った最後の時であったのだ。

## 母の死

ロンドンから、今度はケンブリッジへ行った。すると叔母からの手紙が、私を待っていた。彼女は書いていた。「びっくりしないで。あなたのお母さんの病状は、悪化してるわ」。私はすぐにニューヨークへ飛ぶことにした。ロンドンの航空会社に電話して、切符を予約した。大事な出来事や会話はたくさん忘れているくせに、どの電話ボックスから電話をかけたかというようなことはいやに正確に憶えている。実に不思議だ。私は正確な金額の小銭を持っていなかった。したがってつい必要以上の金額を入れてしまったら、交換手は、正確な金額でないと通話が出来ませんという。私はもうしどろもどろ、通行人を呼び止めて小銭を都合して貰うことさえ、なかなか出来ない有様だった。

飛行機は大雪のため、ニューヨークには着陸不能。したがってモントリオール空港で、気味の悪い場内音楽にさいなまれながら、待つこと五時間。明くる日、ようやくニューヨークへ着いた時、私の母は、もう臨終だった。私を見ても分からなかった。せめて一日前に帰って来ていたら、彼女は私と話が出来たろうに、ということだった。私は打ちひしがれ、呆然として、病院を出た。一つだけ私にはっきり分かっていたことは、私が不孝な息子だったということだった。特に恥ずかしかったのは、真っすぐに母の病床に駆けつけるところを、それをしないで、のんびり世界を放浪していたことだった。私が感じていた心の痛みは、母との別れというよりは、むしろ私の罪の意識から出たものだった。

その晩、日本から半年ぶりに自分のアパートに戻ると、電話のベルがなった。東京の嶋中鵬二からだった。彼は、今度私が菊池寛賞の受賞者に決まったと言った。母が亡くなった時に、私は泣かなかった。そしてこの報を聞いても、泣かなかった。しかし私の心は、悲しみと喜びの感情に、引き裂かれていた。

母の葬儀が終わると、私はすぐに日本に飛んだ。飛行機は、かなり予定より遅れていた。このことは、ただでさえ疲労困憊していた私の神経にはこたえたはずだが、この時の事情は、もっと複雑だった。つまりその日、私は、東京で、ライシャワー大使の昼食会に、主賓として招待されていたのだ。当然遅れてはいけない、と気が気ではなかった。私は空港から直接大使館に向かった。大使と大使夫人は、私を温かく迎えてくれた。当日写した写真が残っているが、それを見ると、ライシャワー夫妻、この賞を出している文藝春秋の幹部たち、三島由紀夫、嶋中鵬二、そして私の隣には、いつものようにねじ曲ったような姿勢で、吉田健一が写っていた。私の親友の中で、たった一人欠けていたのは、その日香港に行っていた永井道雄だけであった。贈呈式では、もちろん私は謝意を表した。同時に完全に真摯な気持ちから、私よりもはるかにこの賞にふさわしい人は、他ならぬアーサー・ウエーリだということも述べた。ウエーリは、日本学者としてのその一生涯を通して、日本を訪れる悦びを、自ら拒否していた。自分が興味があるのは、今の日本ではなく、その過去の栄光だけだ、と最後まで言い続けていた。しかしすでに私が発見していたように、日本は、私が不幸のどん底にいた時に、大きな慰めを私にもたらしてくれた。アーサー・ウエーリにも、その恩寵が、下らなかったはずはないと思うのだが。

私は京都へ行って、昔の「わが家」で一夜を過ごした。以前書道の稽古をした智積院を再び訪れ、折から梅の花が咲き誇っていた北野神社へも、足を伸ばした。そしていよいよ日本を去る頃には、私は憂鬱からもう抜け出していた。そしてつい一週間ばかり前から、私が日本へ着いた時に経験した、あのやり切れない病的な状態に、もしかしてまたおちいるようなことがあれば、そういう状態から再び救出してくれる頼みの綱は日本だと、私は確信したことであった。

## 六〇年代の仕事と旅

私は今、一九六〇年代という時代を、主として、その間に出版された自分の書物と関連して思い出す。一九六一年の終わり頃、東京からニューヨークへ移る少し前、私が訳した近松劇の本、そして現代日本の中篇小説三つの拙訳が届いて、うれしかったのを憶えている。それから一九六三年には、三島さんの『宴のあと』、そして一九六七年には、やはり三島さんの『サド侯爵夫人』の、これもそれぞれ拙訳が出ている。またその性格が非常に異なる二冊の本、金子桂三によるすばらしい写真の入った、一つは能、もう一つは文楽の研究書が、一九六五年と六六年に出版される。おそらく私の翻訳の中でも最高作と自讃出来る『徒然草』の英訳が一九六七年に出て、そして六〇年代ももう終わろうという時期に、安部公房の『友達』の英訳が現れる。その他に、雑誌や学術誌に掲載されたエッセー、論文、あとで印刷された講演原稿などを入れたら切りがない。とにかくケンブリッジ大学にいた頃に描いた、毎年一冊ずつ自分の本を出版するという私の夢は、このように、多かれ少なかれ達成されたわけである。そして私の四十代、日本人が「働き盛り」、英訳でも同じように the prime of life（人生の盛り）という時期に、これは起こったのだ。

六〇年代には、私はずいぶん旅行もしている。あの頃世界一周の航空運賃は、ニューヨーク—東京の往復料金を大して上廻るものではなかった。そこで私は、これを時々利用した。最も記憶に鮮明なのは、一九六三年の夏にしたアフリカ旅行であった。ある時、その少し前にアフリカへ旅行したというアメリカの人類学者で、私の友人でもある人物に、つい何気なく私もいつか行ってみたいと洩らしたことがあった。その時の私のつもりでは、今なら、私もいつか月へ行ってみたい、というくらいの気持ちで言ったのだけれど、驚いたことに、彼はある財団にかけ合って、私がアフリカへいくのに必要な手配をすっかり整えてくれたのである。私に課せられた唯一の条件は、どこででも頼まれれば必ず講演をすることであった。私はアフリカについてなんの「関心」も、自分の目下の仕事に関係したどんな用事もなかった。しかし未知なるものの発散する強い魅惑には、抗しがたかったのである。

ニューヨークからパリへ飛び、パリから今度はコートジボアールの首都アビジャンに飛んだ。私は行った先でなにを見るか、全く期待していなかった。しかしアビジャンの美しさには、私も腰を抜かさんばかりに驚いた。真っ白に輝く、びっくりするほどモダーンな建物が、紺碧(こんぺき)の空を背に、小学生の時地理の本で見たあの暗いアフリカとは似ても似つかぬ、アフリカの第一印象を作り出していた。内陸地方も見物した。

ある時二人のアメリカ女性の車に便乗して、ブワケの修道院を見に行ったことがあった。途中レストランで車を止め、食事をした。他の皿も取ったが、私たちはみなステーキを注文した。二人の女性はよく焼いた肉(ウエル・ダン)を注文したけれど、私は(いつものように)生焼き(レヤー)にして貰った。半分くらいそのステーキを平らげた時に、女性の一人が、寄生虫が多いから、アフリカでは生焼きの肉は止めたほうがいいと教えてくれた。半分はもうお腹に入っているのに、今更どうしろというのか、と思ったけれど、私も男、虚勢を張って全部食べてしまった。そのあとなにも起こらなかったのは、いかなる神々のご加護があったのだろう！

訪れたアフリカの国々の中で、私が一番感銘を受けたのは、ナイジェリアであった。私は、その地域のことを知悉しているドイツ人の民族学者、ウリー・バイエルといっしょに、奥地への旅を試みた。見る前には、アフリカのジャングルとは、内部へ入っていけないくらい樹木やつるが繁茂した所（ターザン映画に出てくるような）かと想像していたが、事実はそれとちがって、巨大な宮殿の部屋かなんかのような、その広々とした展望は、私をひきつけてやまないものがあった。私はイバダンの大学で講演をして、ついでに狂言も、少しばかり披露した。それが、アフリカの歴史始まって以来の、最初の狂言「パーフォーマンス」だったこと、これは間違いないだろう！

イバダンの大学で講演をしたあと、私を主賓とするレセプションが開かれたが、そこで私は、四、五人の重要なナイジェリアの作家に会った。詩人のクリストファー・オキボ。この人は、私がある初老の女性につかまって、彼女が日本について知っていることのすべてを、私に話して聞かせようとしているのを見て、その女性から私を「救出」してくれた人だった。もう一人は劇作家のウオレ・ショインカだった。この年から数年後、あの恐ろしいビアフラ戦争で国中が分裂していた時、ひそかに武器をビアフラへ持ち込もうとして、オキボは射殺されたという。ショインカはショインカで、これといったなんの罪状もないのに、二年間監獄に放り込まれることになる。アイヴァン・モリスに誘われて入会したアムネスティー・インターナショナル会員の資格で、私は獄中の彼に手紙を書いた。そしてこの手紙は、八カ月後、彼が釈放された時に、彼の手に渡されたという。彼が私にくれた手紙によると、もし私が書いたような手紙が数多く書かれなかったならば、自分はおそらく処刑されていたであろうと。今から数年前、ショインカは、ノーベル文学賞を授与された。

私はあの時のアフリカ旅行で会ったり、目にした他にもたくさんの人々、たくさんの場所、風景の美しさ、道を歩く人々のすばらしい肉体美、マーケットで見た紺染め生地のディスプレーなどを憶えている。マダガスカル（厳密にはアフリカではない）のタナナリヴ（アンタナナリヴォの旧名）の思い出は、まだ頭の隅っこに残っている。とりわけその赤い建物、マルガシュ王族の遺品——私が見たヴィクトリア女王からの手紙は、その書き出しが「親愛なる従姉妹よ」となっていた——が印象深かった。タナナリブで行った講演は、アフリカ旅行中最大の聴衆を引きつけた。なぜかと思ったが、あとでそのわけが分かった。一九一五年、あるマダガスカル人のジャーナリストが、マダガスカルと日本とを比較する記事を発表したが、それは次のような疑問で締めくくられていたのだ。「五十年前、日本とマダガスカルとは、同じ文明水準でスタートした。それなのに、われわれはまだ同じところに止まっていて、日本ははるか先を走っている。いったいこれはだれの罪か?」。これが当時のフランス植民政府当局の逆鱗に触れたのは、いうまでもなかった。そこでフランス当局は、雑誌はもちろん、富士山の絵、そして三条大橋の袂に立つ舞妓さんの絵などまで、日本に関するあらゆるものを、没収してしまったという。したがって日本という国は、この島に住む人々の頭の中に、自由の土地として、その地位を確立したのだ。そしてこの私は、その国から恩恵を受けている男というわけだった!

モーリシャスへの旅には、マダガスカルに負けず劣らず、忘れがたいものがあった。六月の私の誕生日に出たある新聞のことだけでも、憶えておく価値がありそうだ。第一面のトップ見出しには、フランス語でこうあった、「アメリカ人の日本文学教授来る」。そして左下方、もっと小さい活字で見出しを組んだ記事には、例えば、ローマ教皇の葬儀、二人のロシア人宇宙飛行士の打ち上げなどが報じられていた。そして当時イギリスを騒がせたプロヒューモ事件は、一面最下段に追いやられているではないか! これほどまでの名士扱い、以後金輪際されることはあるまい、と私はその時思ったものだ。

一九六〇年代に体験したもう一つの旅の記憶も、まだ糸を引いている。メキシコシティーでの一カ月、そこのコレジオ・デ・メヒコで、日本文学を教えた時のことだ。高校で習ったスペイン語は、少なくとも二十年間使っていなかった。したがってそれを話すのは、大変な苦労だったのだ。しかし幸いにも、他の人がしゃべるのを聞くのは、また話が別であった。旧友で詩人のオクタヴィオ・パスとの再会もうれしいことであった。彼は私の知っている人でおそらく一番コスモポリタン(もっとも時として強烈にメキシコ人らしくなることもあった)だったと思う。彼とはその後、彼がメキシコ大使としてインドにいた時、そして日本の上智大学で講演した時も、また会うことが出来た。とにかくパスという人物は、どこへ行っても、その土地の文化から、なにか貴重なもの、ユニークなものを抽出する稀有の能力を持っていた。そして彼が書くものには、驚異的な洞察力と、見事な言語支配力が、横溢(おういつ)していたと思う。彼もまたノーベル文学賞の受賞者となった。とにかく私という人間は、不思議に傑出した友に恵まれているのである。

## 「日本文学史」

一九六〇年代が私にとって大切なのは、この年代こそ私が初めて日本文学史を執筆するという大望をたてた時期だったからである。英語で書かれた、現存する唯一の日本文学史は、一八九九年、W・G・アストンが出版したものだった。私は学生の時この書物を使ったが、その古くさい物の考え方には、絶えずいらだたされたことを憶えている。後年、ケンブリッジに在籍していた折、私はアストンのノートブックを読む機会があった。そしてちゃんとした辞書も文法書もない時代、しかもアストンが買い集めた書物のなかのテキストのたいていのものが、現代の読み易い活字ではなく、古くて、芸術的で、判読困難な「草書」で筆写されていた時代、そういう時期に日本語を学んで、あれだけの偉大な業績をあげたことに改めて気がつき、脱帽したものであった。

この発見をしてから、私はアストンに対して新たな敬意を感じたが、といって彼のものに代わる新しい英語の日本文学史が必要なことには、変わりがなかった。第一――当然のことながら――アストンの文学史には平安朝に次ぐ日本文学の二回目の偉大な世紀、二〇世紀の文学について、何らの説明もない。とにかく、アストンの文学史を修正する時は来ていたのだ。例えば能楽については、彼はこう書いている、「能は古典詩ではない。古典詩と呼ぶには、それは明晰さ、方法論、首尾一貫性、そして良き趣味に、あまりにも欠けている。（中略）演劇として、能はほとんど価値がない。とり立てていうほどのアクションがなく、劇的要素や効果は、全くといってよい程顧慮されていない」。

一九六四年、新しい日本文学史を書こうと決心した時、私はいつも私がコロンビアの学生にしゃべっているような情報や意見を、紙の上にただ書けばいいくらいに思っていた。だから日本文学の全史を書くのに、多分二年くらいかければ十分だろうと高を括っていた。私は手早く書いて、原稿は、古代から始めて鎌倉時代までで、すでに二百五十頁にもなってしまった。

私が初めて、ソヴィエトを訪れたのは、ちょうどこの頃だった。レニングラード大学で日本文学を専攻している教授に会ったが、話のついでに、自分が日本文学史を書いていることを彼女に告げた。そして今から思うと、多分いささか浅薄な口調で、私の文学史は、年代やそれに類する退屈なことには一切かかずらわないで、専ら個人的な観察や判断を述べたものになるだろう、といった。「年代なんて、他の本を見れば分かりますからね」。「他の本ってどの本ですか?」と教授は訊いた。その時突然、そうだ「他の本」といっても、少なくとも英語では、なにもないではないかということに、私は初めて気がついて、意気消沈して来たものだ。つまり好もうと好むまいとにかかわらず、どうやら私は、ちゃんと年代も書くだけではなく、私にあまり興味がない作家まで論じなければならない——簡単にいうと、日本文学の傑作への印象主義的な案内書ではなく、真の歴史を書かねばならない、ということだった。そしてこの決断の報いとして、私の日本文学史を二年で仕上げる代わりに、私はその仕事に、二十五年の年月を費やしたのである。

私には決心すべきことが、もう一つあった。もう一度、初めに戻ってやり直すか、それともすでに書き終わっている原稿に続けて、ただもっといわば学問的なやり方で書き続けていくかということだった。今考えてみると、もう一度、すっかり初めからやり直したほうが、本当はよかったのだ。しかしこのやり方を採って、自分の文学史がまだ進んでいないことを認めることは、私にとって、心理的に辛いことだった。そこで私は、徳川時代（一六〇〇—一八六七）の文学から、心機一転、新しいスタイルで書き始めようと心に決めたのだ。そのせいで、後にこの文学史の企画を、全面的に妨げるような事態が起こるとは、その時私は、夢にも思わなかった。

一九七〇年代の初め、私の日本文学史の最初の巻の完成原稿を、出版社へ持って行った。編集長は私の原稿がカバーしていた年代、一六〇〇—一八六七年を見て、「第一巻はどうしたのですか？」と訊いた。なるほどもっともな疑問だ。しかし私は答えた、「いずれ書きますよ」と。すると編集長は、「でも第一巻がないのに、歴史の本の第二巻を先に出すなんて、そりゃ無理ですよ」と答えた。これで出版は一時停頓、約三年の空白が出来た。その時である。ある編集者が、この本を、「第二巻」と呼ばなければいいのだという、すばらしい案を出した。というわけで私は、*World Within Walls*（邦訳『日本文学史　近世篇』）を、やっと世に出すことが出来たのである。

この本に対する一般の反応は、いくつかの心温まる例外のほかは、どちらかといえば微温的、あるいはもっと悪かった。しかしどの書評にも、この本が、書き直されるべきであった英語日本文学史の、最初の本だという、ごく月並みな観察さえしていないのには驚いた。その代わり、この本は、書評者それぞれの専門の立場から、概して攻撃されたのである。私が完全に知悉していたとはいえない徳川時代文学の特別の側面を取り上げた時、いくかのミスが出て来ても、それはおそらく仕方がなかったであろう。そしてまたその逆に、たまたまそうした特別の側面に詳しい書評者が、その知識を、自分の書評の中で披瀝したがったのも仕方がなかったと思う。それに疑いもなく、こういうものは、褒めるより批判するほうが、概してより易しいのである。いったん書評者が、ある章の出来はすばらしいとか、恐るべき博識ぶりがうかがえるとか、褒め言葉を並べたあとは、他にもうそれほど言うことはないのかもしれない。しかしもし彼の目的が批判することにあるとすれば、どんな書き物でも、アラ探しをすれば、必ずアラは出て来るものだ。どちらにしても、ある書物を読んで、自分がそれから学んだことを認めるのは、非常に勇敢な書評者か、非常に謙虚な書評家にして、初めて出来ることであろう。

不親切な書評が出たからといって、日本文学史を書こうという計画を、私が諦めてしまう心配はなかった。しかし書評は、イギリスの出版社が、文学史の残りの部分の出版を諦めてしまった一因だったのかもしれない。これは確かに、がっかりさせられたことであった。しかし近代の日本文学史を取り扱った *Dawn to the West*（邦訳『日本文学史 近代現代篇』）二巻に対する、今度ははるかに温かい反響が、書評を気にしないという私の決意の正当性を、確認してくれたことであった（それと同じ理由で、いい書評が出ても喜ぶな、ということになるけれど、しかしそれでは、褒められるとうれしいという人間性の基本的欲求に反することになる！）。

白状すると、私は時々、私自身の書く文章に懐疑的になることがある。現代の批評家の文章を読むと、たいていのものが私の理解出来ない言葉で書いてある。どうやら私は、もの書きとして、もう救いがたいほど時代遅れになったらしいのだ。ある書評家は、私が日本文学史を書くという大事業に取りかかる前に、これだけは読んでおくべきだったという意味で、あらゆる現代批評家の名をあげてくれた。実をいうと、そうした批評家の文章を、いくらかのぞいてみたことがある。しかし私の文学史で使いたいようなものは、なにも発見出来ないのだった。もし文学史というものが価値のあるもので、批評家ならだれでもやれるというものではないことを承知しているなら、そこではっきりしていることは、一つの文学作品、あるいは一人の作家に適用して成功しても、それが（私の文学史のように）参考書であると同時に、一国民の精神を理解する鍵でもあるような書物を書く時にも、適切だとは限らないということである。

しかし、不親切な書評が私を怒らせた、という印象を与えるのは、私の本意ではない。日本への一般の関心が異常に高まり、そのおかげで、予期しないほど大勢の読者が常にいたということ、その点で、私がいかに幸運だったか、私以上によく知るものは、だれもいないのである。

## 日米での二つの生活

一九六〇年代の終わりに起こった特に痛ましい出来事は、一九六八年のコロンビア大学学生ストライキであった。このストライキは、現体制に対する学生の不満を表明する世界的な運動につながるもので、アメリカだけではなく、日本でも、またいろいろなヨーロッパの国々でも、同様に起こった。私自身、現存するすべての体制的機関と、よろしくやっていたわけではなく、どちらかというと、学生の不満のいくつかには、むしろ同情を寄せていた。しかしそれにしても、彼らに一番親しみを感じている人間、すなわち彼らの教師たちを攻撃の的にしたのは、まことに痛ましいことであった。私個人は、別に殴られたわけでも蹴られたわけでもなかった。ストライキがとうとう終わった時に、私の唯一の損失は、学生の要求に対する学校側の正しい対応を探るための、あの果てしなく続く教授会にさえ出なかったら、おそらく書くことが出来たはずのたいへんな量の原稿だけであった。それにしてもまるで親身のように思っていた学生たちが、私に対して直接というよりは、私が自分の一生をそれに捧げた教育に対して立ち向かって来たと感じるのは、やはり大きなショックであった。

それから二十年以上の年月が経った今、あの頃の同じ学生たちと私とは、これ以上親密になれぬくらいに親しい関係にある。そしてあの頃感じていた、学生と教授会とが対極化してしまうのではないかという恐れは、誇張されたものだったことが、今分かった。しかし当時のことについての私の記憶は——日本でもアメリカでも——辛いものばかりで、あの対決の中から、なにかいいものが出て来たとは、私にはどうしても思えないのだ。学生ストライキの記憶で、今も一番生き生きと私の脳裏に残っているのは、ある教授会の記憶である。その時出席していた、今世紀で最も偉大な美術史家の一人、老ポール・クリステラーが立ち上がって、ナチが権力を握った折に、自分がドイツで体験したことを、声を震わせながら語ったあの姿が、今も眼の前に見えるようである。その時彼は、彼の体験したと同じような、人間の品性と学問の神聖への脅威に、私たちが直面していると、その時感じていたのだ。私は彼の話に大きな感動を覚えた。しかしクリステラーもまた、間違っていた。なぜなら本質的には、ひどいことはなにも起こらなかったからである。象牙の塔は、足許からくつがえされた。しかしそれが再建されるまでに、それほど時間はかからなかったのである。

しかし、この経験がきっかけとなって、私は初めて、アカデミックな世界から去ることを考えるようになった。教職をなげうつことで私が自分にいい聞かせた理由は、フルタイムで学校で教えていては、日本文学史を書く仕事がますますむずかしくなるから、というものだった。しかしこれは単なる自己欺瞞（ぎまん）だけではなかった。ある日本の作家を適切に記述するためには、その作家を読むのに何日も、時には何週間も、時間をかけなければならなかった。そこでこの件を、同僚のテッド・ドバリーに持ち出してみたら、それでは一年に一学期だけ教えることを考えてみてはどうか、とすすめるのだった。つまりその案でいくと、年に四ヵ月はニューヨークにいることになるが、あとはよければ日本で過ごすことも出来るのだ。私はこの案に同意した。そして間もなく、大学当局の許すところともなった。

私の予想し得なかったことだったが、この妥協案は、二つの全く異なる生活様式の中に生きるという、極めて好もしい結果をもたらした。ニューヨークでの四ヵ月の間、私は研究生活を続けた。しかし私の学生にも最大限の配慮をした。講演を頼まれても、ニューヨークから外へ出る話はほとんど断ったものだ。また昔は時々やったけれど、日本文化宣伝に片棒をかつぐような仕事も、お断りした。そして年の残りは、日本へ行って過ごした。初めは外国へ行っていて留守になっている友人の家を又借りしたが、ついには自分の家と呼べる所に、住むようになった。日本にいても、研究を続けたのは、いうまでもない。しかし雑誌にも書くし、広く全国（まだ行ったことがないのは二県だけ）に講演にも出掛けた。文壇付き合いにも精を出し、かなり名の聞こえた人物にもなった。二つの生活のほうが、一つよりも、やっぱり面白いことが立証されたのである。

## 三島由紀夫の自決

一九七〇年代は、私を驚愕させ、同時にぞっとさせた事件によって、（少なくとも私の記憶では）幕を開けた。一九七〇年十一月二十四日の深夜、私はワシントンに駐在していたある日本の新聞特派員の電話で、起こされた。彼は簡単に、今しがた日本で起こったばかりの事件、陸上自衛隊の東部方面総監室での三島さんの演説、そしてそれに続く彼自身の切腹のことを、私に告げた。そして彼は、私の「感想」を訊くのだった。それまでも私は、日本で起こったいろいろな事件について、よく「感想」を訊かれることがあった。しかしそういった場合大体において、いつも当を得た意見を述べることが出来た。だが今度は別だった。私は声を奪われたのだ。三島さんが私の親友だったことを、明らかに知らなかったその記者は、電話の回線になにか起こったのかと思ったのだろう。呆然なすすべを知らなかった私の耳にも、記者の「モシ、モシ」と私を呼び続ける声が聞こえていた。けれどしばらくして、先程聞いたことがまだ信じられなかったとはいえ、なんとかものを言うことが出来た。それから私は、その時たまたまニューヨークに来ていた永井道雄に電話をした。そして永井さんが東京へ電話をして、事の真相を確かめたのである。その晩は一晩中、朝の七時まで、私のアパートの電話は鳴り放し。日本の新聞社、通信社などが、私の「感想」を訊いて来たのだ。だからしまいには、私はそうした感想を、まるで憶えて来た芝居の科白でも言っているように、大変すらすらと、巧みに述べていることに気がついた。そして私のその流暢さは、死んだ友だちへの裏切りのように思われた。

記者たちみなにとっては、あのようなセンセーショナルなやり方で三島さんが自殺することを、果たして私が予測していたかどうか、それが知りたいところだったのだ。いや、私は知らなかった。しかし思い出してみると、私がてんで意に介さなかったが、それが意味するところを深く考えもせずにやり過ごしてしまった、いわばヒントのようなものは、なくはなかったのである。

その年の六月、アメリカとの安全保障条約の継続が調印された夜、三島さんと私を乗せたタクシーは、国会議事堂の前を通り過ぎたところだった。そのあたり一帯に、機動隊の非常線が敷かれていた。しかしその十年前にあったような、条約反対の激しいデモの熱気は、もはや感じられなかった。その時三島さんは、がっかりしました、と私に言ったものである。私はこの言葉を、単なる冗談として受け取った。その十年前、六〇年安保の反対運動を目撃して、彼がいかに驚愕したかを、私は憶えていたからだ。しかしこれは後で考えついたことだが、「楯(たて)の会」を創始した時、彼はこの小さな私的「軍隊」を率いて、敵の暴徒から天皇の城を守るために、討死するつもりだったのではないだろうか？　その日のデモ隊は、そのスケールにおいて、一九六〇年の時のそれをさらに上廻るだろう、とさえ予測されていたのだ。ところが議事堂の前に退屈そうに立っている機動隊の姿を見て、おそらく三島さんは、こうなったら死ぬためになにか別の理由を創り出さなければならない、と考えたにちがいない。

他でも書いたことだが、その年八月、彼はいつも家族と共に過ごす下田へ、私を招いてくれた。最初の夜、彼は私を、ある鮨屋(すしや)へ連れて行ってくれた。ところが、それより位の低い魚を食べるのは時間の無駄、とでもいわんばかりに、他の魚には目もくれないで、「中トロ」ばかり食べるのだった。次の夜、彼は私を、あるイギリスのジャーナリストといっしょに、伊勢えび（季節外れ）を食べさせる料理店に案内してくれた。こちらは三人しかいないというのに、彼はまず五人前の料理を注文した。そして料理が来ると、今度はさらに四人前を追加したものだった。今夜は腹が裂けるまで食べるぞ、と決心しているみたいであった。私はその時、この奇妙な大盤振舞いの中に、なにか大きな心理的緊張の兆候があることに、気づくべきだったのだが！　その午後、私はホテルのプールで泳いだが、三島さんはビーチ用の椅子に座って、筋肉(マッスル)を見せびらかせていた。そしてプールサイドでしばらく話をしたが、話題は主に、近く完成が迫っている『豊(ほう)饒(じょう)の海』四部作のことであった。三島さんはこの四部作の中に、自分が作家として学んだことは、なにからなにまで注ぎ込んだというのだった。だからこれを仕上げた暁に、成すべくたった一つ残されていることは、死ぬことだと。そう言って、彼は笑い、そして私も笑った。なんともはや、筋の通らない話ではあった！

三島さんとその家族と共に下田で過ごした数日間のことを、今振り返ってみる時、三島さんのなにかがおかしいことに、全く気づかないほど、よくも私は鈍くなれたものだと思うのだ。あるいは、本当はどこかで感じていたのかもしれないが、なにかが突然起こる可能性は、考えまいとしたのだろうか。ホテルのプールサイドで語り合った時は、確かに、私は彼が緊張していることを感じた。私たちが知り合ったそもそもの初めの頃から、彼は「粘っこい」付き合いは歓迎しない、とはっきり言明していた。だから私は、彼の私的な生活に頭を突っ込むようなことは、出来るだけ控えていたのだ。しかしあの時、プールサイドで、私は「あなたが、私的なことは話したがらないのは、よく知っています。けれどももしなにか心配事でもあれば、思い切って私に言ってみませんか？」と、はっきり訊いたことを憶えている。三島さんは私から視線をそらせて、私の言葉には答えなかった。そして私には今にして、分かるのだ。つまりその時すでに、十一月の二十五日に死ぬことを、彼は決めていたのである。彼の傑作小説の完成原稿を出版社に届けた、それと同じ日に――。

三島さんが自決した日の前日、彼の編集者が、年末のラッシュで印刷屋が混み合っている。したがって大変申し訳ないのだが、小説の最後のエピソードの部分を、一日早く頂けないだろうか、と頼んで来た。三島さんはこれを断った。理由は、原稿がまだ書けていないというのだ。しかしその三ヵ月前、下田の宿で、彼は明らかにその小説の最後の章を、私の手に置いたのだ。彼はその時、それを一気に書き上げたと言っていた。私はその原稿を、読もうと思えば読むことも出来たのだ。しかしその前の数章を読んでいなかったので、読んでもわけが分からないだろうと思って、読まなかった。

　そのひと月後、ニューヨークで、私は三島さんについてのエッセーを書いていた。そして急に彼の四部作に『豊饒の海』という題をなぜ付けたのか、その理由を知る必要が出来た。いつもならば手紙を書けばすぐに来るところだが、その時は珍しく返事が遅かった。彼の説明を読んだ時、私の背筋に冷たい戦慄（せんりつ）が走った。なぜなら彼は、こう書いていたからだ。月の海に豊饒という名は付けたものの、その「海」、実は「カラカラな嘘の海」なのですと。そしてこれが、彼の、人生についての見解だったのか、と今更のように私は気づいたことであった。

　一九七〇年の九月、ニューヨークに向かって羽田を発った時、三島さんが見送りに来てくれた。友を空港まで見送るというのは、一時、日本的風習として大変盛んだったのだ。だからニューヨークへ発つ時、友だち――中には非常に多忙な人たちも含めて――が来てくれるかもしれないと思ってはいても、まさか三島さんが来てくれるとは、全く予想もしなかったことだった。私は彼が前夜、真夜中から夜明けの六時まで、仕事していたことを知っていた。そして私の飛行機は十時頃の出発だったから、彼には眠る時間は、事実上ほとんどなかったことになる。髭は剃っておらず、眼は赤く充血していた。私が憶えているかぎり、彼は格別異常なことはなにも言わなかった。しかしこれが私たちの、おそらく今生の別れだということを、彼はよく知っていた。

私の飛行機が離陸したあと、三島さんは、私の友だちといっしょに、空港内のレストランでコーヒーを飲んだらしい。その時彼は、突然僕は「馬鹿な死に方」はしたくない、と言って、みなをびっくりさせたという。そこでみなは、急いで話題を変えなければならなかった。それについて三島さんの口からは、なんのコメントも聞いたことはないが、私は彼が切腹という行為に、特別の関心を抱いていることは知っていた。誰かから聞いていたが、彼はこの切腹という気味悪い行為を実行している男たちの写真集を持っていたという。また彼から直接聞いたけれど、切腹に伴う「介錯」も、彼は練習していたらしい。その時私は、半分くらいは冗談かと思って、（人が能、狂言、茶道、華道などに関してその流派を知りたがる時のように）こちらも冗談めかして「で、あなたの介錯は何流？」と訊いてみた。すると三島さんは、ニコリともしないで、「小笠原流」と答えたものである。

確かに私には、三島さんが切腹を決心していたことについて、かなりの手掛りは与えられていたのだ。しかし私は、特別感受性鋭い人間というよりは、どちらかというと、常識につくほうの人間だ。したがって、手掛りはあっても、それ以上の推測はしなかったのだ。

三島さんは確かに「馬鹿な死に方」はしなかった。なぜなら彼の自殺によって、彼は、少なくとも日本以外の国々で、古今最も高名な日本の作家となったからだ。

## 趣味に合った幸運

私の一生を振り返ってみてなによりも口惜しいことは、そもそも日本に初めて来た時から、日記というものを、私が付けなかったことである。過去四十年余りの記録として残っているすべては、ほんの一言二言（ひとことふたこと）、人とのアポイントメントを書き付けた、携帯用の手帳だけ。そこでこうした手帳の中の一冊を、出鱈目（でたらめ）に選び出してみる。例えば一九七五年用。それぞれの記載事項は、たいていの場合、その日に会うことになっていた友だちの名前しかない。もう死んだ人もいるし、もはや私の友だちではない人もいる。ニューヨークで私が観に行ったオペラの題名——例えば『運命の力』『マノン・レスコー』『清教徒』というふうに——が書き付けてある。しかしこのことは、単なる音楽愛好家にすぎないのに、私が日本で、音楽評論の書物——おもにオペラについて——を三冊も出版したことを思い出させてくれて、うれしくなる。

古いポケット手帳は、まだいろいろの情報も提供してくれる。七五年の五月十三日には、安部公房が、ニューヨークに到着している。十五日には、安部さんの好きな小説家、フィリップ・ロスに会いに連れて行っている。十八日には *Sizwe Banzi is Dead*（『シズエ・バンズィは死んだ』）という劇を観に行ったとある。この芝居には、二人とも感動したことを憶えている。二十一日には、これも安部さんが敬愛する作家、バーナード・マラマッドと夕食を共にしている。しかしいくら私の頭の中を引っ掻き廻しても、そもそも安部がなぜニューヨークに来たのか、とんと思い出せないのである。またそういったアメリカ作家と会って、果たして安部さんは喜んでいたかどうか？　こうした疑問に答えを見つけ出すことは、必要とあれば出来なくはない。しかしこの二十年間、私に起こった他のいろいろな出来事は、もうあらかた、永久に消えてしまったのである。

私が会った日本人作家や、日本で、あるいは外国でした旅などの記憶を、あれこれ思いついたままに書き付けることも出来たであろう。しかしそうした記憶のうち、少なくとも私が、故加藤吉弥（かとうよしや）をよく知っていたおかげで、それこそ最高の状況の下で、中国、エジプト、そして彼が日本大使をしていたベルギーなどを旅行することが出来たこと、これは書き落とせない。また、私は多くの国で講演をしている。特に思い出してうれしいのは、一九九〇年にパリのコレージュ・ド・フランスで行った四回連続の講演であろう。これらはすべて、個人的な思い出で、私にとっては、とても大事なものだが、他の人には、面白くもおかしくもないにちがいない。それから今なお紙に書き付けるには、あまりにも悲しく、あまりにも不快なこと、反対にあまりにも幸せな、だからむしろ他人に語りたくない、そういった思い出や体験もあるのだ。なんといっても、私は懺悔しているわけではないのだから。

最近二十年間の私の人生の出来事を回顧してみると、一種の単調さが眼に付く。それは必ずしも、私が幸せではなかったことを意味するものではない。私が得たよき友だちや、私の仕事に与えられた好評のことを思うと、むしろ不思議に幸運だったとさえいえよう。だがそれはひとえに、物事のならいによるもので、例えば私が今京都を訪ねても、昔私が感じた、このすばらしい古都のことをどうしても人に語りたいという、あの興奮と強い必要とを、私はもはや感じないのである。私は今、自分でも信じられない気持なのだが、およそ十年前、ちょうど時代祭の日に京都へ行った時、一目でも祭りを見たいというあの昔の情熱はどこへやら、むしろ祭りの人混みを避けるために、わざわざ廻り道をしたのを思い出す。

ごく最近、昔ケンブリッジで私の同僚だったが、あとで他の大学に移ったある教授から手紙を貰った。同じ教授会に出てはいたが、ケンブリッジ時代には、よくは知らなかった人物である。ある友だちが、私の本を一冊送ってくれて読んだというのだ。彼はこれについて書いている、「この数年、中東研究という、無味乾燥でイデオロギー優先の分野に、私がますます幻滅を深めていっていることを、彼女が果たして知っているかどうか、それは分かりません。しかし私の人文科学研究に対するより広い趣味と、特に引退後にだんだん募って来た日本の事物への関心については、敏感にも気づいてくれたのです」。これを読んで、私が初めに感じた反応は、私の友だちが「日本の事物」のほうに向かってくれたのを知った悦びであった。そして二番目の、さらに深い反応は、私の幸運に対する気持ちであった。先程の手紙をくれた教授とは異なって、私は完全に自分の趣味に合った分野を、とっくの昔に見つけていたのだ。しかもそれは何十年間にも亘って、途切れることのない悦びと、数限りない報酬を私に与えてくれた分野だったのである。

# あとがき

この本はもともと『朝日イブニング・ニュース』の日曜版に一九九〇年一月七日から九二年二月九日まで二年間にわたって連載されたものである。これより二十年ほど前に自叙伝めいたものを別に発表したことがあるので、この連載に重複するようなエピソードはなるべく避けるように努力したが、小説家と違い、自叙伝を書く人は勝手に事実を枉げたり、改良したりすることができないので、『日本との出会い』に似たところが残っていると思う。古い著書を憶えている読者がおられれば、許しを乞う次第である。

題名は、申すまでもなく、芭蕉の言葉であり、『笈の小文』にも『幻住庵記』にも出るが、つづり字上の変種がいろいろある。宗祇も、『筑紫道記』の冒頭に「二毛のむかしより六十のいまにいたるまで、おろかなる心一すじにひかれて……」という表現で自分の一生に変わらないものがずっと連がっていたという年寄にふさわしい発見をしたらしい。或いはすべての老人——特に物書き——が同じことを感じるかも知れない。

ともかく、この自叙伝を書きながら、日本語抜きに自分の一生を考えられないという事実に打たれて、芭蕉の名言を無断で使わせて貰った。

この本の日本語訳は金関寿夫（かなせきひさお）さんによるものである。私はすでに金関さんのお世話になってきたが、もう一度心からお礼を申し上げたい。

一九九三年九月

ドナルド・キーン

# 解説

キーン誠己

父ドナルド・キーンは生前、四冊の自伝を残した。うち三冊は英語で書かれ、日本語に翻訳され出版された。この三冊は後に英語版も出版され、スペイン語で出版されたものもある。四冊目は、すでに出版された三冊の内容をすべて合わせ再編集し、新たに父の加筆もされた。これらの自伝は、父自ら言っているように重複する部分も多い。父の九十六年の人生全体を俯瞰（ふかん）するには、最後の自伝である『ドナルド・キーン著作集』第十巻「自叙伝　決定版」（新潮社）がふさわしいと思うが、何せ全集の一冊なので大きくぶ厚い。他の三冊もそれぞれ特徴があって捨て難い。どれを読んでも面白く、読んで飽きることがない。それぞれ執筆した時点での父の視点から、父の歩みを知ることが出来る。よくぞこれだけ書いてくれたものだと感心し、ありがたくも思う。知の巨人と言っても過言ではない博学多識、信じ難いほど広く篤い交流、多くの優れた教え子を育てた教師としての姿。筆者である父自身の人柄やユーモアのセンス、人間的魅力が行間に浮き彫りにされている。

さて、二番目の自伝にあたる『このひとすじにつながりて』は、「朝日イブニングニュース」という英字夕刊紙に連載された後、一九九三年に朝日選書として刊行された。七〇年代頃までの、特に大きく動いていた父の前半生について丁寧に生き生きと描かれている。

本作の文庫化は、父の同じく朝日選書の『二つの母国に生きて』が二〇一五年に文庫となった頃から、父の切なる願いだった。理由はわからなかったが、なにか特別な愛着があると感じた。その理由を聞きださなかったことが、今となっては悔やまれる。

一つのヒントとして、日本語版と英語版のタイトルの違いに注目してみた。

日本語版の「このひとすじにつながりて」は、あとがきにもあるように芭蕉の言葉から取られたものだ。『笈の小文』にも『幻住菴記』にもある言葉だ。「この自叙伝を書きながら、日本語抜きに自分の一生を考えられないという事実に打たれて、芭蕉の名言を無断で使わせて貰った」と、父は自ら選んだタイトルについて語っている。日本語を捨てようと思ったことさえある父が、愚直にも一筋の道を歩み続けたことをタイトルに込めたのだ。

これに対して英語版のタイトルは、"*On Familiar Terms*"である。父の最も親しかった教え子のひとりである日本文学者のジャニーン・バイチマン先生に聞いてみた。「このタイトルの意味としてぴったりなのは、〝顔なじみ〟だと思います。副題はA Journey Across Culturesとあり、また第一章はDigging to Japanですから、初めは自分の故郷や文化は日本から遠かったのだと思います。ところが日本は遠い国から、だんだん近い国になり、最後にはon familiar terms、つまり顔なじみになった。心身ともに親近感を覚えるようになり、そこには尊敬の気持ちもあります。顔なじみになったのは日本という国そのもの、日本の人々、日本の文化、日本の文学です。つまり、このタイトルは一種の比喩なのです。あえて翻訳するとしたら〝顔なじみの日本〟でしょうか」という、実に含蓄のある答えが返ってきた。

父は昨年二〇一八年九月から約半年間、病院や老人ホームで過ごし一度も家に帰ることなく、今年の二月二十四日、とうとう天に召された。その間、いつも使っていたテーブルの上に、主だった自著（ほとんどが英語の著書だった）を置いていた。そうすることが父の希望だった。音楽を聴きながら自著を見つめたり、手でさすったり、ページをめくって時間を過ごすことも多かった。著書について聞けば、言葉少なに何か話してくれることもあったが、徐々にそれも少なくなっていった。悲しいが、それが現実だった。

それらの本の中でも、無意識のうちに触れることの多い、また手に取ることの多い本が何冊かあった。『このひとすじにつながりて』と〝*On Familiar Terms*〟もそうだった。いとおしそうに表紙をさすったり、ページをめくったりしていた。自伝として、自身にもっとも馴染みのある遠い日々を思い出す本だったのではないだろうか。「お父さん、この本が好きですか」と聞くと、頷いた。「どうしてですか」という問いには、「分かりません」と答えた。遠い国から徐々に近づいてきた日本。近づきつつある死を予感していただろう父にとって、ことのほか大切な自伝だったのだろう。

この本に「サインしてもらえますか」と頼むと、父は頷いた。自力では書くことが出来なかった。ボールペンを持ち、私が手を支えると、かろうじてペンを走らすことが出来た。Donald Keene の文字は少し乱れていたが、思ったよりしっかりした筆跡だった。私が鉛筆で二〇一九年一月二十日と書き添えた。

父の希望だった文庫版をじかに手にすることはなかったが、泉下の父とともに、編集者の水野朝子さんをはじめ関係者の皆様に心より感謝の気持ちを捧げたい。仏前に供えた時の父の笑顔を見るのが楽しみだ。

（きーん せいき／浄瑠璃三味線奏者）

このひとすじにつながりて
私の日本研究の道
朝日文庫

2019年５月30日　第１刷発行

著　者　ドナルド・キーン
訳　者　金関寿夫

発行者　三宮博信
発行所　朝日新聞出版
〒104-8011　東京都中央区築地5-3-2
電話　03-5541-8832（編集）
03-5540-7793（販売）
印刷製本　大日本印刷株式会社


Published in Japan by Asahi Shimbun Publications Inc.
定価はカバーに表示してあります

ISBN978-4-02-261969-3
落丁・乱丁の場合は弊社業務部（電話 03-5540-7800）へご連絡ください。
送料弊社負担にてお取り替えいたします。

朝日文庫

丸谷 才一
**あいさつは一仕事**
二〇一二年逝去した著者による定評あるあいさつの見本帖五〇。会場をシーンとさせ爆笑させるスピーチを伝授します。冠婚葬祭必携。

星野 博美
**戸越銀座でつかまえて**
四〇代、非婚。一人暮らしをやめて戻ったのは実家のある戸越銀座だった。〝旅する作家〟が旅せず綴る珠玉のエッセイ。《解説・平松洋子》

松村 栄子
**ひよっこ茶人、茶会へまいる。**
お茶とは無縁の著者が、京都で紛れ込んだお茶会で見たものは？ 茶道世界の摩訶不思議な出来事を素人ゆえの無邪気さで描くほのぼのエッセイ。

車谷 長吉
**人生の救い**
車谷長吉の人生相談
「破綻してはじめて人生が始まるのです」。身の上相談の投稿に著者は独特の回答を突きつける。凄絶苛烈、唯一無二の車谷文学(ワールド)！《解説・万城目学》

伊藤 比呂美
**読み解き「般若心経」**
死に逝く母、残される父の孤独、看取る娘の苦悩。苦しみの生活から向かうお経には、心を支える言葉が満ちている。《解説・山折哲雄》

山本 一力
**江戸は心意気**
紀伊國屋文左衛門など、生を謳歌した男たちを描く好エッセイをはじめ、二篇の掌篇小説・講演録を収録。一力節が冴えわたる歴史エッセイ集。

柴田　元幸
**生半可版　英米小説演習**

メルヴィル、サリンジャー、ミルハウザーなど、古典から現代まで英米作家の代表作のさわりと対訳、そして解説をたっぷりと！《解説・大橋健三郎》

柴田　元幸
**翻訳教室**

東大人気講義の載録。九つの英語作品をどう訳すか。日本語と英語の個性、物語の社会背景や文化まで知的好奇心の広がる一冊。《解説・岸本佐知子》

柴田　元幸
**代表質問**
16のインタビュー

村上春樹、バリー・ユアグロー、岸本佐知子ら一三人との文学談義。読めばフィクションがもっと好きになる傑作インタビュー集。《解説・福岡伸一》

落合　恵子
**積極的その日暮らし**

母を失った日々を深く重ねながら、喜びも悲しみも憤りも積極的に引きうけてきた著者が綴る、優しい怒髪のひと時。《解説・長谷川義史》

落合　恵子
**決定版　母に歌う子守唄**
介護、そして見送ったあとに

七年の介護を経て母は逝った。襲ってくる後悔と空いた時間。大切な人を失った悲しみとどう向かい合うか。介護・見送りエッセイの決定版。

曽野　綾子
**幸せの才能**

人生は努力半分、運半分！　読むだけで心が明るくなる、幸せに生きるヒント六一編。著者の説得力ある言葉が、読む人の毎日を肯定し、力づける。